根敦群培书系

༄༅། །དབུ་མའི་ཟབ་གནད་སྙིང་པོར་དྲིལ་བའི་ལེགས་བཤད་
ཀླུ་སྒྲུབ་དགོངས་རྒྱན་ཞེས་བྱ་བ་བཞུགས་སོ། །

དགེ་འདུན་ཆོས་འཕེལ་གྱི་ཞལ་ཁྲིད་ལྟར་
ཟླ་བ་བཟང་པོས་ཟིན་བྲིས་སུ་བཀོད་པ།
པད་མ་དབང་རྒྱལ་གྱིས་རྒྱ་ཡིག་ལ་བསྒྱུར།

中观精要

——龙树心庄严

根敦群培 讲述
达瓦桑波 整理
白玛旺杰 翻译

中国藏学出版社

序　言

南喀诺布

根敦群培大师，20 世纪誉满雪域藏区的杰出学者，他不仅精通般若、中观、因明、俱舍、律藏等佛教显宗的五部大论，而且对文学、历史、语言、哲学等各种新兴学科均有很深的造诣。根敦群培大师一生非凡的事迹，在各种各样的传记出版物中有详细的记载，无需我在这里作更多的介绍。

根敦群培大师对佛教显密二乘深邃的内容，有其独到的领悟。从他所著的《中观精要》中，我们便可以领略到其思想的深邃与精练。他把龙树大师中观思想的真实内容，恰如其分地表达了出来。因此，任何一位探求佛教真谛的人，不论是虔诚的修行者，还是探讨学术的研究者，只要怀有一颗不带偏见的正直之心，认真研读这部经典著作，一定能对佛教教义的真实内涵，产生一个清晰明朗的认知。

遗憾的是，一直到今天为止，这部清晰而简明地阐述中观思想要旨的伟大著作，只能为那些精通藏语文的人们独自享用。而不懂藏语文的学者，虽然诚心地苦苦寻找佛教的真谛，却一直没有机会能够欣赏到这部著作中所隐含的妙趣。著名学者白玛旺杰先生为弥补这一缺憾而克服种种困难，把这部伟大的著作首次翻译成汉文，呈献在汉语世界的读者面前。这样，汉语世界的读者们，也能够直接感触到根敦群培大师的思想脉搏了。这部著作的翻译，意义深远，功德无量。在此，我向译者白玛旺杰先生，以及对他所付出的劳动表示最大的敬意。

随着这部翻译著作的出版发行，我诚心祈愿，所有寻求佛教理义的人们，能够如愿以偿，了悟通达佛教的真实思想。

吉祥圆满！

2002 年 1 月 20 日

སྔོན་བརྗོད།

ནམ་མཁའི་ནོར་བུ།

མཁས་དབང་དགེ་བཤེས་ལྷ་རམས་པ་དགེ་འདུན་ཆོས་འཕེལ་ནི་དུས་རབས་ཉི་ཤུ་པའི་ནང་། བོད་ཡུལ་དུ་ཤིན་ཏུ་གྲགས་ཆེ་བའི་མཁས་པ་ཞིག་རེད། ཁོང་ནི་གཞུང་ཆེན་བཀའ་པོད་ལྔ་དང་། བོད་ཀྱི་རིག་པའི་གནས་ཆེན་ལྔ་ལ་མཁས་པ་ཞིག་ཡིན་པ་ཙམ་དུ་མ་ཟད་ཕྱི་ནང་གི་གཞུང་ལུགས་ཅི་རིགས་པ་དང་། སྐད་དང་། སོ་རྒྱུས། དེང་དུས་ཀྱི་ཤེས་བྱའི་ཇི་རིགས་པའི་མཁྱེན་པའང་རྒྱས་པ་ཞིག་ཡིན་པ་ནི་ཁོང་གི་མཛད་པ་དང་། རྣམ་ཐར་ཡོངས་གྲགས་རྣམས་ནས་ཤེས་སླ་བས། འདིར་ཁོ་བོས་གསར་དུ་ངོ་སྤྲོད་ཞུ་དགོས་མི་འདུག

མཁས་དབང་དགེ་འདུན་ཆོས་འཕེལ་ཁོང་ཉིད་མདོ་སྔགས་ཀྱི་གཞུང་ཚང་མའི་མཁྱེན་པ་ཤིན་ཏུ་རྒྱ་ཆེ་བ་ཙམ་ཞིག་ཏུ་མ་ཟད། ཁོང་ཉིད་ཀྱིས་རྒྱལ་བ་སངས་རྒྱས་ཀྱི་བསྟན་པའི་ངེས་དོན་རྣལ་མ་ཇི་ལྟར་ཡིན་པ་མངོན་དུ་གྱུར་ཡོད་པའི་ཆེ་རྟགས་སུ་དཔལ་མགོན་འཕགས་པ་ཀླུ་སྒྲུབ་ཀྱི་

དགོངས་པ་རྨ་མེད་པ་ཇི་ལྟར་ཡིན་པ་གསལ་བར་བསྟན་པའི་གཞུང་ཀླུ་སྒྲུབ་དགོངས་རྒྱན་ཞེས་བྱ་བ་འདི་བརྩམས་མཛད་ཡོད་པས་ངེས་ཤེས་ཐུབ་པ་ཡིན་ལ། ཕྱོགས་དང་རིས་སུ་མ་ཆད་པའི་མཁས་དབང་དམ་པ་རྣམས་དང་། སངས་རྒྱས་ཀྱི་བསྟན་པའི་སྙིང་དོན་འཚོལ་མཛད་པའི་སློབ་གཉེར་བའམ། ཞིབ་འཇུག་གནང་མཛད་མཁན་ཡོངས་ནས་གཞུང་འདི་ལེགས་པར་བསླབས་ཏེ་རྟོག་གཞིག་ཚུལ་ལྡན་ཞིག་གནང་བ་ཡིན་ན་རྒྱལ་བ་སངས་རྒྱས་ཀྱི་བསྟན་པའི་སྙིང་དོན་ཇི་ལྟར་ཡིན་པའི་ཚུལ་གསལ་པོར་ངེས་རྟོགས་འབྱུང་ཐུབ་པ་ནི་སྨོས་མ་དགོས་པ་ལགས།

འདི་ལྟ་བུའི་ཟབ་གནད་ཀྱི་དགོངས་པ་གསལ་བར་བསྟན་པའི་གཞུང་ཁྱད་པར་ཅན་ཀླུ་སྒྲུབ་དགོངས་རྒྱན་ཞེས་སུ་གྲགས་པ་འདི་ཉིད་ད་ལྟའི་དུས་སྐབས་ཀྱི་བར་བོད་ཀྱི་སྐད་ཡིག་མཁྱེན་པ་རྣམས་ཁོ་ནའི་སྤྱོད་ཡུལ་ཙམ་དུ་ལུས་ཡོད་པ་ལས། ཕྱི་ཡུལ་གྱི་མཁས་དབང་བོད་ཀྱི་སྐད་ཡིག་མི་མཁྱེན་པ་རྣམས་དང་། རྒྱལ་བ་སངས་རྒྱས་ཀྱི་བསྟན་པའི་དགོངས་དོན་རྣལ་མ་མཁྱེན་འདོད་ཡོད་པ་ཀུན་གྱི་སྤྱོད་ཡུལ་དུ་མ་གྱུར་ཅིང་། དེ་ལྟར་ནའང་ད་ལན་ཡ་མདོ་བ་མཁས་དབང་པདྨ་དབང་རྒྱལ་ལགས་ནས་དངོས་ཀྱི་གནས་ཚུལ་ཇི་ལྟར་ཡིན་གསལ་བར་མཐོང་ཞིང་། མོས་ལྡན་ཡོངས་ཀྱི་སྤྱོད་ཡུལ་དུ་འགྱུར་ཐུབ་པའི་ཆེད། དཀའ་བ་ཁྱད་བསད་ཀྱི་སྒོ་ནས་རྒྱ་སྐད་དུ་བསྒྱུར་ཡོད་འདུག་པ་འདི་ནི་ཁོ་བོས་དགེ་མཚན་ཤིན་ཏུ་ཆེ་བའི་མཛད་པ་ཞིག་ཏུ་མཐོང་ཞིང་། ཁོང་ལ་ཐུགས་རྗེ་ཆེ་ཞེས་པའི་ལེགས་སྐྱེས་ཀྱང་འབུལ་གྱི་ཡིན།

ཁོང་གིས་ཀུན་གྱི་སྤྱོད་ཡུལ་དུ་གྱུར་པའི་མཛད་པ་རླབས་ཆེན་ཞིག་བརྩམས་མཛད་པ་འདིའི་མཇུ་ལ་བརྟེན། ཁོ་བོས་རྒྱལ་བ་སངས་རྒྱས་ཀྱི་བསྟན་པའི་སྙིང་དོན་འཚོལ་བའི་སློབ་གཉེར་བ་ཡོངས་ནས་བསྟན་པའི་དགོངས་དོན་ཟ་མེད་པ་རང་བྱུན་དུ་ཆུད་པའི་རེ་སྨོན་ཡང་ངེས་པར་དུ་ཞུ་གི་ཡིན།

བདེ་ལེགས་ཀྱི་ཤིས་སྨོན་བཅས།

ཕྱི་ལོ་༢༠༠༧ཟླ་༧ཚེས་༢༠ལ།

目　录

དཀར་ཆག

中观精要

——龙树心庄严

您以娇嫩的鲜花，回敬魔鬼的利剑
您以高贵的沉默，回应提婆达多乱石的攻击
面对怨敌的种种刁难
您毫无怨言，在眼神中，也不肯流露一丝的敌意，
啊，释迦族高贵的王子，
您是众生的挚友，
世上所有的智者，
无不仰仗您——
摆脱生死轮回的束缚。

解脱的道路，
似清凉的甘露
一切善良与完美的品质，
均出自于它。

胸怀崇高的志向，
探索万法的幽微
您高妙绝伦的智慧，像明照世界的太阳，

“正理的大圣，学界之雄狮”
您的圣名，是四方学者口中念叨的“真言”。

您智慧之太阳，在清净、善美法界的天空高高升起
垂照在我莲花林苑般的心田中
焕发正理之光的句句箴言，
像饱满的花蕊一般，争艳怒放，
愿四方贤士，像蜜蜂采蜜一样，
享用“空性胜义”法脉的甘甜。

我们所断定的一切“是”与“非”，都是依照“是非”在我们心中的显现来确定的。除此之外，没有任何一种确定“是非”的其他方式。当有人问“这是不是存在”时，另一方回答说：“这是存在着的”。这一问一答，实际上，是甲某在探问乙某：“在你的心中显现出来的是‘存在’还是‘非存在’？”乙某所答的“存在”二字，实际上也是表达一种思想，即：“在我心中显现出来的是存在”。

如此类推，对有关“善与恶”、“好与歹”、“美与丑”等等，所提问的根本目的，纯粹是为了探知对方的想法而已。而对方所作的肯定回答，也纯粹是对方依照自心中产生的想法来确定的。因此，两个意见相异的人，会因为他们各自秉持观点的不同，而将无休无止地争论下去，直到他们达到一致的意见

时为止。当他们的意见达到一致时，他们将会把所共识到的问题，统统归类到“存在”、“知识”、“真理”等范畴之内。

这样，对同一问题持相同观点的人数越多，该问题也随之越具“分量”，更显“重要”。但是，任何一个与此相异的观点，将会被驳斥为“邪说”或“错乱感觉”，遭到多数人的围攻与唾弃。

有两种方式可以使相互分歧的意见达成一致：一，根据某一权威的经典。譬如：两个外教信徒在争论骆驼之肉可否食用时，一旦他们读到某一经书中记载“骆驼之肉可食”的允准后，两人之间的争论便会自然平息，他们会在“骆驼之肉可食”之上达成一致的观点。二，根据某种逻辑事实。譬如：甲乙两人争论山背后有没有火，如果两个人亲眼目睹到山顶上冒着烟时，他们会在冒烟的事实之上，肯定山背后有火，从而达成一种共识。总之，通过眼识看见一个事实，达到共同的认知，是我们人类与生俱有的特性。

那么，我们是否可以根据多数人持有相同的观点，便认为多数人的观点，是一个永恒不朽的真理呢？答案是否定的。因为，在一个人人患有黄疸性肝炎的地方，所有的人都会将白海螺的颜色视为黄色，而不是白色。但是，白海螺的颜色依然是白色，它不会因为患有眼疾的人视其为黄色而变质成黄色的。因此，不用说数百人、数千万人、所有的人类，乃至三界世界的所有生命聚合在一起也不能够改变白海螺是白色的事实。因此，我们所认为的“有”与“无”、“是”与“非”，仅仅是

“有无”与“是非”在我们心中的显现而已。因此，数百数千个意见相同的人集聚在一起，他们所认为正确的东西，便会自然成为一种不可扑灭的真理；而任何一个与其唱反调的声音，就会遭到抹杀或被斥为“邪说”。

一般而言，我们所说的“有”或“存在”等，是那些能够在我们心中可以显现的部分。而“无”与“非存在”，则是那些不能够在我们心中显现的部分。“既非有也非无”的法性，则应当属于后者之列，而非前者。

《四百颂》① 中记载：“是故世间众有情，莫不变成疯子焉。”月称菩萨对上述诗偈进行注解时，用一个极为精彩的故事，说明相同观点的多数人是如何将持反对意见的少数人变成“虚假”与“不实”的。故事中讲道：很久以前，某国有位精通占术的算命先生。一日，他跑到国王面前进言：“七天之内，将有一场大雨，任何一个人，只要雨水进入口中，将会统统变成疯子”。国王闻之，立刻派人把自己专用的井口盖得严严实实，不让一滴雨水落入井中。而臣民百姓们，则没有国王的条件，雨水进入口中，他们一个个变成了疯子。

此时，举国上下，惟独国王一人保持着清醒。但国王的行为与举止，在臣民们的眼里就变得怪诞异常。于是，臣民们就异口同声地斥责国王，并讥讽国王才是真正的疯子。最后，出

---

① 《四百颂》：（梵文：Catuhsatakasastrakarika，藏文：བཞི་བརྒྱ་པ།）古印度佛学家圣天论师所著，书中主要讲述般若经文所说的空性。

于万般无奈，国王本人也喝了雨水，与大家“同流合污”，变成疯子了。

那么，我们这些自古以来就如此沉醉于无明之水的大疯子们，对“是与非”、“有与无”所作的评判又有什么可以凭信的依据呢？这样的疯子即使千百万人凑在一起，也不能使他们所坚持的“是”或“非”变成有根有据的事实。

如果我们认为自己所信奉的“是非”，只是一个没有任何根据和理由的空泛之理，只有遵循佛陀的言教，才不会误入歧途的话，那么，谁可以证明佛陀是真实不欺的呢？如果说龙树菩萨①及印度的大德成就者们证明了佛陀的真实性的话，又是谁证明了龙树菩萨的真实性呢？如果说是宗喀巴大师②证明了的话，那么，又有谁能够了解宗喀巴大师呢？最后的回答只能是这样的：“我的某某恩重德高的上师认为宗喀巴大师至高无上。”这样，根据你上师的教诲，以上所谓的“真实”与“不

① 龙树：（梵文：Nagarjuna，藏文：ཀླུ་སྒྲུབ།），大乘佛教开派祖师，佛陀圆寂四百年后，生于南印度一婆罗门家中，自幼精通密宗四续、显宗三藏等一切经典，以及内外道术之学，在那烂陀寺出家，法名具德比丘。他不仅是一位哲学大师，而且在医学、天文学、建筑学和政治学等领域也造诣非凡。另外，他还精通冶炼术。

② 宗喀巴大师：宗喀巴·罗桑扎巴（1357～1419），藏传佛教格鲁派创始人，生于青海湟中县塔尔寺所在地。七岁出家，十六岁入藏，闻思修习五论五明，对当时西藏显密乘大加改革。1409 年，在拉萨大昭寺开创祈愿大法会，1419 年派其弟子释迦也失赴北京朝见明永乐皇帝。亲自倡建甘丹寺，命弟子倡建色拉寺及哲蚌寺。著有《菩提道次第广论》、《密宗道次第广论》等文集行世。

欺”，全都是由你自己一人之心所决定的。

实际上，这种方法，就像老虎证明狮子的凶猛；牦牛又证明老虎的威严；狗证明牦牛的强壮；猫证明狗的凶残；爬虫证明猫的狡奸，是一样的道理。到了最后，所有的证明者，只是一条爬虫而已。由此可见，当我们仔细地思量一下我们所认为的“有无”、“是非”等时，我们会发现，这一切无一例外的都是由我们自己的心来确定的。

那么，我们是否可以信赖自己所认为正确的那些事物呢？答案仍然是否定的。因为，我们的心像一位庸俗的算命先生一样，滔滔不绝，胡言乱语，所言完全不着边际，但有时候也像瞎猫碰到死老鼠似的，偶尔能说中一二。我们在日常生活中，经常能够体会到这种飘忽不定的心思：早上认为是可靠的东西，到了下午又觉得已不可靠；上半生认为是正确的东西，到了黄昏暮年，则会觉得完全是一件荒唐可笑的事情；十万外教徒敬如圣明的东西，在十万佛教徒看来是何等的荒诞不经。人们，就这样将各自信奉的经典与自以为接近真相的逻辑，当成一种不可摧毁、坚如金刚的盾牌，并坚持认为惟有自己信从的祖师才是最终的皈依。

既然观点相同的多数人不能够判定真理，那么，谁是真理真正的判定者呢？如果说一个“权威的准则”才是真理的判决者的话，那么，“权威的准则”又是什么呢？是眼睛直视一根柱子时，能够如是看见柱子的那颗心吗？如果答案是肯定的话，你又如何能够证明此心是真实的呢？在没搞清楚柱子是否存在之前，我们不可能得知此心是否是一个合格的判断“准则”；而在没有肯定此心是否是一个“权威准则”之前，我们也没有办法知道“柱子”的存在与否。

如果，我们以眼睛看到柱子、双手触摸到柱子、旁人也同样看到柱子等作为柱子存在的理由的话，那就大错特错了。因为，所谓“柱子的存在”仅仅是由于手和眼睛，加之旁人的所见而产生的一种“共识”。你不可以仅凭这一点，就证明柱子是存在的。因为，当我们眼睛昏花错乱时，你不可能保证你的双手与你身旁的人，就不会不受相同的影响。患有黄疸性肝炎的两个人，都会把白海螺视为黄颜色，即便他们的双手触摸到白海螺，他们依然还会错误地坚持，海螺是黄色的。

有些人，会罗列出数百种“有无”、“是非”的原则，并危言耸听地宣布：“这些原则是由佛陀、龙树菩萨以及古印度的大乘祖师们认定的，而不是由我本人凭空杜撰的。”但是，不管是佛陀的认定、龙树的认定，还是大乘祖师们的认定，说到底，都是由宣言者本人自己定制的。世上没有哪一个聪明人士敢断言“吾心不欺”！因此，我们用于衡量“是非”、“善恶”等标准的那些旨意，不也就变成无稽之谈了吗？

只要在轮回当中，我们所认为的一切，都是由这个靠不住的心来作出决定的。但对于超越世间，不可思议的究竟法性，同样用这颗心，去编造一系列思维模式，并强加一些概念，武断地作出决定的话，岂不是有点太过分了吗？

因此，在整个被谎言和谬论所充斥的世界里，我们也只能依靠这个荒谬、虚假的心，来认识周围的一切了。但是，欲诚心探求真理的人们，首先应该清楚地明白：这个荒谬不实的心是不中用的。

如果我们能够彻底印证此心为“真实”、“不谬”的话，便可以据此来证实判断其他的一切现象。但是，人们宣称自己的心是“正确”与“实在”时，往往只是一种顽固与骄横的情绪在隐隐作怪。对此，月称[①]在《入中观论疏》[②] 中写道：“仅凭一句‘真理之故是真理也’不能够将原本荒谬的东西改变成真理”。所以，无论我们是如何顽固地坚持自己的私见，“荒谬”仍然是“荒谬”，永远不能改变成真理。

凡夫俗子，其心颠倒迷惑，我们也就不怪罪什么了。但像佛护[③]这样的大智者所宣布的“外境存在论”，被无著[④]批得体无完肤；而无著所宣称的“遍计所执不实有，而依他性起则

① 月称菩萨：（梵文：Chandrakirti，藏文：ཟླ་བ་གྲགས་པ།），公元7世纪佛教中观派哲学最伟大的导师之一，出身于南印度一婆罗门家族，后出家随龙树菩萨学习中观哲学，担任那烂陀寺的住持。著有《中论释句》、《入中观论》，开中观应成派哲学的先河。

② 《入中观论疏》：（梵文：Madhyamakavatara），月称菩萨所著的一部中观哲学著作。书中对龙树菩萨的中观思想作了精辟的阐述与补充。

③ 佛护：（梵文：Buddhaplita，藏文：སངས་རྒྱས་བསྐྱངས།），古印度佛教中观派大师。著有《佛护论》，对龙树菩萨《中观论》所述正理诸义，多以应成之因加以注解，故有人称他为中观应成派的开宗祖师。

④ 无著：（梵文：Asanga，藏文：ཐོགས་མེད།），古印度佛教唯识宗派的创始人，生于公元4世纪北印度一婆罗门家族。相传其在鸡足山闭关禅修，并亲自证见到弥勒佛。著作有《慈氏五部》、《瑜伽师地论》等。

实成”,又遭到后世中观派大师们的冷嘲热讽。可见,对这些学贯古今的超级大师们,我们也不能轻信,更何况对一般人士呢。

婴幼年少至垂暮,
变化莫测心不定,
历历经验切身受,
孰人还信当下心?

既然在这个世界上没有一件事是可以信赖的，那么如何是好呢？诚如前面所述，我们生活在这个世界上，除了服膺谎言，除了归心虚假，除了在虚设的谎言之上创制一些莫须有的原则与信条之外，没有其他任何选择。

如果有人认为，我们现在所看到的山脉、大地、岩石、河流等等，在我们成就佛果之后，在我们眼里，依然是山脉、大地、岩石与河流的话，那就大错特错了。草的甘香味只有驴子体内的意识方可感觉得到，一旦这种意识从驴子的身体内消失之后，驴子再也感觉不到草的甘香味；公鸡有一种测时报晓的意识能力，一旦这种意识从公鸡身体内消失之后，公鸡再也不能知晓夜间和早晚的时间了。

我们人类的所有知识，都是通过眼、耳、鼻、舌、身五种感官摄取的。如果五识之上再另加几个感官的话，我们对外部世界的认识将会更加开阔；假设，我们的一双眼睛不是左右横向排列，而是上下竖立排列的话，那么，我们所看到的外部世界的形状与颜色，将与现在所看到的，大大的不一样。

我们所认识到的一切，都是由眼、耳、鼻、舌、身来提供的，除此之外，没有其他任何获取知识的途径。所有的颜色与形状，是由前额下的双眼来摄取的；所有的声音，无一不是通过两只耳朵内耳膜的振动来听闻到的。通常，人类在一个智力低下、功能有限的五识之外，再添加一个迷乱的心，然后武断地宣称："所有的知识尽在我的认识之中"，把那些没有出现在自己心中的道理，归结到"无"与"非存在"的概念之中，这将无疑是万祸之根。

佛陀曾清楚地开示，通过眼、耳、鼻、舌、身等五识，远远不能体悟法性之实相。

《三摩地王经》① 中言：

眼耳鼻识非正量②，

---

① 《三摩地王经》：汉名另译为《月灯三昧经》，（梵文：Samadhirajas-utra，藏文：ཏིང་ངེ་འཛིན་རྒྱལ་པོའི་མདོ།），大乘佛教一经典名。

② 正量：（梵文：Pramana，藏文：ཚད་མ།），这是一个相当复杂的哲学术语，常见于佛教与非佛教的哲学著作中。根据辞源学，梵文 Pramana 中的"pra"，有"首要的"、"第一的"、"完全的"、"最初的"等含义，而"mana"，则有"认识"、"理解"、"承认"之意。"pra"与"mana"合起来，则指"第一手知识"或"最高的认知"。而藏文"ཚད་མ"一词，则含有"量"、"标准"等。无论如何，此术语是一个相当重要的哲学与逻辑学名词。汉文通常译作"正量"。译者根据上下文的意思，有时将其译成"正量"、"正量标准"、"衡量标准"，有时则翻译成"权威"等。只有这样，才能将这个复杂而内容丰富的术语所含的概念表达出来。

舌与身体非正量，

如此五识为正量，

菩萨圣道有何益？

修持圣道的目的，在于了解一个未曾经验过的未知世界。但是，我们自以为认识到的“超世间法”，却是以此岸世界，尤其是以人类本身的经验为模式创造出来的。比如说，我们喜好珠宝，所以，密严佛土中的宫殿，也被各种奇异的珠宝所装饰。佛报身的三十二随好相，实际上，也是一些人所赏心悦目的装扮。

让我们仔细地研究一下佛的报应身，以及诸天神的装扮，就会惊奇地发现，他们的装束纯粹是古代印度帝王的扮相。虽然，诸《经藏》中一味地否认，佛与诸天神的打扮不是由人类蓄意创造的。实际上，佛菩萨的道修功德，非凡夫俗子能够想象到的。但是，为了激发那些凡夫俗子对佛菩萨的喜乐、敬爱，引生他们的信念，就必须采用世间尊贵的帝王相，来巧妙地引导众生归心向佛了。

因此，假如佛陀诞生在汉地的话，庄严佛土的报应身，将一定会是一位留着黑色长须、身穿龙袍的汉人模样。如果佛陀是出生在藏地的话，在庄严佛土，将会有一口直径五百由旬①

① 由旬：古印度长度单位名。五尺为一弓，五百弓为一俱卢舍，八俱卢舍为一由旬（逾缮那），约合二十六市里许。

大的酥油茶桶，里面盛满由如意宝牛的奶汁与如意宝树的叶子煮成的奶茶。

由此可见，我们对佛与佛陀世界的描绘，仅仅是表现了我们凡夫俗子的一种愿望而已。但是，佛的真正含义是什么呢？诚如月称菩萨所言："啊！世尊，吾等不能够领悟您深奥的密意"。佛的密意是不能用语言来宣说的，即便宣讲出来，也远非我们凡夫的智力能够领悟到的。所以，如果我们对佛的不可思议方面产生一丝敬畏的话，对佛所讲的"永恒与刹那相同"、"极微与宇宙相同"等等，也应该生起一点信仰才是。

如果，我们把心当作一种衡量是非的标准的话，心便会把"极微"确定为物质的最小单位，也会把"宇宙"确定为最大的物质形态。同时，还会确定小体积的"极微"中不能容纳大体积的"宇宙"。所以，不管佛的神通能力有多大，他也不能够违背或者破坏已成事实的原则。如果佛能够把"宇宙"放进"极微"之中的话，他能否以同样的神通，把诸法改变成不显现于内心的"真实有"呢？他能否将众生一下子改造成佛呢？佛是做不到这一点的，原因只有一个：众生非佛，诸法性空。要不然，岂有佛力改变不了的现象。

如果说，有人仅仅以宣称"极微与宇宙相同"，便成为世俗真理的诽谤者，成为邪说的鼓吹者的话，那么佛也讲过"极微与宇宙大小相等"，这样，佛本人不也就成为一个十足的断见者和邪恶的实践者吗？总之，人们认定"极微"与"宇宙"是两个根本相违的反体，但同时又认为，是佛针对一些特殊的情况，才宣说“极微与宇宙同等”之理论。这说明我们在一般逻辑上，也是漏洞百出的。

实际上，佛之所以能够看出“极微”与“宇宙”的相同，并不是佛威力太大，把两个体积大小不一的对等物改变成等同之物，而是因为我们认定的大与小相违的二元思想，是不能掌握佛的无二智慧性。佛穿透诸法实相，视大小平等一味，只是把“是”认定为“是”，从来没有通过任何一种神通变幻的能力，把一个“非存在”的事实说成是“存在”的。

在我们心中，有与无、是与非、大与小、善与恶等是相互对立的。因此，“极微之中不容宇宙”之说，也是由我们这个被冠以“正量”的心创造出来的一大奇迹。要知道，真正在示现神通的不是佛，而是我们自己。

《入菩萨行论》的序言中讲：“月称菩萨曾经从图中的母牛挤出奶汁，改变了人们执一切为实有的心。”如果这个现相世界是真实（量成）的话，图中之牛就不会有肠子、肺、奶乳之类的身体器官。从一个没有身体器官的图中之牛能够挤出牛奶的话，说明月称菩萨在诽谤缘起的道理，岂能说他是在改变人们的实执之心呢。

《噶当师弟问道录》① 中记载：某日，阿底峡尊者通过神通变幻，把自己的整个身体缩小后，钻进一尊碗口大小的泥塑

① 《噶当师弟问道录》：阿底峡大师秘密传授给他的弟子仲敦巴等三人的教法。

佛像之内，说道："今天我所示演的这一切，在诡辩逻辑学家们的眼里，是极其矛盾的。就让他们这样认为好了，诸法之本性不就是如此吗（超越逻辑思维）？对此，我阿底峡敢在印度、藏地的所有智者面前立誓。"

在我们眼里，"非无，即有；非有，即无"。"有"与"无"不能并存，它们是直接相违的两个反体，"既非无也非有"是完全不可能的。同样，人们高声呼叫："非小，即大；非大，即小"，"如果大与小无分别的话，因缘法则岂不就完全废止了吗"等，还认为"大小同体"的观点，是对中观应成派①抉择空性见时应当远离的"八离戏论"的最大挑战。显而易见，这是因为我们无法超越"有与无"的局限，在我们心中能够产生的也只是"有"或"无"，没有其他。但是，我们不能据此就否认那些在我们心中未能显现的实事。

比如说，在藏北的边远牧区，除了牛羊的奶汁，人们对其他甜香的东西没有任何经验。所以，一提及甜香之物，这里的人们一定会自然而然地说："是牛羊的奶汁，除了牛羊的奶汁，没有什么甘甜之物"。在他们看来，不是奶汁的香甜之物，是不存在的，"非奶"与"香甜"是最大的两个相违反体。如果跟他们争论说，除了牛羊的奶汁外，还有其他香甜之物的话，

① 中观应成派：（梵文：Prasangika，藏文：ཐལ་འགྱུར་བ།）。中观哲学的一个支系学派。此派遵循古印度论师佛护与月称的观点，解释龙树菩萨缘起性空的中观思想。

在他们的眼里，你将会成为一个诽谤真理的荒谬论者。

假设，对于一位除了王某和李某以外不认识其他任何人的人来说，如果他肯定了屋子里面住着一个人，并肯定了住着的人不是王某时，他便会不假思索地说，房子里住着的那个人一定是李某。因为，他只认识王某和李某，所以，他会坚持屋子里住着的人不是王某就是李某。

我们的心就这样在“有”与“无”、“是”与“非”等等之间飘来飘去，却无法在一个“既非有，又非无”之上安住下来。

佛陀曾清楚地讲：“中观之道，即不落有无两边的中间之道。”如在《摩诃迦叶尊者章》中讲：“谓迦叶有，是一极端；谓迦叶无，则是另一极端。而远离有无二边的中间之道，则是超越语言、思维的中观道。”《宝积经》① 载：

有无即是一争执，
净与污也一争执，
争执不化痛苦因，
无争便能得解脱。

---

① 《宝积经》：（梵文：aryaratnakuta，藏文：འཕགས་པ་དཀོན་མཆོག་བརྩེགས་པ།）大乘佛教的一部经典著作，全书共四十九品，由梵文、汉文以及古代西域的其他文字译成藏文。

但是，现代的某些学者，一听到诸如“非有”、“非无”之类的教言，马上就会打听其出处。如果他们得知这类教言是由藏地古代学者们提出来的话，便会恶言相向，称这些古代的学者们是持断见的蠢货。但是，当他们听说这些教言是佛陀和龙树菩萨亲口开示的话，就会马上改变态度，并会解释道：“非有意指非真实有，非无指在世俗假有之上的非无”等，他们企图把佛菩萨的教言与自己的心意结合起来。实际上，他们这样做，是害怕批评佛菩萨后会背上恶人断见者的坏名声，而敢于指责藏地古代学者们，则将成为挑战权威的英雄汉。

“非无”、“非有”、“离言”、“性空”等概念术语，在佛菩萨的经论中出现的次数，与在藏地古代学者们的著作中出现的次数差不多，几乎不相上下。但一听到藏地学者提出诸如“法性本空，远离言思”等观点时，有些人就会马上把它说成是疯话、断见，并加以抨击。但是，也有人会作出稍微谦恭的姿态，说：“虽然藏地古代学者们在思想见地上没有什么大的出入，但在阐述过程中，就没有宗喀巴大师那么清楚。”既如此，我们也可以这样说：“佛陀在他所证悟的见地上，没有什么太大的出入，但在阐述自己的思想时，就竟讲一些‘般若智慧，远离思议’等，却忽视了‘实成即是者，即属性为实成；非有者，即属性非有’等详尽的释义，所以，佛陀的宣法讲道方式也不够精确。”

因此，如果想排斥上述观点的话，就应把古代藏人的观点与佛的观点一并排斥；接纳他们的观点的话，也应一齐接纳。

请不要因为害怕遭众人的唾弃，而随意改变自己口中之舌，愚弄欺骗众人。

作为一个“真理”的追求者，首先应该意识到，我们所认识的一切，都纯粹是一种毫无根据的臆造。如果对这一丁点的认识，也感觉到坐立不安的话，那么，这种惶恐与不安，实际上是对空性见地感觉惶恐的开始。否则，人们没有任何理由如此这般地把“有与无”、“是与非”、“净与污”、“善与恶”、“佛与众生”、“天堂与地狱”等等二元对立的观念，硬说成是“真实不欺”的因缘法则，并极尽所能地去捍卫，认为与因缘法则相违是断见邪说，还说什么“需要破除的并非因缘二论，而是在因缘二论之外的实成”。如此怪论，完全是出自于那些沉溺在文字游戏中的学者们之口。

在这些学究们的眼里，常常伴随于我们心中的“自我意识”不是我执，所以就不能破除。但是，什么是俱生我执呢？假如一个人对你说“你是贼”时，你会马上反驳“你为什么说我是贼呢”。此时，一个赤裸裸的自我，从你的心里跳出来进行自卫，那便是“俱生我执”。

如果说，经常相随于我们的这个自我意识，是正量标准的话，那么，当听到有人说“你是贼”时所产生的自我防卫意识，也只不过是加强了一点在我们心中的所谓“正量标准”而已，因此，我们没有理由说它是“实有执”。

如果说这种自我意识是一种“实有执”的话，那么，假设有人说：“佛非皈依处”时，我们立即会反问道：“佛为何不是皈依处呢?”这种纯本能式的反应,不也是一种执佛为实有的“实有执”吗?同样的道理,当有人说“此非瓶”时,我们会本能地反驳:“这不是瓶子,那是什么呀?”“我敢肯定这就是一个瓶子。”这种强烈的认同意识,也是从对瓶子的实有执中产生的,因而,也就不会成为正量标准。因此,在这些学究们看来,处于微弱状态的意识,是正量标准。但当这种意识发生变化,成为一种强烈的意识时,它便会像一棵被飓风吹动的大树,倒向“实执”那一边去了。这种(荒唐可笑的逻辑),不是太离谱了吗!

“证悟空性,首先要了解空性的障碍”,这是一种极为普遍的说法。宗喀巴大师说:“在没有证悟空性之前,纯粹存在与真实存在,真实非存在与纯粹非存在之间,是很难区分开来的。”他还认为,中观应成派与中观自续派①之间,很难找到一个共识的最终原因也在于此。所以,在没有证悟空性之前,我们无法辨别出一个不受意识支配的真实有,也无法确信那些勉强被认定的所谓“空性障碍”。

有些人认为,在我们心里产生“这个瓶子是存在着的”这样一个意识活动时,随之也会马上产生“这个瓶子真实有”的执著心理,并坚信“意识活动”与“执著心理”两者,是

---

① 中观自续派:(梵文:Svatantrika 藏文:རང་རྒྱུད་པ།)。中观哲学的一个支系学派。此派分为随经部行及随瑜伽行。随经部行的代表人物为清辩论师及其弟子,认为自心中的真实三相的正因,可以破除事物实有的自性。随瑜伽行的代表人物为静命大师,智藏大师和莲花戒论师。

很难区别开来的。

我们知道，“理性”与“实执”，一个被认为是成佛的首要条件，另一个则被认为是所有过患的根源。但是，二者彼此相似、几近乱真，如同形影相随。所以，要破除也只能一并破除，很难在这两者之间进行分辨与取舍。

假如说，认为“现在天亮了”的心是正量心，那么，“现在该整装系带”的念头也应该是正量心。同样，“喝茶”、“吃糌粑”等等所有的心思念头，都是地地道道的正量心。所以，从黎明到夜晚，我们的意识活动中，没有一个念头应该被否认、被破除的。试问，那个被称为“实执”，应予破除、应予否认的心从何而来的呢？从无始生命开始以来，我们业已深知熟悉的这个“实执心”，如果在一天时间内，在我们心里仅仅产生一两次，实属离奇稀有的了。

人们对自己习惯熟悉的事情，往往会产生第一个反应。譬如说，当你在路上遇见自己的父亲——一个婆罗门大师走过来时，你的第一反应一定会是“噢，我父亲来了”，而不会是什么“婆罗门来了”、“大师来了”等。这在因明学①的著作中已详细论及。从无始以来，我们如此深深地习惯于这个“实执心”。所以，当我们看到一个“瓶子”时，第一个反应一定会是“此乃瓶子”的“实有”之心。因此，对“瓶子”、“柱

① 因明学：古代藏族五大学科之一的因明学，是佛教的逻辑学与认识论，也称正量学。

子”、“存在”、“非存在”等，无论我们进行怎样的思维分析与逻辑推理来加以否定，也不能将眼前活生生的瓶子置若罔闻，而去否定瓶子实体之外的一个抽象“实执”。对于这点，不要说古代的学者们，连格鲁派中具有实证经验的贤哲们，也都考虑得非常周详。比如，章嘉仁波切①曾经不悦地批评那些不切实际者们说：“忽略这个生动活泼的现象世界，寻找一个不复存在的兔角去否定”。贡唐丹贝卓美②与班禅罗桑曲坚③等大师也曾发表过相同的观点。

有人认为，如果用合理思维去否认瓶子、柱子的存在，就会产生一种虚无飘渺的断见，并因此而忧心忡忡。其实，这是一种不必要的担心。因为，看着一个实实在在的瓶子在自己眼前，凡夫俗子的心里怎么可能产生“此瓶完全不存在”的“断见”呢？

如果在亲眼看到柱子、双手触摸到柱子的情况下，依然能

---

① 章嘉仁波切：（ལྕང་སྐྱ་རོལ་པའི་རྡོ་རྗེ།）（1717～1786），原名若贝多杰，系章嘉活佛世系第三世转世。公元1717年生于安多地区，三岁时被认定为章嘉活佛的转世灵童，八岁时由清朝雍正皇帝引至北京，精通藏汉蒙满四种文字。至清朝末年，章嘉活佛世系共传六辈。

② 贡唐丹贝卓美：（གུང་ཐང་བསྟན་པའི་སྒྲོན་མེ།）（1762～1823），出生于安多若尔盖地方（今四川省阿坝藏族羌族自治州北部），是一位博学而多产的学者、作家，辑有《贡唐丹贝卓美全集》。其中以《世故老人言》、《水树格言》最为著名。

③ 班禅罗桑曲坚：第四世班禅额尔德尼·罗桑曲坚（1567～1662），一位伟大而博学的佛教大师，为第四世达赖喇嘛与第五世达赖喇嘛的剃度上师，曾经担任过后藏扎什伦布寺及前藏色拉寺与哲蚌寺的寺主。

够产生一种“此瓶虽然现于我面前，但实际上它是空的”这样一个由感而发的念头的话，即是现空不二的中观之见，怎么会成为断见呢？

总之，认为瓶子根本不存在。或者，双眼亲见柱子，但心里依然能够产生一种虚妄不实的感觉的话，就没有任何必要害怕成为“断见”了。

有诗云：

心中虽然断为无，
双眼望却活脱脱，
黄帽堪布虽未宣，
早知此为虚幻心。

如果把黄金、石土、草木等一齐掷入燃烧的烈火中焚烧的话，能够燃烧掉的，就会被烧成灰土；未能烧毁的，则将遗留下来。同样的道理，如果用合理思维，对一切现象世界不加区别地进行否定的话，一个虚幻不实的世界将会遗留下来。所以，我们不能够把原本虚幻的“因缘法”，从诸多现象中分割出来，让它独自保持圣洁，不受合理思维判断的染污与影响。

不承认“常规真理”，并非意味着对“因缘法”也应采取持疑的态度。因为，所谓的“常规真理”，就是学者们为了把常规世界的现象进行分割演绎时所采用的三段式逻辑①。实际上，那些学者本着维护自己观点的目的，用无明杂染的宗派之见，对现象世界进行一系列的特征描述。之后，根据自己的概念，推断抉择出一个自认为正确的东西，并冠之以“真理”、“信实”、“不欺”。也就是说，所谓的“真理”，只是在六道轮回漂泊的芸芸众生，他们心中与生俱有的意识，在不同环境条件下的一种转换与变相罢了。比如说，当小孩的手接触到火时，小孩会“噢噢”地哭喊起来。这时，小孩的父亲闻声赶过来，会带着教训的口气，给小孩讲述道理：“你的手是肉做的，而火是灼热的、烫的，因此手触到火时，当然会被烧痛的”。这样，通过权威的教训与讲述道理的方式，“真理”就被创造了出来。因此，只要我们能够感知大地、岩石、山脉等现象的存在，我们就无法否认“三宝”、“业果”、“因缘”等现象的存在。如果一个人对需要感知的世界即感官世界以外的东西没有一丝的感应，而仅仅感应到一些不需感应的感觉世界的话，那么，此人一定是一位无精神追求的凡夫俗子。

一旦我们达到了古代咒师们所描述的“究竟法性、超越

---

① 三段式逻辑：古印度文明启蒙时期，班智达足目大师倡导因明学，他应用的“宗、因、喻”三支逻辑，实际上就是亚里士多德的“三段逻辑”。亚氏逻辑形式如下：

大前提：凡人必死（甲乙双方同意）。(宗)

小前提：李某是人（甲乙双方不敢说李某不是人）。(因)

结论：李某必死（甲乙双方不得不承认李某会死）。(喻)

思议”的境界时，“大地”、“岩石”、“因缘”、“三宝”等，所有善恶两极以及中性的感觉将统统消失，取而代之的将可能是“体用双运”、“二谛双运”、“善恶双运”、“吉凶双运”。这时，遍知一切智慧的千千万万部分，似将圆融在真实法性的智慧中，与之融合为一体。

一般而言，我们凡夫俗子对于自己所相信的东西，有些是出于自己的情愿，有些是出于不情愿，有时候，则出于无可奈何。但是，归根到底，无非就是相信自己的感觉罢了。因此，所谓的“信奉”，就是指经验感觉的力量迫使我们不由自主地去偏执某一外境。

没有人会把梦中的经验当真。但是，对于睡梦中出现的苦乐以及种种恐怖可怕的感觉与感受，我们不得不信服。比如说，梦见自己从一个万丈高的悬崖往下坠落，如果按照三段逻辑的推理，那将是必死无疑的。但是，梦境中会出现新的转机：从悬崖上坠落下来，又从悬崖的谷底返回升腾，升飞到天空。这些情况，在逻辑推理的领域中，是完全不能够成立的。从悬崖上往下坠落时的恐惧感，以及之后腾空飞升、自由翱翔于天际间的欢乐心情等种种经验上的变化，对我们的心而言又是无法否认的事实。鱼儿可以在水中悠闲自得，而人在水中则害怕被水淹死这两个不同的受觉，对鱼儿和人都是不得不接受的事实。

区分“自方承许”[1] 与“他方承许”[2]，是中观应成派理论中最与众不同的特点。“他方承许”，是指还没有从二元观念的束缚中解脱出来的凡夫俗子，对某一现象所作的不由自主的承许。但是，凡夫俗子的任何感觉与想法，则不能被证悟法性的瑜伽师主观地接受。此即中观应成派所指的“自方承许”。当一个没有主张的立论者（诘难者），在禅定状态中一言不发，有主张的敌论者以权威的经典，或以严密的逻辑对立论者进行辩论时，所得到的回答将纯粹是敌论者自己的主张。因此，所谓的“无主张”，如果把它用一种文字、概念，特别用诡辩逻辑去描述的话，是极其不合适的。

总而言之，从心底里接受“大地的存在”，是属于“自方承许”；出于无可奈何、迫不得已地承认“大地的存在”，即属“他方承许”。佛陀在菩提树下合目静坐七日，是佛陀本人“无承许”的观点；但是，佛陀开始转法轮、讲述四圣谛法、引导众生开悟解脱，则是以慈悲为原则的“他方承许”。其实，这并非中观应成一派独有的见识，任何一个承认世俗谛与

① 自方承许：古译“自明”，中观哲学术语，指一个人的主观认识与理解。比如说，从心底里坚信“苹果是香甜的”。

② 他方承许：古译“共许”，中观哲学术语，指人们根据他人的情愿与思想所承认的观点与主张。这种观点与主张，完全是为了照顾他人的意愿与思想，而非出自宣讲者本人的主观认识与理解。比如说，已经超越了生与死的佛菩萨，面对世间的众生，其所承认或主张的因果法等，实际上是为了顾及众生的思想而宣说的，并非佛菩萨的主观认识。

真义谛、了义与不了义的宗派都有相同的见解。《释量论》[①]中也讲："真如本性，平等无别；超然姿态，静待外境。"在很多梵文的注解中清楚地讲到，佛陀在讲经说法时，也承许物质世界的存在。

每个人的思维、觉受，以及表达方式，都是以主观的"自方承许"与照顾情面的"他方承许"两方面表现出来的。如果依此为根据，宣称佛陀与众生的思维与觉受也是一样的话，就不会有人相信的。

在现代寺院的一般辩经中，如果你害怕被对方驳倒的话，最好的方法莫过于保持不答复的状态，即对对方抛出的任何一个诘难，均作连续的"不维护任何主张"的答复，这样，便能在玩笑与嬉戏中，轻而易举地击败诘难者。

三段式逻辑,是在人们的分别心之上建立起来的。如果你想把它作为一种武器去击败理论上的敌手的话,其结果只能是搬起石头砸自己的脚;如果用它去攻击"不维护任何主张"的观点的话,会发现进入法界的入口被封锁得严严实实。所以,陈那[②]在《集量论》中对逻辑的种种缺陷进行了深入的剖析。

---

① 《释量论》:（梵文：Pramanavarttirka，藏文：ཚད་མ་རྣམ་འགྲེལ།），古代印度佛学家法称所著的一本重要的因明著作。全书共四章，是藏传佛教经院哲学中最主要的因明逻辑教科书之一。

② 陈那:(ཕྱོགས་ཀྱི་གླང་པོ།),古代印度佛学家,生活在公元6世纪,是南印度一王子。他从世亲菩萨处学习并精通因明逻辑,著有《集量论》、《入正理论》、《宗法九句》等众多因明学方面的著作,成为佛教因明逻辑学的开山祖师。

知识，建立于二元思想之上，
正量，取决于真假二境，
在不实的虚妄中，二者如此地相互依托，
孰人能够凭信“常规真理”？

世间法则，未经研究与分析，
宗派理论，经过切磋与提炼，
二者相依托，互为根据，
孰人能够凭信“常规真理”？

仅是一种心灵的变幻，此世界虚妄不实，
而其固有的自性，则不以心灵而变化，
真实与虚幻，相互交替，
孰人能够凭信“常规真理”？

立论者，企图掩饰自己天大的过失，
敌论者，计较他人针眼般的瑕疵，
此胜则彼负，如日夜之更替，
孰人能够凭信“常规真理”？

现而不实，破除执著实有的常见，
非现不实，摒弃虚无飘渺的断见，

以一种原则，否定另外一种原则，
孰人能够凭信“常规真理”？

实有执著，造成对朋友的依恋，
正量标准，认识到朋友的恩惠，
增强贪欲上，此二者则不分伯仲，
孰人能够凭信“常规真理”？

执著实有，认为敌人是真实的，
正量标准，意识到敌人的威胁，
增加怨恨上，此二者则不分上下，
孰人能够凭信“常规真理”？

推理逻辑（比量），来自于心的感性经验，
而现实中的真假，又要靠推论逻辑来判断，
儿子的诞生，才能证明父亲的存在，
孰人能够凭信“常规真理”？

理论的建立，源自于创始者们的思想，
创始者们的思想，又是通过理论来证实，
如果能够自作主张，何需跟随他人？
如果不能自作主张，谁人可以信赖？

正确的理论，引自于权威的经典，

经典的权威与否，又要靠理论来印证，

能从理论中领悟，何苦寻求权威？

不能从理论中领悟，哪儿可以求得权威？

弥勒佛示现真身，无著菩萨仅见母狗一条①

不要轻信，未被检验的第一感觉（自然心），

① 弥勒现身，无著菩萨见母狗：这是一个典故。相传，无著菩萨在印度南方的鸡足山上观修弥勒佛，数年过去，无任何证见的迹象，便心生烦闷，走出闭关，解闷散忧。路上遇见一个老妇，用一块棉布正在擦磨铁棒，趋前相问，得知老妇是在磨铁成针。见此情景，无著大受鼓舞，立即返回山洞继续修炼。三年后，仍无一丝得证的迹象，又走出闭关山洞，看见附近有一块石头，被山上滴落的水打出一个洞，受此鼓舞，又返回山洞闭关修持。这样，前后十二年光景，依然没有能够证见到弥勒佛。在极度绝望之中，他又走出山洞，漫无目的地行走在山脚时，看到一条下身腐烂、上身血迹斑斑的母狗，横躺在他的去路上。这时，一种无限的悲悯心油然生起，他想用刀子把母狗身上的蛆虫一一挑出来，再割下自己身上的肉，去喂食那些蛆虫，把母狗救出来。但是，他又生怕锐利的刀刃会碰伤蛆虫娇嫩的身躯。于是，他闭上眼睛，用自己的舌头去舔取那些小生命，当他睁开双眼时，母狗不见了，看见的却是金光灿烂的弥勒佛。兴奋之余，无著菩萨埋怨弥勒佛道："我观修您多年，为何至今才现真身？"弥勒佛回答说："我从开始起，就在你眼前，只因业障蒙蔽，你没有看到我。今天，你心生大慈悲，业因障碍顿时释解，所以，你才看见我了。"

中观①与唯识②，

观点相反，势不两立，

谁敢相信那些智者的思想？

凡人苦苦寻求真理，

得悟天生的实执心，才是衰败的根源。

而学究们找寻真理，

得到的却是更糟的“被宗派异说染污的实执心”（遍计实执）。

在“有无”、“是非”、“真假”等，

被喋喋不休地争论的世界里，

---

① 中观：（梵文：Madhyamika，藏文：དབུ་མ།），古印度四大佛教哲学宗派之一，属大乘宗派，又称“空宗”。由龙树菩萨与他的学生圣天所创，奉《大品般若经》为主要经典。龙树的《中论》、《十二门论》与圣天的《百论》为此宗的基本理论著作。此派认为一切事物因缘和合而生，因此，其自性本空。所有的事物，依赖条件而存在，因此，由条件形成的事物，是不真实的。此派阐扬并发展了“缘起性空”、“一切皆空”的宇宙观，所以，中观派又被称为“大乘空宗”。后来，此派又分成应成与自续两个派别。

② 唯识：（梵文：Cittamatra，藏文：སེམས་ཙམ།），古印度四大佛教哲学宗派之一，属大乘宗派，又称瑜伽行派。此派尊弥勒为始祖，创始人是无著与世亲兄弟。无著的《摄大乘论》、世亲的《二十唯识论》、《大乘百法明门论》等，创宗方面作用最大。此派学者的著作颇富哲学色彩，他们认为众生的识是变现万物的根源，由于世间万物皆由心识所变，因此，万物（外境）是空。另外，此派极为注重因明逻辑，推动了古代印度佛教认识论与逻辑学的发展。

经常见闻到的，被称为“知识”，
习以为常的一切，就成了“正量标准”。

多数人的喜好，变成真理，
众所公认的一切，成为心所皈依的教派理论。
每个人，各自有不同的判断标准，
金刚磐石般的圣旨，
被人们用作判断是非的标准。

每翻一座山，就有一种不同的宗教，
数千位智愚不等的人，哄起而信从，
人们各自宣称：“惟有此派，真实不欺”，
对如此之自我标榜，
同宗派的人听后，将会欢愉喝彩，
而他宗人听后，将会嗤之以鼻。

在生命轮回的六道世界里，
十人赞同，却有百人反对，
人类习以为常的，天神却闻所未闻，
因而，谁能判断真假的区别？

毕生致力于对智慧的追求，
哲人，有时也难免失误，

因此，莫把世间颠倒的感觉，
当成一种“正量标准”。

心怀己所需要、己所喜爱的心思，
并视之为衡量一切的“正量标准”，
这像在海市蜃楼消失的空地上，
复见珠宝堆积如山的幻景一样。

每一次，脸部表情的变化，
还有，镜子表面稍微的变化，
均可导致镜中影像，现示异样的面目，
知识——飘忽不定的镜中影映，
定会在变化中过时、消隐。

智力分析，使我们对存在产生怀疑，
手指触针，又使我们感觉存在的真实。
难道针刺的痛觉，只是手指的感受？
抑或感觉会错乱，疼痛非实在？

探求存在的根源，怀疑到存在的实在性，
得悟出存在的非实在，又想到存在的真实。
追求真实，得到的却是虚幻，
经验到虚幻，又觉得虚幻本身的真实。

说中观派不承许任何观点，并不意味着他们一辈子就缄口不语。月称菩萨曾讲：“这是那烂陀寺院[①]，我是月称，这是我的袈裟，佛是从菩萨之中产生的。”很显然，月称菩萨在这里已经承许了很多的观点。在讲到有无承许的问题时，我们必须得把“常规分析”与“真实分析”二者区别开来。但是，也许有好事者会如此发难：“你在真实分析阶段所言的‘不承许观点’，本身就是一种承许”。这种极端挑剔的态度，就像有人说“我要睡觉，请别说话”之时，另外一个人走过来故意戏弄道：“你说你要入睡，让我们不要讲话，这本身就说明你自己不想睡觉”。这真是一种无聊的游戏。正应了下面这则故事：

从前有一群仙鹤在天空中飞行，领头的仙鹤警告众仙鹤说：“大家不要出声讲话了，否则，会被人们用箭射死的。”众仙鹤听后，齐声回答道：“不讲，不讲，……”逐渐地，它们所发出来的声音，反而越

① 那烂陀寺：（梵文：Nalanda）古印度摩揭陀国王舍城内的著名寺院。建于5世纪至6世纪初，由八个大寺院组成，僧徒主客常在万人之上，研习大乘、小乘的所有经典，以及因明逻辑、声明音韵、天文医学等，为当时世界最高佛教学府。龙树菩萨、寂命论师、阿底峡尊者等重量级的佛教大师均出自该寺。唐朝的玄奘法师、净义法师等都在该寺留学多年。12世纪末被外教徒夷为平地，近世以来才发掘出一部分遗迹。

来越大了。

总之，如果说在禁语戒斋期间的圣誓，以及佛陀在对十四种邪见的问难（十四无记）①，未作答复的沉默等属于合理的话，那么，无承许的观点也应该是合理的。有偈道："前世后世被问及，世尊佛陀示沉默。"如果说，律藏经典中所言之"无言以对"是最彻底的失败的话，那么，佛陀不就成了一个彻头彻尾的失败者吗？劝君切莫以持有这样的（荒唐）逻辑而沾沾自喜了。

圣天菩萨②言：

"谓何如此甚深法，

不传根器不宜者，

故此世尊知一切，

智者仰视齐颂扬。"

① 十四种邪见问难：也称十四无记。佛陀在世时，有一位叫玛仑凯普塔（Malunkyaputta）的人问佛陀宇宙是不是永恒、灵魂与身体是否一样、佛陀在涅槃之后会不会继续存在等十四个问题。对此，佛陀未置答复，因为，佛陀认为这些形而上的问题无助于心灵的解脱。

② 圣天菩萨：（梵文：Aryadeva，藏文：འཕགས་པ་ལྷ།），也叫圣菩提，生活在公元3世纪的古代印度一论师，起初信奉外道，后遇龙树菩萨，与之辩论挑战，被制服后，成为龙树菩萨最得意的门徒。著有《中观四百论》等，阐扬龙树菩萨的哲学思想。

圣天菩萨在很多时候，曾高度赞颂佛陀对有些问题以沉默作答，是一种高超智慧与善巧方便的体现。

如果你有一种天然的悟性，即使在口头上不承认任何观点，也同样可以体悟到佛法的正见。否则，我们无法对圣天菩萨所说“戒禁不言”一语的深奥意趣，产生一个真实的了解。某日，古印度商人给孤独①邀请世尊到其花园用午斋。但，世尊沉默不答，未做反应。然而，给孤独从世尊的沉默中领悟到世尊接受邀请的用意。如果给孤独缺乏一种悟性的话，他不可能对世尊的这种默许产生一丝的领会。

有人对亚盖·布伦玛②奉承说：“你是征服宇宙的统治者(转轮王)”，这是一种承许。亚盖对奉承者说：“那么，你说这句话是你自己的肺腑之言？还是为了照顾我的情面才这样讲的?”这时，奉承者只能如此作答：“我所讲的全是我的肺腑之言。”事实上，奉承者如此的承许，完全是怕得罪亚盖·布伦玛而言的，实际上，奉承者绝对不会相信亚盖·布伦玛就是征服宇宙的统治者。

像亚盖·布伦玛的存在一样，我们也无法回避外部世界的力量，诸如火的烧毁能力、水的冰冻能力、风的摇撼能力等。但是，我们必须把对现象的承认，与自己由衷而发的“自方承

---

① 给孤独：释迦牟尼在世时，中印度舍卫城的一名大商人，曾在舍卫城为释迦佛购买园林，佛陀的很多经是在该园林中讲述的。

② 亚盖·布伦玛：正名贡布居美，19世纪康区亚戎地方（今新龙）一头人，以性格直率、待人接物不拘小节、我行我素著称。

许”区别开来。关于这点，在宗喀巴大师与任达瓦①的问答录中有详细的阐述，期望以一个公正的、不偏不倚的态度去细心研读。

纵观我们的当下之心，日常生活中的所有心思活动，无一不是从愤恨、贪执和迷茫中演化而来的。如果说，我们每天的心思活动，有一个是合理、正确的话，那么，从无始轮回起，经过无数劫时的生命流转，到今天，我们心思的增长依旧如此之微弱，真是奇哉怪也！猫和狗，只能用最简单的三四种鸣叫声，来表达它们经验到的所有情感世界。而相对于那些已经证悟了的菩萨，我们凡夫俗子连猫狗的层次都没有达到。以如此低下的小人之心，怎么能够测度遍知一切的佛陀，以无上智慧所证见到的无边无际、广如虚空的法界呢？怎么能够把佛的证悟，限定在所谓的“无遮”与“非遮”的逻辑框架之内呢？

“不承许任何观点本身是一种承许”的说法，与前面所提到的从未经验过糖果甜味的藏北牧人顽固地坚持“惟有奶子才是甘甜之物”是一样的道理。以镜面的大小去度量外部世界，认为外部世界的大小只有镜面一样大，并把未在镜中显现出来的所有世界，归类到一个应该以理性去分析与否定的范畴里。实际上，这种以管窥天的态度，是体悟深奥妙法的最大障

---

① 任达瓦：原名雄努罗追（རེད་མདའ་བ་གཞོན་ནུ་བློ་གྲོས།）（1349～1412）。藏传佛教萨迦派一著名学者，生于后藏萨迦寺附近，悉心钻研并弘扬月称的中观思想，对中观应成派在西藏的发展起了承前启后的作用。格鲁派的创始人宗喀巴大师以及克珠杰等人，均从任达瓦处学习过中观及其他法门。

碍。

另外，立论者在自己内心中，或许不承许任何观点，但在口头上，他们会承许各种各样的观点。如果说他们所承认的观点，是一种口是心非的谎言的话，那么，那些心中怀有残缺不全实执心的敌论者，他们所论证的所谓“诸法非实有”，不也就成了一句空话了吗？我们接触各种各样的人，当他们的行为情趣与我们完全不一样时，不论他们高低贵贱如何，最巧妙的办法，莫过于我们把自己的外在行为与内心世界区别开来。但是，如果我们对凡夫俗子的一般行为，也需要进行如此精细地去分类的话，那么，很显然，对已经远远超越了菩萨十地阶段的世尊佛，更有必要将其微妙的意趣与其在引导度化众生时所采用的善巧方便之间加以区别了。

提起所谓的“正见”，那些瑜伽师们会用“远离言说思议的般若”、“心境不二的智慧”等等来描述之。而逻辑学家们则用“非有则无、非无则有”之类的语言来表达他们对“正见”的了悟。总之，无论法界之究竟为如何，我们所能够思及、议及和表述到的，依然没有超越出“有与无”的二元范畴。所以，我们依然需要那些誉满天下的智者来为我们提示这些道理。然而，诸如“法界”、“哲人的声望”、“自然本性”、“合理逻辑”、“远离戏论”、“明了四边”等等，只不过是人们在表达自己对“正见”的了悟时，所选用的修饰言辞而已。

一般而言，当我们达到了能够将“刹那”转化成“永恒”，“极微”转化为“宇宙”的最终境界时，世上所有的不同原理，将会统统融化为一体。

明亮清晰的“子光明”，与证悟空性的智慧相互依存。而“母光明”（基元光明）则具有双体特征：同与异、有与无等。然而，“母子”两种光明的特征在金刚亥母双面一体之上合二为一时，这即是究竟意义上的母子光明之相遇，即解脱也。

根据经院辩论的原则，

立论者说：“须弥山，应高八万由旬”

敌论者答：“承认。”

立论者说：“极微，应是无边际。”

敌论者答：“承认。”

立论者说：“那么，在单个的极微中，不能够容纳与极微同等数量的整个世界，因为八万由旬大的物体，不能容纳于微尘之中。”

对此，敌论者只能如此回答：“你所承许的，只是流行于世的常识罢了。微尘中容纳大千世界，不应在常例之中。”

如果你可以如此去破坏常例，而另立一种特殊的话，对那些不懂“否定之否定”原理的人，所承许的诸如“若不是非有，则应是有”，也应该给予一种特殊的体谅了。

简而言之，如果我们崇信大乘佛法，就必须信服其不可思量之处。否则，在炽热的末日大劫火中央，怎会独处一丝清凉的月光？在炽热的太阳底下，怎么会开着一朵娇嫩的莲花？在手持兵刀、杀气腾腾的愤怒佛怀中，怎么会拥抱一尊佛母、爱欲缠绵呢？如此这般的情景，在严格的逻辑推理下，纯粹是一种水火不相容的对立体。但实际上，这些都仅仅是一种象征，跟唐卡画中所表现的意义是一样的，即：表现“主观”与“客观”、“爱欲”与“愤恨”、“炎热”与“寒冷”、“清净”与“污浊”等的合二为一、双融任运的智慧之体，或，身心自然合一的双运身。

如果说报身与化身的应现，纯粹是为了利他的目的，其三十二功德圆满相与八十微妙细相，也完全是为了激发信众对佛陀产生喜乐之情的话，那么，完成了福德与智慧资量的积修、诸相圆满的受用身身上，为何还会出现猪面、狮面之类的怪相呢？

因此，在大乘佛教中，尤其在金刚密乘里，要求我们把自己的上师视为佛本人。从这个基本的修持开始，观想自己为金刚持佛，到坚信自己的血肉之躯像代表宇宙的曼陀罗一样完美无缺。这种心智训练的目的，是为了彻底改变我们当下的这个“正量标准”。据说，在密乘里，以“五肉”①、“五甘露”②来供养佛，其目的纯粹是为了摧毁世俗人奉持的一般理念，以及与这种理念相伴为伍的逻辑思维。否则，对神圣的顶礼处所供养一些不净之物，不但违背了“正量标准”，而且也违背了一般的情理，更违背了世俗的法律戒规。正如颇章喜哇俄所言：

---

① 五肉：密宗内供养甘露品五种肉类：象肉、人肉、马肉、狗肉、黄牛肉或孔雀肉。

② 五甘露：大便、小便、人血、人肉和精液，为密宗内供养品。

“不净污秽敬世尊，可怜泥中众有情。”

总之，我们必须得明白，以上所说的“视污秽为清净”、“视不合理为合理”等等，都是为了改变凡夫俗子的观念而宣说的。一旦达到这样的境界，就不会有所谓“尘土”与极珍供品“佛目”[①] 区别，也没有什么“主神”与“眷属”之间的区别，所有“主体”与“客体”将融为一体。

我们最大的缺陷之一，就是企图把常规世界和绝对世界的所有原理，企图归纳到自己的思想和语言中来，并且顽固地坚持这些原理与我们的思想达到一致，而且在口头表述上，能够达到顺利、圆滑、通融为止，尤其以口头上的随意表述为主要目的。当我们达到以上目的时，就自以为是地认为自己找到了终极的理论。但实际上，这只是一种“贪肉者得肉、贪酒者获酒”，其所获得的只是自己感觉所喜爱的那部分而已，怎能与佛菩萨的那种深奥境地相比呢？

所以，佛陀非但没有从否定、消极、虚无的角度，把凡夫俗子的观念转引到最自然的本性之上。反而，从肯定、积极、存在的角度，为众生指点诸法真相。并以因成诘难的方式，驳斥对方的所有承许，而自己不承许或不保留任何观点。用这种方法，阐明神圣佛法不住、无为的最高精要。

由此可见，佛法正道的最大障碍就是我们的思维。阿阇黎

---

① 佛目：（སངས་རྒྱས་སྤྱན་མ།），藏传佛教大圆满修持活动中一种极其珍贵的供养品。

法称[①]说："冲破思想网罗，得证深广之法"；陈那也说："思维法性，偏离佛道"。《正量释论》中对以上所作的注解中也讲："不考查诸法与诸法自性、复合与单一之间的原理，仅凭世俗的常规知识，智者们创立种种法门与法门的修行方式，来引导众生进入佛道圣义。"

"绝对的虚无，不能充当非存在；常规意义上的存在，可以算是存在。"这句话应该这样解读："菩萨的智慧所未证见到的，不能算非存在；凡人的意识所体验到的，可算作存在。"这样，除了像"绝对意义上并无自性成"、"兔角非绝对有"之类没有"空"的根基的事物之外，如果还不能够找到一个"绝对的虚无可算作非存在"的话，那么，它不仅不可以算作是"虚无"，反而还可以说是"存在"。如：当我们宣布"兔角非绝对有"，对所要否定的"兔角"给予特征区分时，就已经暗示了"兔角"在常规阶段就已经存在。否则，就没有必要区分"没有兔角"与"兔角非绝对有"之间语气上的强弱之别了。因此，月称菩萨在《破数论》中对"绝对"给予特征区分时也讲道："从绝对意义而言，没有什么'主我'所生的了"；"外道不承认常规真理和绝对真理，他们同时否认常规和绝对。所以，当我们破斥外道的邪见时，也就没有必要对

---

① 法称论师：（梵文：Dharmakirti，藏文：ཆོས་གྲགས།）。古印度著名的因明逻辑学家。公元6世纪生于南印度一婆罗门家族中，年长时，从陈那论师的弟子自在军处学习《集量论》。著有解释量学之本旨的《释量论》。

‘绝对’给予什么特征区分”。既然如此，从绝对与常规两个方面都不存在的“兔角”，也没有必要给与，所以说，从常规与绝对两方面皆不存在的“兔角”，也没有必要给予什么“绝对”上的特征区分了。“兔角绝对非有”与认识“兔角绝对非有”的心，是不是“空性”与证悟“空性”的心？认识到“兔角绝对不存在”的心，已经把兔角是白色的或者是黑色的等等虚构的特征自然地给否定了。因此，“兔角实有”的虚妄心也被彻底否定了。

如果把“烦恼”当作道修上的障碍时，我们就会这样说：“应该把‘烦恼’彻底地消除掉，这样，就不需要用什么‘绝对’之类的词来形容‘烦恼’了”。既然如此，当有人说：“兔子头上没有一个颀长而尖利的黑角”时，应该这样反问：“可以用‘长’、‘尖’之类的词形容兔角的特征，但兔子头上没有一个‘实有’的角，请问，为何对‘兔角’就不能用‘绝对’来形容其特征呢？”

所谓“道修障碍”的烦恼心，无疑是在前念消失之后，继而新产生的一种念头。如果说，我们对这种念头不需要从绝对的意义上进行特征区分的话，那么，对逻辑与理性分析的对象，为何就需要从绝对的意义上进行特征区分呢？

总之，如果我们忽略内在的实执心与外境自体存在的实有，另外寻找一个东西去否认的话，诚如章嘉仁波且所说：“把生动活泼的现象世界置若罔闻，而去寻求一个不复存在的，形而之上的‘兔角’去否认。”

有一次，嘉木样协巴大师①，就中观应成派与中观自续派之间见地上的区别，请教桑结嘉措②。桑结嘉措用手指着寝室内的一根柱子，说道："根据中观自续派的观点，这根直挺挺的木桩是柱子，但在中观应成派看来，这根木桩只是柱子之概念之依所，它是概念之上所设置出来的一个空洞名称而已。"

还有一次，华芒班智达③去拜见阿柔格西，④ 阿柔格西问华芒班智达："在五部经论中，你擅长于哪一部？"华芒班智达回答说："回大格西，在五部经论中，在下比较熟悉中观。""那么，根据中观应成派的观点，这是什么？"阿柔格西指着

---

① 嘉木样协巴大师（འཇམ་དབྱངས་བཞད་པ།），甘青地区最大的活佛世系，第一世嘉木样协巴阿旺尊追（1648～1721），生于甘肃夏河，二十一岁赴藏，拜第五世达赖喇嘛为师，曾担任哲蚌寺法相学院堪布。六十二岁时，返回甘青故里，倡建拉卜楞寺，著作丰盛。

② 桑结嘉措（སངས་རྒྱས་རྒྱ་མཚོ། 1653～1705），第五世达赖喇嘛时期，西藏摄政王。公元1653年生于拉萨北郊，八岁从五世达赖喇嘛听受显密教法，从达巴译师听受天文历算和语言学，从龙格阿旺学习声韵占卜术，从强巴龙珠学习藏医学等，成为学贯古今的一代宗师。1679年，出任西藏摄政王，管理政教，维修扩建布达拉宫。五世达赖圆寂后，秘不发丧十几年，认立仓央嘉措为第六世达赖喇嘛。校正刻印《医学四续》等多部医学和史学著作。在布达拉宫旁边的药王山上建立了西藏第一座医学院。1705年，被蒙古后裔拉藏汗所杀。

③ 华芒班智达（དཔལ་མང་པཎྜི་ཏ། 1764～1853）藏传佛教格鲁派著名学者，甘肃拉卜楞寺的一位转世活佛，是一位极重视史学研究的学者。著作较多，其中最为著名的为《汉藏蒙土略史》、《拉卜楞寺志》、《密宗四续部总义简述》等。

④ 阿柔格西（ཨ་རིག་དགེ་བཤེས། 1726～1803），藏传佛教格鲁派著名学者，安多阿柔部落人氏，曾在拉卜楞寺学习，著作颇丰。

面前的一张桌子问道。华芒班智达回答说:“回大格西,依在下之见,这是一张桌子。”阿柔格西立即否定道:“非也,此非桌子,此乃桌子概念的依所。”华芒班智达闻之,无言以答。

这两则故事,点明了中观应成派与中观自续派的核心思想。但是,如果我们把眼前的一张正方形的木板当成一张桌子的话,在应成派看来,这是“实执心”,在自续派眼中便是“常规真理”。同样,把正方形的木板当成桌子,就会成为中观应成派的“他方承许”,中观自续派的“自方承许”。所以,当有人问“眼前的这个东西是否是正方形木板”时,回答将应该是:“眼前的这个东西,只是正方形木板的概念的依所,而非正方形木板”。

如此一来,我们眼前的所有存在,只是眼前存在的概念依所,而不是眼前的存在。这样,眼前的依所,引申出另外一个虚设的依所。最后,关于本体论的任何一个主张,从概念与概念实体的角度而言,都是空的。有益的“离戏”与有害的“非遮”,除了名相上的差别外,实则为大同一体。如果能够达到没有“善恶”、“大小”等二元分别的境界,便能彻底断除轮回的束缚。

反过来,我们也可以这样说:“面前这个东西是一块正方形木板”、“正方形木板是一张桌子”、“桌子上有一个宝瓶”等等,来迎合普通人没有被任何宗派观点影响过的朴素思想。但是,一个人的思想是否受到宗派观点的影响,这是很难分辨清楚的。比如说,那些目不识丁的粗汉们,如果相信某人是一位大好人的传言时，他们的思想实际上也是完全受到了一种观点的影响。但是，如果从宗教的本质而言，区分我们的思想是否受到宗派观点的影响，也是极难的。正如宗喀巴大师所说："一切存在，缘起有故，中观派则认为均无自性；而其他宗派，则因此而认为一切事物都有它的自性。但各方所执的只是各自宗派的观点而已，没有必要争个孰是孰非。"总之，除了把以比量推断出来的结果当成宗派观点，并把直接经验当成一般的自然心之外，我们没有其他方式判别宗派之间的优劣了。

从五蕴聚合的"执我"中产生的"我"，是与生俱有的无明创造出来的一种"自我"。这种"自我"具有三种特性，它是由人们被宗派之见影响了的心识——遍计心识所创造出来的。但是，孰人可以分辨出，不依赖于任何名相概念、于众生心中自然而生的，独立存在的"俱生无明"，与清辨论师[①]创立的"虽无实有，但有自性"的新论点所改变了的人们思想的"遍计心识"之间的区别呢？

婴儿们认为，他们可以随地大小便的心，是否就是自然心呢？如果有朝一日，当他们意识到不能在地毯上大小便时，他们此刻的心，是否就是在父母教训的影响下而改变了呢？

总之，在这个世界上，或许有很多人，他们的思想从来没有被四种佛教宗派影响过、也没有被其他六十种古印度非佛教

① 清辨论师：（梵文：Bhavaviveka，藏文：ལེགས་ལྡན་འབྱེད།），印度中观哲学的重要代表人物，著有《般若灯论》，开中观自续派的先河。

哲学影响过。但是，可以肯定的一点则是，在这个世界上，绝对不可能有一个没有被自己本人的思想影响过的人。我们现在所肯定的“此是彼非”等种种“知识”，都是在父母及同辈人们传授的教言，结合自己理性判断之后获得的。

可惜的是，应成派的大师们在确定“常规真理”的原理时，其思想所达到的极限，也仅仅是这点皮毛而已。所以，他们也只能把一种流行于世的东西当作“常规真理”的原理了。

每一个个体都在受其感觉的局限：人不能够超越人的感觉局限；鬼不能超越鬼的感觉局限；狗也不能超越狗的感觉局限。鬼眼中的鬼窝与人眼中的房子，在人与鬼各自的眼里却是实实在在的存在。但是，如果认为有一个从人与鬼的感觉中产生的既非人屋、也非鬼窝，鬼和人都看不见的真实存在的话，这与数论派①所宣称的“自性恒实”论没有什么两样，这跟唯识宗派的观点，也比较接近。中观自续派不承认“视觉”有一个共同的感觉基础，比如说“一杯水”是六道众生产生完全不同感觉的感觉基础。他们认为，六道轮回中不同层次的生命对“一杯水”的看法，竟有如此之大的悬殊，其根源纯粹

① 数论派：（梵文：Sankhya，藏文：གྲངས་ཅན་པ།），印度古老的无神论哲学流派，其创始人为迦毖罗。此派认为因果是一样的，因中有果，果中有因，只有条件才能让因中之果异现出来。他们认为通晓二十五种知识便能得到解脱。

是因为不同生命形态深层中的“阿赖耶识”①，在受到其自身的习气后自然焕发出来的一种结果。

有偈云：

业因的异熟，生成不同的六道生命，
其感觉经验的差别，自不待而言。
同为人类的躯体，
我们也在经受，
一个没有共同基础的六种感觉。

总而言之，在“七相道理”② 的逻辑分析之下，我们一般人感觉到的这个世界，将会是一个支离破碎、不成体统的现象。但是，我们的感觉不会因为逻辑的分析而有丝毫的改变。可见，这种顽固的感觉纯粹是在智障本身，或是在智障的影响

① 阿赖耶识：“阿赖耶”，梵语音译，意为“藏”。佛教唯识宗派极重视此识，认为此即一切众生的根本心识，是产生一切现象的根源，能将感觉与感觉形成的思维、知觉、记忆、推理等藏纳起来，并由其他的意识活动构造出整个现象世界。而一般意识，诸如眼、耳、鼻、舌、身，则只能与其感官相应，是单纯的感觉作用，不能把握所接触的对境。

② 七相道理：也称七相推求，以车子比喻“我”的七种分析：车子的零件与车子本身是一样的？还是异样的？是零件依靠车？还是车依靠零件？是车中有零件？还是零件的累积才形成车？零件累积的总形才是车？通过这种分析，确定出所谓的“车子”是一个没有自性的空洞概念。人们执为实有的“我”，也同此理。

之下产生的。故此，我们的眼睛不能够透过围墙看见围墙背后的物体。而佛，却看得见围墙背后的物体。所以，如果能从理论上摒弃感觉的所有原则，就能消除“烦恼障”；如果能从心底里摒弃感觉的所有原则，就能消除“智慧障”。月称菩萨跟佛陀一样，已经彻底摆脱了“烦恼”与“智慧”的障碍。

从心底里相信桌子的存在，为“烦恼障”；仅仅通过眼睛看见桌子的存在是“智慧障”。寂天大师①在比较“烦恼障”与“智慧障”时，把观看魔术表演的观众，对变幻出来的美女产生情感的现象，列为“烦恼障”；而魔术大师对自己所变美女，动之以情的现象列在“智慧障”之内。

在完全摆脱了“此是即彼非”的概念网络后，“同”与“异”将汇为一体。因而会有一个超越我们心思的，深不可测的，包含宇宙万象的法身，在于优劣层次不等的善男信女的心目中，会永恒地传播一个尽善尽美的福音。为此，我向您——至圣的普贤如来顶礼。

一旦我们意识到“一切现象皆无自性”这个最关键的本质问题后，我们所看到的大地、岩石、山脉等物象，将完全不同于别人眼中的大地、岩石和山脉。所以，当一个人提起“岩

---

① 寂天大师：（梵文：shantideva，藏文：ཞི་བ་ལྷ།）生活在公元7世纪，古印度最伟大的天才诗人、修得成就的瑜伽行者。他本是一位王子，在那烂陀寺出家为僧。其诗体名著《入菩萨行论》，共分十章，主要讲述如何培养心智、提高菩提心，是菩萨行为的准则，在藏传佛教的传统中，被认为是最具权威的菩萨道修之论著。

石”二字时，其所指的实际上是一个“实有”的“岩石”，而你所说的却是一个“没有自性”的“岩石”。所以，“无自性，乃非岩石”与“若是岩石，就应该有自性”，这两种思维方式，很难在一个点上达成共识。这或许也就是，中观应成派与小乘实事派①之间从来没有“共同话题”的原因。假如说，一位印度人与一位中国人在一起，他们对对方国家的情况一无所知，但当他们同声高呼“吾王万寿无疆”时，在中国人心中出现的，将是一位留着很长发须、身穿黑色龙袍的国王形象；而印度人心里的国王，将会是一位剃着光头、脸上未留胡须、身穿白色长袍的形象。然而，“国王”二字所指的含义，在双方心中都是一样的。所以，他们之间，没有必要为“吾国国王”的表层意义而争执不休。

实际上，无论口头上的“承许”，还是来自内心的“承许”，都是对自己心中某一想法的自我相信，或自我肯定。这种自我的肯定，就是“自方承许”；纯粹为了迎合他人，而勉强地承认一种不符合自己想法的观点，即为“他方承许”。承认一种从未在自己心中出现过的现象，诸如“四圣谛”、“五圣道”等等，是一种对虚幻现象的承认。但是，在修持过程中，如果不依靠这些虚幻的修行次第，又何以能够证悟究竟法性呢。寂天大师说：“佛法像一艘渡海的船”，“要息灭痛苦，

① 实事派：古印度流行的一种宗派思想，承认一切事物皆有其实有的自性。

就不能阻止痛苦的结果——迷惑”，作为痛苦之果的迷惑（佛法），就像上面提到的船一样有用，它可以乘载我们抵达生命轮回的彼岸，一旦达到轮回的彼岸，就应当把它连同此岸的轮回世界一起丢弃掉。

我们攀爬阶梯时，通常是先爬到第一台阶，然后，把第一台阶抛弃到后面，爬升到第二台阶；从第二台阶爬升到第三台阶时，又把作为基础的第二台阶抛之于后。这样，每上一级台阶都得把原先作为基础的那级台阶抛弃掉。同样的道理，如果一个人不脱离少年的稚气，他就永远进入不了成熟的壮年时代，以及豁达的老年时代。所以，不脱离通常人的感觉，就永远无法进入佛的境界。

当实事派以“若无自性，业果从何而生”的问题诘难中观应成派时，后期的应成派们将会这样回答：“虽然没有自性，但并非‘绝无’，所以，‘无自性’与‘业果’之间没有什么矛盾”。而早期应成派们的回答将会是这样的：“本宗派不承许什么自性的‘有’或‘无’，‘是’或‘非’，是故，宣称‘无自性，有业果’，也没有什么不妥当的”。

总之，与实事派截然不同的风格，恰恰是中观派最重要的特色：实事派们利用“否定存在”的理论，去证明一个“非存在”；而用“否定非存在”的理论去证明一个“存在”。显然，这是拆了东墙，在补西墙而已。中观应成派则与此完全相反，他们不仅把对方的承许无一例外地给予否定之外，用同样的方法把自方的所有的承许，也毫无保留地否定掉。龙树菩萨所说的“已去非行走”，指“已去”中含有“行走”。紧接着，龙树菩萨又说：“未去亦无去”，如果说“行走”是否定“已去”的话，那么，在“去”与“未去”之外，是否还会有一个“行走”呢？龙树菩萨继续说：“‘已去’与‘未去’，去时亦无去”，很显然，龙树菩萨，在这里否定了“去”与“未去”之外的所谓“行走”。

当我们把禅思中所证悟到的“无”与禅思之后的感觉结合在一起时，就会明白禅思中“空无所有”与禅思之后“一切皆现”合二为一的真实妙用。这就是我们所说的“在真实意义上一切皆空”与“在常规意义上一切存在”的真正含义。

早期的藏地学者们认为：“无自性”，是个体缺乏自我特征（人无我）的表现；“四边离戏”，则是事物缺乏自我特征（法无我）的表现。而后期的藏地学者们则认为：应该把一切事物本身当作空性存在的理由，再去辨别其是否缺乏两种自我特征。因之，瓶子的无自性，是瓶子本身缺乏自我特征之表现；而柱子的无自性，是柱子本身缺乏自我特征之表现。同样，“我”与“我有”的无自性，是主体缺乏自我特征的表现；瓶子的无自性，也是瓶子本身缺乏事物的自我特征的表现。早期学者们认为：个体缺乏自我特征与事物缺乏自我特征，其两种不同的证悟，在见地上有着天壤之别。在他们看来，与平常的“事物真实存在”持相反态度的观点，是主体缺乏自我特征的表现。但实际上，他们的这种观点，最终也未能超越一般的常规思维。我们的思想所能达到的终极限度，要么飘游在“存在”与“非存在”之间；要么飘游在“两者皆非”与“两者皆是”之间。总之，我们的思想总是超越不出以上“四种可能”之外。所以，“四种可能”之外的思想，便是一个没有条件或者超越了常规的绝对，也就是“无以言表的绝对”。

《菩萨人行论》中言：“心识不能体认绝对真义，因为心识本身依然处在常规的阶段”；“当心中没有真实与虚无之分时，心底坦坦荡荡，没有任何挂碍，此即大寂静”；“彼时圣法无所缘”；“佛法无边等”。如来佛陀的教法，之所以远远地优胜于其他外道的原因，在于佛法从来不把由分别心识创造出来的“有无”与“是非”，以及其所嗜好的概念当作自己立宗的依据。而是教导我们应该从自己心识概念的桎梏中解脱出来。尽管有一些人，总是装模作样地谈论什么佛法的奥义，但实际上，他们所谈的那些只不过是人们与生俱有的无明心被所谓的感觉经验与逻辑理论装饰后，企图使自己的理论更加坚固的一种努力。宗喀巴大师也说：“世尊，因为对您深奥教义的误解，我（宗喀巴）虽然经历了千辛万苦，却没能得悟出您教义的要旨，过患与罪业仍然挥之不去，‘我执’的思想愈加强烈。”这句话，道出了佛法中的深奥意趣。

凡夫俗子，在一个共同的思想背景下，争论“不可言说”是否是一种“表达”。这样的争论，与患有黄疸性肝炎的“立论者”与“敌论者”，在为“那黄色的东西是否是海螺”的争论，是一样的道理。肝炎患者的这种心，与一个人在做梦中认为梦里所发生的一切是错误的心是一样的。前者之心，受到肝炎疾病的影响，而后者之心，则受到睡梦的影响。但是，直到肝炎患者完全康复、做梦人从梦中醒过来为止，我们的心，只得屈从于“此是即彼非”的原则。应该明白，这种情形本身既是无明的过患，同时，也是因缘法则的功德。

一般而言，如果我们把口中发出的一切声音，都当作一种“承许”的话，那么，一个立论者在辩论过程中保持沉默、一言不发时，敌论者便没有任何机会与理由对立论者进行攻击与辩难。但是，我们不可能没有任何一种自己的“承许”或“主张”。因此，我们没有任何理由去否决别人以任何形式所作的“承许”。实际上“无承许”也罢，“沉默”也罢，统统都是一种主张，或者是一种表达。所以，我们可以由着自己的性子去进行否决。惟有在中观应成派与实事论派之间，才会出现诸如“不作任何主张实际上是一种主张”、“不作主张本身是一种答非所问的主张”等等攻击对方的辩论。“无自性”一词，在实事论派看来，代表一种“自性”。主张“无自性”，在他们看来，就成了一种答非所问的主张了。这跟“若全无自性，你的言语也成空洞乏意了”的诘难没有什么区别。另外，“如果你不作任何主张，那么，你为什么要主张一个‘无主张’，来当作你的主张呢?”这样的诘难，也跟前面所述是一样的道理。所以，龙树菩萨说：“无主张，本身就是你的一种主张；认为白色的海螺为黄色，也是你的一种主张”。

由此看来，“主张”或“承许”的定义应该是这样的：陈述者对自己所陈述对象的一种发自内心的信念。但是，如果把这定义为原则的话，佛陀为诱导众生而宣说的“不了义”经，以及平常人所讲的谎言等，都是不可能产生的。假如说，我们对任何不同的观念、不同的情形、不同的理论、不同的想法，以及不同的主张，均不加任何区别的话，我们就无法对佛法的神圣性产生一丝的信仰。因此，佛经中讲：“如果我们可以信赖自己的感觉器官，把它作为判定是非的正量标准的话，那么，圣道的修持也就没有任何意义了”。换句话说，如果你可凭自己的感觉去判定一切是非的话，圣道的修持对你何益之有呢？

如果一个人，首先在自己心中树立一个神圣的权威人士，然后，再把权威人士所讲的话，当成至理名言，倍加顶立的话，那么，这个人的思想就完全在别人的支配之下了。但是，首先证明一个理论的权威性，然后，再去遵循创立者的言教，这是理论大师们所一贯遵循的原则。而服膺权威之后，是否就必须遵循其所定之原则呢？这就要看人们对可知事物的直接现象、间接内容，以及最潜在部分的认知程度。也就是说，对所信从的对象及其真实性的了解与信任程度。当我们信从某一位精神导师，或者推崇某一教法的理论时，我们都会振振有词地宣布：“这位精神导师”，或者“这一教法理论”，是最“真实”的。但实际上，“精神导师”与“教法理论”的“真实”与否，完全取决于我们在信从权威或权威之言教之后所获得的利弊了。所以，遵循善逝佛陀“扬善弃恶”的教诫后，信徒们在信仰中获受饶益的原因也在于此。但是，善恶的因缘法则，是佛陀引诱众生的方便之道，如果人们未能领悟“潜伏于其中的密义”，并对之产生怀疑的话，“世尊却用空性的道理，使人们信服，惟有证悟空性，才是最真实的解脱”。有言道：“要义不偏，可以信从。”也就是说，如果对佛法最精要的内容没有什么偏离性的误解，那么，追求人天善趣、福德圆满、修持以世俗利益为原则的大众教法，有百利而无一害，我们为何不从信而修之呢？这跟小孩子听从母亲的话是一样的道理。如母亲告诉自己的小孩说：“外面有老虎，如果你走出家门，老虎会咬掉你的耳朵。”我们尚且不论母亲的这句话，是一种诱骗，还是一种真话实说。但我们可以肯定，母亲如此这般的用意，不在于让孩儿永远不足踏门外，而是想让孩子听从于她的话。

故此，世尊言：“奔放的妇人们，应该像新娘一样，举止端庄；在家俗人，应该把裤裙高高挽上；渡趟小溪流水，或玩闹竞赛之后，应该把僧衣下盖至踝骨之上”。由此可见，从遵守最细微的戒律行为到体悟究竟法性的实相，世尊始终采用善巧方便来迎合各种不同根器的人，引领他们步入开悟之道。但是，我们必须明白，世尊在传法时，为迎合信徒的领悟能力而宣讲的法，与他自己的实证体悟有很大的区别。对佛陀而言，

“六群比丘”[①] 的裤裙上挽到膝盖之上，或者往下拉到踝骨，都是一样的。但考虑到舍卫城[②]善男信女的情面，世尊订制了一个穿裤裙时的高低准则，顺应了他们的愿望。显而易见，世尊所讲的“虚空无边际却有中心；轮回无始却有结束”，也是为了迎合舍卫城的居民们对三界轮回的认识而随机宣讲的。

当常规世界的现象还没有从我们眼前消失之前，当意识赖以存在的物质躯体，还没有改换成另外一种形式之前，即便我们可以直接体悟到空性，但是，我们依然无法回避曾经的承许。对此，我们不必用一种“合理逻辑”挖空心思地去证实它的存在与否。如果我们不承认这一点，那么，我们眼睛所直接看到的、耳朵所听闻到的，还有其他一些亲身经验到的东西，也没有必要用“合理逻辑”去证实或否认了。如果仅仅以否认“常规真理”，而害怕成为虚无论者的话，那么，我们眼睛所看到的形状和耳朵所听闻到的声音，也仅仅是眼睛与耳朵对存在与否所给予的一种肯定或否定罢了。所以，我们不必对此忧心忡忡。仅仅口头上的一句“一切皆空”，绝对不会影响到我们的思维。所以，我们也没有必要去追究讲此话的人是

① 六群比丘：佛时初期的僧团无需戒律约束也能清净修持，但从佛陀成道后的第五年开始，僧团内部开始出现一些犯规的现象，起初犯规恶行的六位僧众，史称六群比丘。佛教的戒律，就是从对这六位比丘行为的规范开始，陆续制定下来的。

② 舍卫城：古印度一城市名。释迦牟尼佛在世时，大部分时间都在该城市的花园内居住。

否真实地体证到诸法皆空的实相。如果你指着某物对一位不主张任何观点的人问“此为何物”时，他会毫不犹豫地回答“这是一座山”、“这是一棵树”、“这是一个人”等。因此，你在这里没有任何必要通过“合理逻辑”，去强迫该人接受某一种观点。

当魔术师幻变出一头大象时，围观者看到的也是一头活生生的大象。魔术师的真实用意，在于把一个不是大象的东西幻造成大象，并让周围的目睹者们相信，眼前的这个动物的的确确就是一头大象。如果在围观者中有人问魔术师那是不是真大象时，魔术师当然要回答说：“这真的就是一头大象”。魔术师的如此回答，是他顾及围观者意愿的一种“他方承许”。

总之，如果不承认佛所讲的“了义经”与“不了义经”的原理，那么，我们就没有办法区分“自方承许”与“他方承许”之间的差别。如果有人在这里反驳道：“那么，中观哲学的所有论著，不是中观论者们的观点，那是谁的观点？”这种诘难本身，就像是在说：“在《中观大疏》、《楞严经》等诸多经典中，利用各种逻辑理论，不厌其烦地讲述‘不依客观而独立存在的意识’和‘既非精神也非物质的究竟实相’等等，难道这些论述，不是佛陀的观点，那会是谁人的观点呢？”

所以，能直接影响到“他方承许”的逻辑，实际上跟奉承者对亚盖·布伦玛说“我说你是征服宇宙的统治者，仅仅是为了顾及你的情面而讲的”时，奉承者不会因为讲出了实话而害怕被砍头是一样的道理。所以，奉承者在亚盖·布伦玛面前所做的“他方承许”，也只好当作是奉承者真心实意的“自方承许”了。关于这一点，在宗喀巴大师与任达瓦的问答录中有详细的阐述。

如果没有照顾他方情面的“他方承许”的话，体现世间万物清净完美的佛祖与显示不净有漏的芸芸众生之间，就不可能有一句可以相互沟通的语言。

常规分析与绝对分析的区别在于：绝对分析，是人们针对某一事物，分析它有没有“自性”或“本质”时产生的一种思想；而常规分析，则是对某一事物的现象，进行分析与思考的思想。所以，别说实事论派的信徒，就连那些从未受过任何哲学思想影响的凡夫俗子们也不会对魔法变造出来的黄金感觉心满意足。人们在追求黄金时，想获得的，当然是一个非虚造出来的、掂之有量的纯粹黄金。这种思想，当然源自于对黄金的贪欲心。黄金是起贪念的根源。佛陀指出“实执心”，不仅是无明的根源，而且还是贪欲与愤怒二者的母胎。所以，以一种贪婪之情所获得的黄金，实际上，是对黄金的自性本质与究竟分析之后，执黄金为“实有”的心念之驱动下求到的。

认为“自方承许”与“他方承许”之间没有差异的观点，说到底就跟“佛感受到的，众生也感受到，佛知道的，众生也清楚”之说是一样的道理。如此一来，没有人会相信，经论中传说的具猛力菩萨[1]通过神通也未能看见佛祖发髻顶端的故事。

崇信佛法，就必须相信其不可思议的方面。如果把自己未能想到的或自己的心思未能达到的部分，统统说成是“不存在”的话，这跟虚无主义的言论“吾见故，彼存在”没有什么两样。对此，我本人进一言：“你没看见，就不等于它不存在”。

有人说：“无火而有烟，需要在逻辑上成立；需要亲眼看见；需要用我的眼睛直接看到。因为，无火冒出的烟，我是从来没有看见过的。”实际上，“有火便有烟”的逻辑，是一种要把存在的实相——即完美无缺、尽善尽美的各种现象，包括五颜六色的现象世界以及善恶苦乐的情感世界，统统归纳到自己针眼般大小的思想中的企图。

宗喀巴大师在《入菩萨行论注疏》中把“改变常规的世俗之见，其难可比上青天”一句，解释成“为了改变世俗之见，我们不必在道修上下很大的功夫”。这表明，一旦道修达到炉火纯青的地步，世俗的一切现象将会在我们的心里自然消失。承认世俗的真理，完全出于一种身不由己。因为，当无明中与生俱有的错乱感觉在我们心中自然出现时，由无明思想支配下产生的“善与恶”、“有与无”等原则，也在不知不觉当

---

① 具猛力菩萨：此处并非指某一个具体的菩萨，而是指任何菩萨在达到一定修炼阶段之后，所自然产生的自信与智慧。

中受到无明本身的影响。因此，我们只能无助地、别无选择地在轮回中继续漂泊。这种“无助”即是“身不由己”之意。

所以，我们不应该庆幸自己在轮回中的“无助”与“身不由己”，而应该对此感到沮丧和不安才是。《入菩萨行论注疏》中说：“为了扭转世俗之见，我们历经千辛万苦……如果你能远离世俗的影响，我将与你为伍。”

我们的心，是否经常受到更大心力的影响呢？对此，寂天大师说：“心，总是被更高的心力影响着”。他认为，常规分析中的意识，会受到绝对分析意识之影响；而绝对分析的意识，又会受到瑜伽、禅定中更高一层次意识之影响。这样，高层的意识，总是影响着其下一层的意识。然而，如果说我们的心被一个强大而无助的心力影响着的话，那么，在我们的心识活动中没有比“五烦恼”、尤其没有比“无明”更强大的心力了。所以，由强大的无明之力创造出来的各种心识活动，也就自然成为一种合理的“精确物”了。但是，寂天大师认为低层次的意识，不会影响高一层次的意识。他举一例子进行反驳：“……否则，意识到女人之身污浊不净的思想，将会受到世俗之见（视女人之身完美的思想）的影响。”

因此，实事论派的信奉者们通过逻辑分析，否认常规、世俗等外部世界之后，还会如此宣称：“实事上，逻辑分析并没有否认外部世界，而是找不到一个外部世界”。实事论派者，以其哲学的理性分析，没有找到“外部世界”的存在，但并没说“外部世界”是一种绝对的虚无。而中观应成派的哲学，在其理性的分析之下也没有找到一个"实有事物"、"自性存在"等。奇怪的是,他们所没有找到的,怎么能被说成是"否认存在"呢?既然如此,觉囊派的知者们,如果顽固地死守"他空"思想的话,他们所坚持的观点,自然也可以列在世俗法之内。仅以"有无"二元的思想,未能找到的诸法,怎么能说成是诸法"绝无"呢?!

总之,以世俗观念的角度而言,"未找到"或"根本未找到"的东西,我们只能将其归类于"不存在"之中。否则,"存在"与"非存在"之间,就根本没有什么其他的分隔界限了。但是,如果我们把自己的思维"未能找到"的东西当作究竟的"非存在"的话,我们便会永远失去体悟真实法性的机会了。

当然,"可现而不可得"是"非存在"的最大理由。但是,对于"存在",在我们心中应该"显现"尺度,却没有一个明确的界定。比如说,一个具有神通的人,看不到屋子里有幽灵在飘荡。因为在这位神通者面前,幽灵现而不实,所以,在他看来,幽灵是不存在的。但是,根据经典的记载,那些比平常的神通者胜一筹的证地菩萨,却能从一块车轮大小的土地上辨认出数同大地微尘的众生。这样,我们就需要根据神通,或者,神通者证悟的高低,对其心所能证见到的部分,加以界定。但是,千万凡夫俗子所共同确认的"可现而不可得",只是"可现而不可得"之一隅而已。因此,其所证实出来的"非存在",也仅仅是"非存在"的一部分而已。

如果对理性应予排除的事物，在不掌握其“实有”特性之中横加否认，会使其成为一种虚无论的话，那么，“实有”本身在不掌握其自性之中予以否认，同样也会成为一种虚无论。从无始以来，我们没有能够掌握“实有”的特性，那么为何现在非要弄出一个特征进行否认呢？这种做法，不是有的放矢，而是盲目地另立一个空中楼阁式的靶子，空射其箭而已。从无始以来，我们不清楚，也没掌握住“瓶子”存在的“实有”特征。现在，又有谁能够揣测、捉摸到“实有”之特性呢？

从常规意义上来说，“绝对真理”是存在的；但是从绝对意义上讲，就没有“绝对真理”。因为，“绝对”在空性意义上是不存在的。“绝对”本身是一种“非绝对”。实际上，“常规意义上有绝对真理”，这句话的意思是说“绝对真理”可以在我们的心，而且在没有被烦恼染污的自然心中也会显示出来。不然的话，我们就没有办法确立任何一种知识的原理。古今藏印的学者们，也只能在“有无”这个二元心上，才能建立一个常规的标准体系。

一般而言，如果不相信被理性反证之后，仍然有一种需要承认的东西存在的话，就不能算作是中观派，更不要说是中观应成派了。所有被理性反证的东西，其论证的程度都要受到理性本身的限制。所以，我们不能利用“兔角”不存在的这个心，去否认兔子脖颈上的头。实际上，这种细微的分析本身就没有多大的意义。

任何人，都不愿意自己的宗派观点前后自相矛盾。但是，数论派提出“虽然因中有果，但是吾等未见”；唯识派所说的“意识与外境，性质虽然一致，但外境能够显示出来”；中观派所说的“在分析与判断上，任何事物都不存在，但在未曾检验过的心上一切皆存在”。凡此种种，人们都利用“虽然”与“但是”这样的连接词，把前后矛盾的两个方面统一结合起来。所谓的“矛盾”，有两层意思。其一，相互矛盾的两个方面在不相吻合情况之下的结合；其二，相违的两个反体相互和谐地结合在一起。根据后者推断出的“非无，但也非有”与“非有，但也非无”等等相违的矛盾，只有在中观派的理论中才能出现。一般而言，“有无”、“是非”等，不仅在平常人眼里是相互矛盾的反体，连中观派学者们也不得不承认其相互矛盾的方面。但是，中观派的承许，仅仅是一种为了顺应平常人思想的“他方承许”，跟常规意义上所承认的存在，是不一样的。

宗喀巴大师认为，事物的形态以及其他感觉对象，虽然能够在我们的感觉意识中显示出来，但是它所体现出来的“有”或“存在”，则是根本没有的。这就是为什么不能把事物的自相，当作常规真理的原因。

被理性否定之后的“非存在”，与逻辑否认之后的“非存在”，是一个道理。以“没有自性，则绝对不存在”的思想所能够认识到的“非存在”，本身就是一种不存在。所以，这种思想不会成为虚无主义。但是，不相信有“因果”与“缘起”

的思想，则是从另外一种试图证明虚无的逻辑思想中产生的。月称菩萨说：“如果把常规世界的一部分视为存在，而把另一部分视为非存在的话，就成了虚无主义。”知道“非存在”，属于世俗的常规阶段，便会在四边离戏的非有之中得悟出一个“非存在”来。针对“非有”“非无”的中观之道，善逝佛陀曾预言道：“有一位名叫‘龙’的人，将会攻破有无两边”。由此看来，我们应该对这位先知先觉者，及其教法理论，有一点胜解才是。

一般来讲，体悟不到“法界”与“不可思议”的意趣，这并不是因为太过信赖“有”所致的，而是对“无”的过分不信引起的。如果我们把平常人所永远领悟不到的东西，在“有”或“存在”的范围内寻找的话，将会一无所获。因为，我们所寻找的东西，属于“无”或“非存在”的范围之内。因此，佛陀之十力、四不共，以及身意双运等非凡卓越的功德品质，均在吾辈所认为的“不存在”的范围之内。

存在世界被一个非存在的世界限制着。“无火，便无烟”的逻辑，实际上是一种用“无”或“非存在”，来束缚“有”或“存在”的逻辑。很显然，破除“无边”，应该是最精致与最细微的逻辑。因为，现象世界以及逻辑思维，其终极仍将归根于一个“无”字。也就是说，它归根于一个我们所未知的，无法超越的世界。

世尊佛陀如何能在三个无量世中，证见到超越“有无”二边的世界呢？诚如衮钦郭冉巴所言：“当一个人达到阿罗汉的境界，证悟到诸法无实有；证悟到‘无实有’本身也非有；证悟到四无相时，就算达到了大乘果位。但是，在西藏所奉行的中观思想，却是一种坚持‘实无’的虚无主义。依靠这种断见邪说，能够达到阿罗汉境界的话，也有点太异乎寻常了”。

总之，无论是显教经典还是密教经典，都认为“烦恼障”，必须通过正确的见地来断除；而“智慧障”，则必须通过智慧与方便才能断除。因此，有人企图把“烦恼”与“智慧”二障，从方式上进行区别的言论，实属无稽之谈。

所有博学之士一致认为：超凡脱俗之佛陀能够透视到不净世界的所有不净之相。但是，学者们何以不从“自方承许”与“他方承许”之原理，对佛陀的证见加以区别呢？

举一个简单的例子，某立论者陈述自己的观点说：“海螺是白色而非黄色”时，患有黄疸性肝炎的敌论者，会如此反驳：“眼前的这个颜色，不是海螺的颜色，因为它不是黄色的”。在辩论过程中，连所辩之物的“周遍”与“反体”都不承认的话，患有黄疸性肝炎的敌论者与视力正常的立论者，就没有任何余地来争论海螺的颜色是什么了。但是，立论者如果站在敌论者的一方，根据“他方承许”，也承认说：“海螺的颜色是黄色的”、“如果不是黄色的，便不是海螺”等承许。首先承认对方所坚持的原理之后，立论者才可以进一步和敌论者（眼疾患者），谈论海螺的“无常”、“无实”与“虚幻”等等道理。我们应该明白，善逝佛陀，也是通过这种方式来摄受一般徒众的。

因此，一个患有黄疸性肝炎的人和一个正常的人，尽管他们对同一个事物及其特性不会有共识，但在他们两人的心中，大体上都会有一个“海螺”的概念。从这个意义上讲，他们两人便也可以对海螺的特性进行一些交流。否则，让肝炎患者承认海螺是白色的，是相当困难的。一提起“海螺”，肝炎患者的心中，自然会出现一个“黄色”的海螺。如果把一个错误的概念——海螺为黄色，作为一种本体的话，我们就只能相信“眼睛虽然没有看见白海螺，但心里看到了”这样一种逻辑。除此之外，没有其他任何办法。

有些人，一听到诸如“中观应成派不坚持任何观点”之类的话，马上会暴跳如雷，他们会反驳说：“那么，龙树的经典，不是他自己的经典，还会是谁的呢?”这种辩论方式与有些人在攻击佛说的“空性”时所作的反驳是一样的，即：“那么，宣扬‘有我’、‘客观存在’、‘究竟果位实有’等等的所有经典，不是佛陀本人讲的，还会是谁说的呢?”佛陀曾直截了当地提示：“尽管从绝对意义上可以否认实有，但实际上，仍然不能超越常规的”。所以，通过“四项判断”①，否认“生”的存在，也属于常规分析。总之，在没有消除执一切为实有，也就是说，在消除隐藏于人们思想最深层的细微的常规

---

① 四项判断：龙树菩萨在《中论》中破四边生，即：“诸法不自生，亦不从他生，不共不无因，是故知无生”。月称菩萨在《入中论》中对此有详细的阐述，主要破生有自性，成立法无我。

意识之前，是不能够消除认为有一个绝对“存在”的思想的。

如果说，承认一个“既非自生，也非他生”的纯粹之“生”，便可以成为中观论者的话，那么，承认一个“既非一样，也非异样”的实有，就为何不能成为中观论者呢？如果有一个经不起“四项判断”的分析，但又不会影响到其存在的“瓶子”与“柱子”的话，就一定会有一个经不起“四项判断”的分析，但未受其影响的“实有”。

因此，如果我们以一个公正、客观的态度，看待“经得起分析”与“经不起分析”之间的区别的话，那么，“万物自性”、“神我”等概念，在数论派的理论中是当然经得起分析的。“瓶子实有”论，在经部宗派的理论中也是能够经得起分析的。“客观世界非存在”的观点，在唯识宗派看来也是一个非常合理的理论。因此，如果我们一味地轻视以上这些理论，却绞尽脑汁地证明什么“阿赖耶识无，但客观存在有”之类的理论，那么，所谓“常规的存在”，只有在那些没有受到过任何哲学思想影响的乡下老夫的眼里才是天经地义的。但是，比起乡下老夫，稍具智慧与见识的分别论派、经部宗派，以及唯识宗派的哲学家们看来，“常规存在”，当然是相对于“绝对存在”而言的。在这个世界上，任何一位学识渊博的智者，无一不是通过勤学苦练而成就智慧的。但是，通过学习所获得的知识，又完全是在某一种思想的影响之下形成的。所以，除了狗猫之类的动物以外，我们的思想在一定程度上，都受到了某种哲学思想的影响。

否认前世与来世，是受到了顺世派哲学的影响；认为死亡之后还会有再生的观点，是在受到其他哲学思想的影响下产生的。所以，除了“我现在活着，将来一定会死去的”这样一种朴素思想之外，我们再也找不到一个没受任何哲学影响的思想了。

通过“四项判断”的逻辑，仍然不能否认“生”之“有”的话，很显然，这“四项判断”，也只不过是一种常规的逻辑而已。所以，如果有一个比“四项判断”更胜一筹的“五项判断”，能够消除掉“生”之可能的话，我们就没有必要单凭“四项判断”去决定“生”的“有无”的问题了。

如果仅凭“有无”的观点，能够区别“生实有”与“纯粹生”；“瓶子实有”与“纯粹瓶子”之间关系的话，那么，在“实有”与“纯粹实有”之间，何尝不能有一个“有无”的区别呢？如果不否认“纯粹生”与“纯粹存在”的话，也就没有理由否认纯粹的“智慧障”与纯粹的“烦恼障”了。因此，在人们平常的思维活动中，是没有一个念头需要被否定的。如果有人诘难实事论派，问：“你所主张的生是什么”时，其实就是在问“实事论派，你们所主张的生，到底属于四项判断中的哪一项呀？”这时，对方只能如此回答：“我所主张的生，是一个纯粹的生！”有人认为，“四项判断”的逻辑，不会影响到平庸愚笨之辈的思想，反而会影响到那些宗派哲人们的思维。其实，这种观点与“人类白天能够看得见光明，而夜晚看不见光明，这是因为人类的眼识受其思维的影响；相反，猫头鹰却能在夜晚看见光明，是因为其思维没有影响到它的眼识”之说，是一样的。

总之，如果按照有些人所说的那样，“高层次的心识不会影响到其低一层次的心识”的话，那么，当一个人达到菩萨“见道”的果位时，在此果位中，应该被消除的种种烦恼，为什么会去无踪影呢？“九地菩萨”阶段中，应所断修的所有烦恼，为什么能够被其对治物——智慧的利剑除灭得荡然无存呢？所以，经部宗派的哲学家们在研究有部宗派的观点时，他们只是未能得到经部宗派之要领（未得要领），并非他们掌握了有部宗派理论究竟之空泛之意（了然其实）；中观派的哲学家们，同样也没有掌握到唯心宗派“阿赖耶识”之要领（未得要领），而并不是他们了悟到什么“阿赖耶识”的虚无（了然其实）。当然，人们可以根据自己的喜好，制定各种各样的原则，来维护自己的主张。

有些人以一副很了不起的姿态，假模假样地分辨“未得要领”与“了然其实”之间的差别。但是，眼识永远也不会感知到声音的存在，所以，我们也不会听说到诸如“眼睛能否听得到声音”之类的概念。同样，耳朵除了感知声音之外，也不会听到颜色与形状。如果，因为眼识觉察不到声音，就认为眼识没有找到声音的“实有”的话，大地与岩石，就永远也不会找到什么“物质的形态”、“声音”呀，以及“实有”等等，这是否就意味着大地与岩石已经达到了菩萨的究竟果位了呢？

也许，有人会这样提问："按照这种观点，可以说颠倒意识不会影响正确意识，反过来，正确的意识也不会影响到颠倒意识吗?"认为冒烟的山上无火，是一种颠倒的意识。这种颠倒的意识，只是不知道冒烟的山上会有火，而并非肯定冒烟的山上的确无火。

如果我们区分心识活动的层次，也许有人会这样说："如此这般的心识，应该由绝对分析认识得到；而如此那般的心识，则应该由常规分析能够掌握到。因为，'常规'与'绝对'，属于两个不同的领域。常规分析认识不到的心识，不会影响到绝对分析的。"按照这种逻辑，存在的实有也只能由无明心识来确认了。实际上，我们所认识到的存在，都是无明心的杰作，任何形式的逻辑都无法攻破它。奇怪的是，有些人喜欢把六种感觉意识，即一切错乱之根，所能够认识到的一切，归纳到"存在"的范畴之内；而把同样是万祸之源的无明所确认的一切，则归纳到"非存在"的范畴之内。意识到"没找到"与"找到没有"之间的区别之后仍然重视"非遮"的人们，怎么能够把仅仅否认到存在当成是一种"非遮"呢?被否认的存在，到底是一种"没找到"的存在，还是一种"找到没有"的存在，对这个问题，有待我们更进一步的思考。

有人说："存在，需要被一个认为存在的心认识。"如果每一个外境对象，需要一个与之对应的心来认识的话，存在的"实有"，也只能由与之对应的"实执心"才能认识到。实际上，我们所认为的存在的实有，都是由这个认为存在为实有的实执心创造出来的。实执心所认识到的存在不会受到思维逻辑的冲击。因为，思维逻辑与实执心的认识对象及认识者本身，都是完全不一样的。所以，思维逻辑能够证明的现象，不会影响到实执心所认识到的存在的实有，“思维逻辑”与“实执心”，二者相安无事。

如果说，“常规逻辑与绝对逻辑，是完全不同的两个概念，两者不会相互抵触”的话，那么，“实执心”与“绝对逻辑”之间的反差更是天壤之别，它们之间，就更不会有冲突了。我们把一个既不能被常规逻辑证明、也不能被绝对逻辑证实的事物，自然地当成“非存在”的现象；相反地，能够被其中任何一个逻辑验证到的事物，则被当成是“存在”的现象了。换言之，能够被六种感觉意识认识到的事物当成“存在”，而不能够被六种感觉意识认识到的事物当成“非存在”。针对这点，佛祖曾讲：“不要说眼识和鼻识等，连我们的心也不是正量标准”。确信“常规真理”与确信“实有”之间，有何异同？假如龙树菩萨现在还活着的话，我们可以向他问个清楚。

对那些因饮食而产生喜怒的人而言，他们喜怒的主要原因，是因为他们把吃喝当成一种“实有”。除此之外，便没有任何其他理由使他们心生爱憎。如果我们认为“常规存在”，不仅仅是从执一切为“实有”的实执心中产生的，而且还是从“一个既纯洁又正确、既符合世间知识又符合常规逻辑的心”中产生的，并认为这种心，同样地隐含在佛陀的密意之中的话，那么，很显然，这种思想的根源，就是把“无明”所偏爱的一切东西合理化，而把“无明”所排斥的一切东西当成不合理而已。

如果我们承认这个物质的血肉之躯，是道修的基础的话，那么，也就无法否认物这个血肉之躯，同样是产生贪著、愤怒与无知的摇篮。因此，如果没有这个物质的基础，便不会有智慧的产生，更没有什么烦恼出现。但是，既不依靠智慧，也不把烦恼作为基础的话，我们又从何而谈佛教的中观之道呢？

佛祖，预言龙树菩萨的中观之道，是一个“消除了有无二极的中间之路”。如果我们把这个预言理解为：“有，即实有；无，即实无”的话，这种“有与无”，又跟世俗阶段的“有与无”没有任何不同。所以，我常常感到迷惑不解，这是在维护，还是在糟踏龙树菩萨的精神思想？

很概括地讲，对自己所定的原则方式略抱自信，是中观自续派；破而不立任何一个原则，即是中观应成派。

佛祖曾讲：“是故空中无色、无受、也无成佛。”

中观应成派与中观自续派之间最根本的区别就在于：中观自续派主张自心中需要维护一个主张，即承认一个在绝对意义上的“存在”或“实无”。这样，他们不由自主地成为“二谛双融”的维护者。中观应成派认为愈是意识到诸法虚而不实，就愈会觉得常规现象虚渺如幻，因此，像诸如“菩萨十地”的原理、“具足五种特法的报应身”等等，在逻辑分析之下完全不能成立的现象，永远不会被中观应成派承认的。

在我们诚心地相信常规逻辑思维的时候，绝不可能理解任何超然于世的现象。所以，月称菩萨说：“超世间的法，在无论何时候，都不会像世间法一样，能够被一般的思想所认识”。

如果在道修过程中，仍然需要相信流行于世的常规思维的话，那么，这样的道修便没有任何意义。因此，佛祖说：“无眼，无耳，乃至务圣道”。佛陀指出，真实的圣道，在六种意识之外才能求证得到。从无始生命的轮回以来，在六种感觉意识的牵引下，我们在轮回中漂泊流浪。如果我们到现在还执迷不悟，仍然以六种感觉为前引导航而行的话，相信空性的道理有何益处呢？

有些人认为，“色”等现象世界，不会受到人们思维的影响，但是，作为产生现象世界的根本原因，即执一切为实有的无明之心，则会受到人们思维的影响。归根结底，如此的辨别区分，只不过是把无明所执著的外境世界当成一种合理的现象罢了。当然，那些已经证悟了空性的人，能够恰如其分地分辨出该否认的物质形态，与不该否认的物质形态的。但是，认为物质形态的“存在”，与认为“存在”的“真实有”，是两个相互交织在一起的思想。所以，要求平常人，去否认这个思想，或保留那个思想，就好像人们企图去保留大象的鼻子，而把大象的大腿，企图从大象的整体中分割出来是一样的道理。有些人，认为“绝对意义上的有无分析，实际上是一种常规的分析，而非绝对分析”。那么，“四项判断”的分析中，有无一个“生”，也应该是一种常规分析，而非绝对分析。在“四项判断”之外，如果能够找到一个纯粹的“生”的话，其功劳也当属常规分析的了。认为常规分析没有找到的，不能算作“无”；而绝对分析没能找到的，就应该算作“无”。实际上，这是一种把常规分析，当作绝对分析原则所依据的思想。

如果把“四项判断”，视为一种常规分析的方法，那么，它就不可能破除“生”；如果它破除不了“生”，也就不能称其为“四项判断”。人们总是把事物的真相，要么解释成既非有也非无的“四边离戏”，要么把它概括在“无自性”一词之中。当然，事物真相的任何文字描述，在一个觉悟者的眼里都是一样的。然而，初出茅庐的新手们会把事物真相的“无实有”性，误解成像没有瓶子一样之“空无”。这样，意识到“瓶子非存在”在心里就会马上引申出一个需要被破除的“瓶子”出来。因此，他们在禅定过程中，仍然脱离不了世俗感受，这样，你如何能够体悟出“二谛双运”的法味来？

如果说，我们需要寻找一个与平常人心目中完全不同的“实有”的话，就应该在自己心中找到一个“无明”之外的新“无明”，“愤怒”以外的新“愤怒”，以及“贪著”以外的新“贪著”。如果说，认为“瓶子”存在着的心，不是一种执瓶子为实有的实执心，而是一种正确之心的话，那么，认为有一个“无自性”的“瓶子”存在着的思想，也应该是合理的。正如分辨“瓶子之存在”与“瓶子之实有”一样，我们也应该对“空性之存在”与“空性之实有”之间进行分别。一个还没有证悟空性的人，会对空性一无所知。所以，他也道不出

“空性”是否是“实有”的。但是，一个证悟了空性的人，每当他思及空性时，心中出现的将永远是一个“非遮”形式的“空性”。所以，他没有办法分辨出空性是否是“实有”，因为，其中并没有什么分辨者。

有些人说因为没有一丝的自性空，所以，也没有一丝的自性不空。这真是贻笑大方，比起说“皇上非国君、皇后身不净”之类的言辞，更会遭到世人的嘲笑与讥讽。对此，寂天大师说：“否则，意识到女人不净的（瑜伽师）思想，将会受到世人淫欲思想的侵染”。

因此，如果必须得承认一个纯粹未受世俗影响的思想的话，那么，我们就必须得承认一个从未受到过“实执心”影响的思想。因为，我们的所有思想都源自于实执心。仅仅凭一般的感官意识，去承认“物质的形态”、“声音”等，将是于事无济的。理性思维不会影响常规真理，常规思维也不会影响绝对真理。如果认为这是因为常规与绝对两者之认识对象截然不同的话，那么，愚夫们错把阳焰当成河流的颠倒思维，当然也不会影响到智者们了解阳焰之其所以然的正确思维。所谓“公说公有理、婆说婆有理”，并非表述事物之本质，而是描述事物的表面现象。

月称菩萨认为，在谈论绝对意义上的真理时，人们彻底破除了所有的常规原则，但是，一提到常规意义上的真理时，人们就不大理会绝对真理了。他说，这是因为人们的心，总是在一个强势思想的支配之下。然而，如果能够把超世间的主体与客体，全部归纳到常规思想的范围内的话，就没有必要苦苦求索中观之道了。

在“非世俗有”与“非绝对无”之间寻找一个中观之道，就像说“陶罐不是没破，但也不是没有陶罐”是一样的道理，这种方式，非常能够迎合一般大众的情趣。

当圣者的智慧与常人的意识之间没有一丝抵触、相安融洽时，也就达到了常规与绝对的“二谛双融”。否则，常规真理与绝对真理是永远不会走到一起的。

如果说唯识派的学者们只是没有找到一个“客观存在”，而不是找到了一个“非客观存在”的话，那么，比之聪明一筹的中观派的学者们，他们也没有找到一个“实有”，怎么能说他们找到了一个“非实有”呢？当我们寻找一根丢失了的针头时，全无所获的心，使我们肯定针头不存在，但是，当那根丢失了的针头失而复得时，针头存在之心，又会代替那原有的思想。如果说针头存在与不存在，是两个不同的心识对境，这两个思想不会相互抵触的话，那么，针头本身，一会儿在存在的范畴之内，一会儿又在非存在之范畴之内，它永远在“有无”之间徘徊，总是超越不了“有”与“无”这两个极限。所以，针头的存在与否，也不需要用“四边离戏”、“四项判断”等等来肯定了。

“实有心”与“非实有心”之间的差别，比起“有”与“无”之间的差别，那就大得太多了。所以，“实有”的心与“非实有”的心之间，更不会有什么相互的影响了。如果说，心识的相互影响，不在于其对境的异同，而完全由其强弱来决定的话，一个色鬼爱恋女色的思想，一定强烈于阿罗汉视女色为不净的思想。那么，色鬼之思想，为何影响不了阿罗汉的思想呢？所谓“思想的强弱”，完全是按照平常人的思想，即常规的意识来界定的。因此，根据月称菩萨的观点，因爱欲所产生的美好事物，或由嗔恨所产生的丑事怪相，以及在非常强烈的实执心之下所产生的大地、岩石、山脉等等，对佛陀之下畜生之上的一切众生来说，既不能从“自方”接受，也不能从“他方”来接受。灯光越是明亮，当它熄灭之后，黑暗度也会越大。知识之原理告诉我们：“水与火”、“热与寒”、“轻与重”，都是两个互不相容的反体。如果在这种原理之外，还分析什么“常规”与“绝对”不相互违背之类的抽象概念的话，何时才有机会能够真正踏入解脱之道呢？

儿童时代的所思所想，到了黄昏暮年，就彻底改变了模样。这是我们每个人都要亲身经历的。了解到我们自身有如此巨大的思想变化，还依然坚持菩萨与凡人之间的思想互不矛盾的话，那就真是一种奇谈怪论了。

总之，所谓“二谛”，并不意味着在凡人眼中是一个真理，但在菩萨看来又是另外一个真理。如果把菩萨的所有思想，搀杂在凡人坚持的真理当中的话，我们就不可能对“不可思议”的境界产生一丝的信解。但是，我们也应该明白：当一个人的思想停留在“不可思议”之上时，其思想就不可能超越世俗思潮了。

所有宗派，包括佛教与非佛教，都在极力地寻求一种超凡脱俗的思想。但是，被认为宗派最高形式的中观应成派，其思想是否接近世俗的思潮呢？所谓“绝对，从绝对意义上是真实的；而相对，在相对意义上是真实的”，这句话的真实含义即是：“石头是坚硬的；水是潮湿的”。根据“坚硬”与“潮湿”彼此相融不违的观点，石头在水中可以保持干燥；水在石头上可以保持其潮湿。此即“相互不违”之原则。但是，如果依照这种原则的话，充斥于我们思想中的“愚昧无知”与人所固有的“佛性智慧”，可以相互并存，彼此不相互矛盾。

中观应成派的基本逻辑认为：眼睛所看到的事物之外象，与耳朵所听到的声音，是两个不同的现象；鼻子所嗅到的气和舌头所尝到的味，也是两个不同的现象；就连我们心中的每一个想法，也是前后自相矛盾的。这样，通向解脱的道路，似乎只有在所有意识之外方可找到。但是，仅仅因为眼耳，及其他意识活动之间不相互影响，就把一个概念知识，奉为衡量真理之标准的话，有何必要分辨虱子、老鼠、猫、狗，以及人类之间的思想区别。因为，这些动物与人类，其感受与思想，从各自相对角度而言，都是一种常规的真理，但是，甲某眼中的真理，在乙某看来可能是荒谬不堪的。所以，所谓的“常规真理”，实际上也是不存在的。如果，人类的感受不会影响到饿鬼；饿鬼的感受不会影响到天神的话，那么佛的感受，也同样不会影响到凡夫。因此，所有不净的感受会，将会永远保持自己的原样。

有人说："语言本身缺乏一种自性，所以，我们不能用语言来否定事物的自性。"实际上，这是一种没有自我主张的观点。所谓"若否认无自性，那么，无自性本身又变成了一种自性"的逻辑法则，显然是中观应成派的"应成某过"论式，而非自续派承认的"自心三因"的论式。中观应成派的另一个论式即："若有一点非空，定有一点空"。这句话的含义是：若有应破的事物，就有所破之空性，也就有能破的逻辑。依照这种理论，一个应破的实有，需要一个能破实有之逻辑；一个应破的简单存在，其能破者，也是一个简单的存在逻辑；如果没有一个应破之对象，就不应该有一个能破的逻辑。此即中观学说的理论基础。

总之，只有破除"有无"两个极端，才能摆脱他方，或世俗方面的束缚。佛陀也曾预言过："有一位名叫龙的人，将会攻破有无两边"。但是，有些人认为，黄金中不含沙土的"无"与沙土中含有沙土的"有"，可以替代"有无"合而为一的"二谛圆融"。按照这种观点，我们得必须承认这样的事实，即：凡夫俗子的愚昧思想与佛陀无与伦比的智慧相融不相违。如果这样，就等于承认了无明与理性思维的认识对境也是相融不相违的。

认识到光明，便能够了解到什么叫黑暗；知道了善的内容后，便能理解到罪恶的过患。如果光明与黑暗，可以双运合一；善与恶，也可以双运合一的话，那么，在这个世界上，还有什么样的对立面不可以双运合一呢？

平常人之间，谈论“真实”、“存在”、“本质”等时，他们是使用一个相同的语言来进行表达的。这样，他们彼此之间是能够沟通的。他们也因此会认为自己已经完全理解了“真实”、“存在”、“本质”等概念代表的真实含义。但是，当佛陀对众生讲“绝对无，相对有”时，不要说一般众生不能领悟其含义，就连那些熟悉中观应成派思想的人们，也不能全盘领悟佛陀的用意。所以，平常人的思想，就是想把一切常规的原则融合到自己的理念中。而这种理念，向来漠视狗猫等不会讲人话的动物，也漠视那些涉世不深的孩子与智力低下的愚夫。但这种理念，代表一种极为大众化的思想，即一个介乎于中观应成派的智者与常人愚夫之间流行的思想。

一般而言，在禅定过程中，不会有人破斥“空的无自性”，即便有破斥者，也只能在禅定经验之后，才可以进行破斥。但是，根据“绝对真理”与“相对真理”，可以相融合一的观点来说，禅定中的破斥与禅定之后的破斥，理应是相同的。请问，证悟了一切法的“无实有性”之后，再次把所证之“无实有性”当成一种“实有”的话，证悟空性还有什么意义呢？

人们在分辨“善念”与“恶念”之间的区别时，通常遵循这样一个原则，即：视美丽为美丽者，是善念；视美丽为丑陋者，即恶念。但奇怪的是，我们往往会把视“真理”为“实有”当作“善念”，而把视“实有”为“虚幻”，视作一种恶念。

总之，认为两种真理相互不违的观点，实际上就是把佛陀的智慧与众生的意识视同一体了。

宗喀巴大师的终极理论，一方面轻视“自我主张”的概念术语，另一方面又把“内心主张”与“独立思想”，当成同卵双生的一体。这种理论认为，所谓终极意义上的“自”与“他”，并非指主体的“自”与“他”，而是指事物的存在方式。所以，宗喀巴大师对中观应成派与中观自续派的定义是这样的：承认事物有自己的存在方式者，为中观自续派；否认事物有自己的存在方式者，为中观应成派。

很显然，宗喀巴大师把“自方”与“他方”，看成像人世间的一般争论，即所有争论的原则，建立在争执两方所达成的共识之上。每当人们提起所谓的“超越世间的境界”时，我们必须明白，它指的是一个超越人们语言与思维的存在。因此，菩提之道，只能在世俗的语言与思维之外寻求了。在承认“菩萨的思想境界高于众生”这样一条原则之前，我们就无法承许什么“自方承许”与“他方承许”了。

一般来说，与疯子聊天，必须得顺应疯子的思想，否则，就无法与之进行交流。奇怪的是，人们又往往喜欢把与疯子的“交流”，当作所有知识赖以形成的基础。故之，月称菩萨说：“对野蛮人，除了用野蛮人的语言与之交流之外，没有别的沟通方式；同样，对世俗的人，也只能用世俗的语言方可进行沟通”。这就是说，我们用野蛮人的语言才能同野蛮人进行交流。尽管佛的证悟远远超过了世俗的境界，但是，当佛与世人谈佛论法时，他必须得接受世人的原则，否则，如何向世人传教示法呢?

“不应该推断真理”，这句话中的“推断”二字，是当今藏地因明辩论中，非常盛行的“论式”之一。在辩论中，提出任何一个能够成立的“论式”时，你所承认的一切，将全部都是由衷而发的己见。所以，因明论式中的“因法事”三者：论证的理由、所论的法以及所争之事，都应该是自己由衷而发的见地。“他方承许的理由”与“己所不许的应成诘难”之间，没有任何的区别。我们可以利用“他方承许的原则”，轻而易举地攻破所有在他方看来是合理的东西。这就是为什么人们要说：“如果没有一个共同的物体对象，辩论双方心中也不会产生一个自认为正确的论式”。月称菩萨，在任何辩论中都不能被对方驳倒，这是因为他在自己心中从来不维护一个自己的观点。他认为，立论者与敌论者在“瓶子”之概念上，不应该有一个共同的认识；同样，在“存在”与“存在之理由”之间,也不会有一个共同的基础。然而,他认为在辩论中,只有通过“己所不许的应成诘难”,方可破除对方的所有观点。

当对方承认“存在”时，你自己的观点应该立足于“非存在”之上；而当对方承认“非存在”时,“存在”应该是你观点的立足之点。“存在”与“非存在”,是两种反向的极端,所以,月称菩萨说:“中观论者,不应该有一个自心承许的观点”。

中观自续派主观地承认一切常规原则，而中观应成派承认的常规原则，则是出于照顾对方的情面。在中观应成派看来，世界上没有一个所谓“世人共同承认的法”，也就是说，人们对同一个物体对象不会有一个共同的认识。人的一切错误，都来自于把纯粹的现象当成常规真理。这样，中观应成派的学者们，所感觉到的外部世界，跟一般人们所感觉到的外部世界没有任何区别。所以，我们没有理由说人们对同一物体没有相同的看法。然而，人们所感觉到的一切，对每个人来说，是一个真实的感觉；人们所思想到的，对人们自己来说，同样也是一种真实的执著，所以，人们对同一物体很难有一个相同的看法。任何一个理智所应该破除的“对象”，只有在理智——即此“对象”的破除者本身参与的前提下，才能够辨认得出来。其他的思想，将会永远找不到那个应予破除的“对象”。当我们从认为“柱子绝无”的虚无主义迷茫中醒悟过来，或者从“中观禅修”中出定之后，我们仍然可以看见“柱子”，也可以双手触摸到“柱子”，甚至还会知道“柱子”有支撑屋梁的功能等等。这时，一切被“智慧障碍”所覆盖的知觉，又重新恢复到原来的状态。此即中观应成派所谓的“常规世界”。

“无明”，作为轮回的根源，我们对其否定对象的绝对特征，还没有一个足够的认识，而只认识到其简单的、表层意义的否定对象的话，我们就没有必要在轮回中漂泊流浪了。但是，如果我们要求否定对象，具有一个“无明”所认识不到的新特征的话，那就只能由妄想来创造一个“否定对象”了。

一般人的认识方式为：“色，存在；色，真实存在；色之实有，存在；色，实际上存在着”。他们不去否认心所凭依的根据（实执），而另外寻找一个否认的对象。这表明，人们从内心深处，依然对无明以及由无明创造的二元现象深信不疑。

所谓“研究事物性质”的思想，无非就是一连串追根究底式的提问，如：“这是黄颜色吗?”“这是黄金吗?”“这黄金很纯吗?”“这黄金是哪儿产的?”“这会不会是我视觉上的一种感觉？它真的是黄金吗?”“这黄金是真实存在吗?”等等。除了这般推论之外，没有其他办法认识事物的性质。也许，人们因为知识水平的差异，对所推论的问题会有不同的认识。但是，从另一个角度细心观察，所有这些思想，纯粹是世俗间的一般认知而已。

探究“瓶子原理”的思想，也找不到“瓶子”的存在的话，还有什么思想可以找到“瓶子”的存在呢？任何人谁也不会接纳一个“缺乏其所以然”的原理。所谓“探究原理”者，是指研究事物存在的其所以然。如果在不知道事物的其所以然之前，一意孤行地承认这个、承认那个的话，学习中观之见，有何所益?

“是”需要“是”的条件，“非”需要“非”的条件。但是，在肯定了“是与非”的条件不存在之后，依然把“是非”的一切原理当成一种合理现象的话，则会大大削弱中观哲学的威力。诚如龙树菩萨所言：“已去，非走耶；未去，也非走耶；已去与未去之外，有所称之步伐乎?”如果人们希望找到一个不属“四边”之列、也无其所以然的“步伐”的话，则完全辜负了龙树菩萨及其师徒们的厚望了。

连那些智力低下的人,也明白“其所以然”的目的,是为了避免“不知其然”。我们的意识,不及佛陀的十万分之一;我们的视力,不及佛陀慧眼的十万分之一。所以,当一个卑微的愚人与世尊就圣法进行交流时,佛陀只能以顺应对方的“应成”方式,而不是以坚持己见的“自续”方式与之进行交流了。

纵观“二谛双运”的观点,无非就想说明佛陀与众生之所见一样罢了。如果相信佛陀与众生的思想,没有任何差异的话,则更没有人会相信所谓的“轮回与涅槃”了。

根据“客体异显论”的观点,即便一个微小的客体,从不同个体的自我角度看来,不会有一个共同的概念。但是,为了迎合他方之意,自他两方会在同一客体之上达成一个共同的概念。但是,这样所达成的概念,不足以成为一个正量标准。所以,没有人能够接受仅因“因法事”三义,在同一客体上成立而形成的正量标准。

后期的学者们把所谓“客体异显”中的“客体”单独地分离出来之后,再去寻找一个“无共同概念”的理由。他们认为,每一个客体有其论证的理由、所论的法以及所争之事。因此,不同的人之间会对客体形成一个共同的概念。但是,那些相信“常规真理”即“绝对真理”的人,会认为菩萨与凡夫之所见相同不二。所以,他们就根本不会留心“因法事”三义是否同一的问题。

否则,人们为什么至今还会追求一个所谓的“真实”答案,即一个与苦修中观哲学却一无所获的蠢材们相一致的思想呢?

一个与熟悉教条哲学的平庸学者们的所思、所见、所想能够平行而论的答案呢？这些愚笨的人与平庸的学者们，只不过对同一事情，有一个相同的概念、相同的想法与相同的用意而已。

我们进入佛道的修持，必须得从一个非同一般的知觉开始。因此，月称菩萨主张，从修法开始起，就得破除所谓“共同客体”的思想。

认为“瓶子”非存在的“非遮”，与认为“非存在”本身也不存在，是两个完全不同的概念。前者似乎无法避免落入“瓶子虽然不存在，但有方位”这样一个“非遮”结论之中。但是，认为“既无存在也无非存在”的思想，本身就是一种常规的思想，无法摆脱“有无”两端的局限。所以，如果在其思想中一无所挂，既没有产生“有”，也没有产生“无”的话，那一定是一种解脱开悟之心了。寂天大师说：“当一个人的心中没有‘有无’的概念时，心中便绝无所缘，坦坦荡荡的了。”这里所说的“心”，大师本人曾经清楚地界定：“即心常规耶”。月称菩萨也说：“被烦恼熏染的心性，称之为常规。”所以，当人们把虚妄当成真实时，佛说此即“常规真理”。针对这一点，观世音菩萨的化身，第二世达赖喇嘛根登嘉措[①]在《了义不了义疏》的结尾文中讲：“所谓‘非遮’，

---

① 根登嘉措：（དགེ་འདུན་རྒྱ་མཚོ། 1476～1542），生于后藏达纳地区。1485年就学于扎什伦布寺，曾担任扎什伦布寺、哲蚌寺和色拉寺的堪布。被后人追认为第二世达赖喇嘛。

并不是指兔子头上无角，而是指你们自己所认为的那个‘离戏空性’的概念”。

因此，如果我们能够深刻体会这些大师们的思想，就应该明白所谓的“常规”，即是心的另外一种名称；在心中所显的真理，即是常规真理。如果我们坚持认为自心真实不欺的话，那么，我们也不得不承认别人的思想，在他们自己看来，也同样是真实不欺的。但是，以“应成”诘难对方的观点，这只是一种向对方指点出对方矛盾的方式而已。佛陀宣讲“空性”的道理时，也是采用这种方式的。中观应成派的“他方观点”，其方式虽然莫非如此，但当你利用“自方观点”，去破除对手的一切逻辑挑战时，在“智慧障碍”的作用下，你又不得不承认一个“自方的观点”。这就是你们（格鲁派的某些学者?）所谓的“自方”。

这样的理论，是经不起推敲的，很容易遭到逻辑学家们的嘲弄。因此，佛说：“世人与我争辩是非，但我从不与世人相争”。世人争论的依据是“因法事”，所以，世人与佛陀的对话永远不会在同一个认识点上。但是，作为一个世俗间平常的人，我们需要确定一种可以遵循的知识原则，或者说一种可以使我们的知识更加深入的原则，去配合佛的思想与感受等。但是，如果我们自以为是地把这样一种原则，当成不可逾越的真理的话，为何还需要通过闻思修，苦苦追寻一个“真理”之外的道修呢?

一般说来，所谓的“真实心”，没有一个衡量标准。在老鼠的眼里，一切东西都是它窃取的对象；而在猫的眼里，所有的老鼠又成了被捕捉的对象；但在人们的眼里，老鼠与猫的行为都不合理。“眼识不能感知声音，并不说明眼识确知声音不存在”的说法，是把“绝对分析的心”，比喻为眼识，而把“常规分析的心”，比喻成耳识。眼识不能感知声音，耳识不能观见形色。但是，耳识所听到的声音与眼识所见到的形态，在各自的感觉领域里是存在着的。虽然，人们通过这种方式，企图找到一个对“二谛圆融”理论有益的因素，但是，由“绝对思想”分析“二谛圆融”，就像用眼识分析声音一样，一开始，就已经误入了歧途。眼识所未找到的“声音”，当然不能当作“非存在”。如果眼识找不到物质形态、耳识听不到声音的话，眼识与耳识，没找到自己感觉领域里的对象，所以，这属于“找到‘没有’”的范围。所谓的“绝对分析”，无非就是一种“概念知识”。宗喀巴大师也承认这一点。在“概念知识”一无所获的情况下，冒出一个被称为“绝对分析”的“思想”，能够找出“非存在”之“存在”的话，那真是出奇地离谱了。

不相信“四边离戏”的人们会说：“无承许，是一种承许”；“绝对的‘无’，是一种‘有’”。但是，胜解佛法心髓“空性”道理的人们，在任何利害冲突中，都永远不会被世间一般的思想所左右，他们的心已经远离喜乐与恐惧。

在人们一般的观念中，看得见佛足而看不到佛顶，这是一个极大的矛盾；刚刚诞生的报应身，从出现之日起永世常久，这也是一个彻头彻尾的矛盾。总之，世俗的常规思想，总是在“有无”两极之间摇摆不定。所以，如果按照“大智者”们所信奉的“三段式”逻辑，即把意识分成几个层次的话，不要说证悟空性之究竟，就连常规意义上的菩萨之理也会不得而知。实际上，所谓“空性”之见，是一种常规的理念、思想以及语言所无法企及的境界。

中观思想，超越了“有无”的界限，超越了一切世俗的常规思想。因此，任何一个植根于“有无”两极的思想，都不可能破除中观之见。《入中观论疏》中言：“有无二元思想是错误的，所以，有无二元观念，永远不能攻破与反驳中观派的思想。”

如果只信赖“此是彼非”的思想，就不能够了悟诸法的本性，也不能对佛身发光和对《阿难陀黑夜燃明灯》中记载的故事产生信解；更不能理解央掘魔罗王①杀了九百九十九人之后，成为释迦牟尼佛的上首弟子，放下手中血迹斑斑的屠刀，立地用金刚般坚硬的智慧，破除“二十句萨迦耶见”，现证菩提圣道的故事。这些传说故事，超越了一般人的思维原则，所以，常人很难接受。总之，“有无”二元思想，实际上是“以凡人之心影响菩萨之心”的思想，任何追求解脱之道

① 央掘魔罗王：古印度一国王。性情凶狠残暴，曾杀九百九十九人，取每人一指节，串成项链戴在脖子上，但因不满千数，欲杀释迦牟尼以凑足千数。后经释迦牟尼佛传法指点，成为佛的子弟，出家修炼，获证了阿罗汉果。

的人，都应该抛弃这种思想。

意识到六道轮回中的六种生命，对同一杯水，会有六个完全不同的看法之后，还依然期望佛陀与众生会对“瓶子”有一个相同认识的话，那就太奇怪了。

所谓“无共同认识对象”的究竟意义，是指任何一个人在没有证悟空性之前，他心里想到的“色”，只是一个“非实有”的“色”；除了“非实有”的“色”之外，他不会想到其他。所以，当有人向他证实说：“色，无实有，因缘之法故”时，他虽然也能够明白，作为“有法”的“色”，非实际存在。但是，如果在他心里没有一个“色”的概念的话，别人就不能向他提出任何论式，而他则可以用应成方式，诘难对方承认的观点了。

因此，当一位博学多闻的圣哲，与一位世间的愚夫聊天时，愚夫说“是”时，圣者不会以他自己的观点去答复，而是以“应成某过”的论式，引导愚夫说：“如果你所言的这一句是正确的话，那么，你所说的其他话，就全不正确”，以此让对方领悟出自己观点的漏洞。当两个人之间缺乏一个共同的观念时，其逻辑辩论就成为一种文字游戏。所有被认同的常规原理，也仅仅是一种文字的表达而已。疯子所遵循的原理，是由疯子本人定制的。虽然在疯子的眼里，他所坚持的原理无懈可击。但是，疯子眼中的黄金，在我们看来，也许会是一块石头。同样，我们所认为的“是”，在菩萨的眼中可能就是“非”了。所以，在思想状况完全不一样的情况下，人们之间就永远不会产生一个"共同的知识"。如果我们一如既往地,继续随顺常规感觉的话,即便获证了菩萨的"见道",你也无法摆脱平常人的俗气。外部势力或智慧障碍愈小,我们的意识便愈能从外境的束缚中挣脱出来,我们对外来的恐惧感也会越来越小。最后,自心融汇于平等一味的智慧之中,获证双运身的果位。

经历千劫万世，我们积累了无数的功德资量。但是，时至今日,如果我们仍然摆脱不了平常人的心识感觉的话,修持佛果还有什么意义？还不如趁早追求一些金银财宝,来得实惠一点。

净治烦恼障的终极目的，就是要消除智慧障碍。但是，在同样是蒙蔽事物真相的两种障碍之中，如果把作为客体的烦恼障碍彻底断除掉，而把作为主体的智慧障碍弃置不理的话，这与达苍巴所认为的"只要物质的躯体存在，就不可能断除智慧障碍"的论调不谋而合了。

总之，认为"是中观派的信徒，就不应该有自己的观点"的说法，与"作为一名中观派信徒，心中不应该持有任何观点"的说法是一样的道理。一般说来，由宗派思想影响的执一切事物为实有的实执心，与把凭空虚造出来的"我执"当真的实执心，是两个不同的思想。如果我们对二者进行一次仔细的考查，便会得出结论：此两种思想，均不出乎平常的思维的范围。所以，我自己有时候也常常想，所谓"受宗派思想影响的实执心"，或许就是引领我们进入解脱之道的第一阶梯。

"因为对您深奥教义的误解，我（宗喀巴）虽然经历了千辛万苦，却没能得悟出您教义的要旨，过患与罪业仍然挥之不去，我执思想也越来越坚固。”如果按照（宗喀巴）大师的这句话推断，在生起次第的观修中，我们把自己观想成金刚萨埵；把一切外部世界的现象，都观想成自我清静的现分相，也是在增加我们自己的我执思想。所以，在这种情况下，我们只能把一个非平常的心，当成一种实有去执著，以此开启亲证金刚持的大门。

宗喀巴大师著作中的“我慢”，指贪著于相应客体的“我有”思想。

“此即彼；此若是，彼亦应是；故，此即彼也”，这是三段式逻辑的推理方法。因为，这种逻辑，在乡下以狩猎为生的一般人中间也颇为流行，所以，把这种逻辑捧为“常规分析之正量标准”的话，岂不是有点太可笑了吗？

如果把常人的“正量标准”，当作衡量一切是非的依据的话，我们必须得把平常人思想中最原始的，诸如“执一切事物为实有”、“视女人之身清净”等思想，也要当作“正量标准”，反过来，如果我们忽略一切自然的感觉，而把一个在自然感觉之上、形而之上的抽象逻辑，当成一种“正量标准”的话，那么，所谓的“正量标准”，只是一个徒有其名的空洞概念。

古代的译师们，把梵文“samdridi”一词译成了“常规”。但是，其真实含义则是指“迷惑”，即对事物真相的迷惑，或对外境对象生起的错乱心识。因此，所谓“常规真理”就是“错乱真理”。

如果以“七相道理”的分析，仍然不能确定“车子无自性”的话，那么，通过菩萨五圣道的修持，又如何能够消除烦恼与智慧的障碍呢？有些人认为：绝对意义上的贪著，是应所摒弃的；但贪著本身，则不应该被摒弃；绝对意义上的愚痴是应所摒弃的，但愚痴本身，则不应该被摒弃。在这里，似乎要求我们对自己的思想，也需要做很多不同精细的区分似的。

如果我们概括一下，所谓“结合已知思想与未知思想两方的原则”这句话的含义，便能得出这样一个结论：说此话者纯粹是胡言乱语，该人甚至对所谓“常规真理”的概念也模糊不清。所以，有言道：“无明盖真相，故此称常规；虚幻显真实，佛说是俗谛”。所以，除了“无明覆盖了事物真相”、“虚幻的真理”、“佛说一切虚幻的真理都是常规真理”等这些金科玉律之外，我们还能找到什么比之更具权威的言教呢？

人人敬之奉之的所谓“正量标准”与“合理思维”，实际上无非就是一个夹在两种未知思想间的细微心识而已。

如果说，绝对意义上的非存在不能算作是非存在，而常规意义上的存在可以算作是存在的话，那么，反过来我们也可以这样讲：“菩萨的智慧所证见到的存在，不能算作是存在；而凡夫俗子的错乱之心所看到的非存在，可以算作真正的非存在”。

这样，当一位智者，没有把幻变出来的牛马当真时，因为他未见虚幻的牛马，所以，智者所看到的非存在，也就不能算作是非存在了；而愚夫则把幻变的牛马当成真的牛马，所以，他眼中所看到的存在，就可算作是真实的存在了。

虽然，人们把自心能够认识到的现象称为“常规真理”

或“尽所有”。但是，所谓的“尽所有”，即指平常人极其微弱的意识所认识到的那一部现象。所以，如果我们粗略地分析，意识所能够认识到的“那一部现象”，无非就是从须弥山的顶端，到十八层地狱的低层，从东山至西山上面的这段空间距离而已。实际上，所谓的“尽所有”，就是佛陀早已彻悟了的全部真相，被众生以小孔窥见的那一部分知识。

然而，所谓的“尽所有”，像是一块藏在自家灶石之下的黄金，虽然天天能够看得到，但始终不知其为何物。直到一日，有客人过来指点说你家灶石下有一块黄金时，主人才恍然醒悟。轮回中的一切法，也像这块黄金一样，远离戏论的本性，永远就在轮回自身之中，只是我们身在庐山，而未识其真实面目而已。

如果对这些概念进行一番深思熟虑的话，我们应该对宁玛派所提出的“本来解脱”、“尽善尽美”等原理，产生一丝的敬信才是。

所谓的“相对逻辑”，是中观自续派所说的“推断逻辑”；而“实用逻辑”，则是一种行之有效的逻辑，即中观应成派所经常应用的那些逻辑；“实证逻辑”，是一种论证原由与论证之法相统一的逻辑；“实相逻辑”，是一种非抽象的直接体验。

我们经常提到的“所有”，指那些能够在我们心中显现的部分；而所谓的“一切虚无”，则指未能够在我们心中显现的部分。因此，心中空无一物，绝非是对存在的一种诽谤。因为，心中没有主体与客体的概念，才是千劫万世行善积德之后才能证悟到的最高境界。有了如此之高的证悟，又何须担心会落入虚无主义的圈子呢?

一般而言，通过心与心境的逐步改善，最后才能抵达佛的境界。但是，从另一方面来讲，只要我们能够感受到大地、山脉、岩石等常规世界的存在，我们就无法回避“美女”与“酒肉”的天然诱惑，无法超越这一自身的原理。从生命轮回的开始阶段，人们就对自身的局限有相当的了解。所以，何须于此添加逻辑来证实一番呢?

人类对母老虎的美丽视如罔见，所以，人们不会对美丽的母虎产生一丝的爱欲。而人间少女的美丽，也不会被公老虎所赏识，所以，老虎也不会对美如天仙的人间少女移心动情的。其究竟之缘由，仅仅是因为我们人类缺乏老虎的三段思考方式；同样，老虎也缺乏我们人类的三段式逻辑思维。很显然，在人与兽之间，没有一个共同的“三段逻辑思维”。所以，从上至色界最极胜处的天神阿修罗，到下至十八层地狱的饿鬼畜生，他们之间更不会有一个共同的“三段逻辑思维”。

我们的“知觉”，总是与我们形影相随。但是，在不同情况之下，我们所感受到的，却相异千里：有时感受到地狱的烈火；有时候感受天神的甘露；有时候是人间流水的清凉；有时候是饿鬼吸吮的脓血。每一次生命的更迭，总会有一个相应的“知觉”尾随其后。这种“知觉”无需依靠任何外力，便能从自己的生命形态中识别出“清水”、“脓血”等来。但奇怪的是，人们依然费尽心思地去认识一个从无始以来就与我们的心识形影相伴、始终未变更的所谓“实有”无明对象。

如果说认为“瓶子非存在”与“柱子非存在”的观点是典型的虚无主义思想，它与世上流行的主流思潮背道而驰的话，那么，“六道轮回里的众生没有一个共同的实有观”之说，岂不成了更加荒诞的断见异说了吗?

在世俗诸多的心识活动当中，我们最熟悉的思想莫过于执一切为实有的“实执心”了。所以，圣天菩萨也讲：“在最平常的状态中，我们的心是被烦恼笼罩着的”。确定“主体”之后，没有必要继续寻找“客体”。认识到从无始以来就已经相当熟悉的心识之外，何须再去寻找一个新的“我执心”呢?

那些认为宇宙有一个“自性”的人，会把“宇宙的自性”当成实有的存在；不相信有前世来世的宿命论者，会把“无生命转世”当成实有的存在。但是，有些人，认为兔子头上无实有之角。因此，不能把无主体的非存在，当成空性。按照这种观点，我们就只能把“非存在”，从“一切法”中分离出来，再去创造一个纯粹实有的“空性”。但是，在没有证悟到佛果之前，人们是不可能证悟到“空性”的。认为“没有空性的主体存在，便无法了悟空性”的说法，跟说“没有瓶子，便无法了解瓶中之水”一般见识了。

如果你坚持认为：只有一个“空性的主体”，才能证明一个现象的“无实有性”的话，那么，把“实有”本身，当成“空性之主体”，而把“非存在”当成“空性”，又何尝不可?用同样的道理，我们还可以把所谓“无自性”中的“自性”

当成“空性之主体”，而把所谓的“无”也可当作“空性”了。如果你又认为“真实”与“自性”本身就是“空”，或者，“真实”与“空性”是理性否认的对象，而不是其所依根据的话,那么,你便可以把自己思想中执瓶子为实有的小小“污点”,用合理逻辑的“清洗剂”洗刷干净。但是,其结果,就像美女洗澡一样,只是把原本漂亮的脸蛋儿,弄得更白净一点罢了。

有人认为兔角的“非实有”，缺乏空性之主体，所以，兔角是非空性；但瓶子的“非实有”，则具有空性之主体，所以，瓶子当可列入空性之中。但是，说到“兔角没有角尖”时，兔角缺乏“空性主体”的角根，所以，“兔角”不应该列在空性之中；在所谓的“牛角无角尖”中，“角根”是空性之主体，“角尖”则是否认的对象，因为“角尖”具备作为“空性主体”之“角根”，所以，“牛角之尖”的空性，则是空性的“非遮”。事实上，所有的“非存在”都有一个“存在”作为其基础。由“存在”的现象中找到“非存在”的本质，似乎是所有宗派立宗的原则。圣天菩萨也说：“如果你认为过去曾有的，现已不存在的话，那么，你说的‘现非存在’就是一种虚无主义的观点。”

如果把“本来尚有的实执心”与“本来尚无的实有”结合起来将会是什么样子呢？这就像有些人把大乘佛教的实修与其哲学理论视同一体，或者，认为小乘有部宗派的思想与菩萨利他之大愿相融同体，是一样的不可理解。在他们看来，无论修持“四大宗派”中的任何一种法门，只要你心中发了大愿，便会立刻成为一名大乘佛教的实践者。但是，在不承认“菩萨十地”的修持次第，也不相信佛的“五种智慧”、“三种身”等原理的情况下，仅凭口中念叨一句“愿一切众生悉证究竟果位”，怎么能够一跃成为一名菩萨呢？

数论派及其他外道宗派，也承认获证究竟果位的目的纯粹是为了利益众生。但是，因为其基本的见地思想、道路修持以及所现证的果位（基、道、果），从一开始起，就已经偏离了正确的轨道，所以，我们不是经常指责他们所传之法有失纯正吗？同样，有部宗派的菩萨从心底里相信他们自认的不共法门，诸如“阿罗汉”① 果位、“心识离体”的境界，是三乘追求的究竟果位。但是，在大乘宗师们的眼里，这样的“果位”，还不能算作是真正的“佛果”。是故，小乘有部的行者欲修成佛果的愿望，怎么能够与大乘发愿的菩提之心同日而语呢？小乘有部所追求的佛果，是根据小乘有部的基位观点、道路修持以及现证果位的哲学原则来进行的。但是，比小乘有部更高的宗派，则认为他们的所有哲学原则都是错误的。所以，一个在一开始就误入歧途的人，其期望的最终目的也将是错误的。

当一位胆小的人，把一条花绳错当毒蛇而恐慌不已时，一句“此非毒蛇”的话，根本不能消除他对毒蛇的恐惧。针对

---

① 阿罗汉：（梵文：Arhat，藏文：དགྲ་བཅོམ་པ།）。通过彻底断除业因烦恼，从轮回中解脱的一种修行果位。小乘佛教认为，阿罗汉果位是修行能够证悟到的最高境界。但是，在大乘佛教里，阿罗汉只是一种修行的初级成果，还不能算作是真正的圆觉成佛。

这种情况，寂天大师说："对幻变出来的美女，魔术师本人也激情荡漾"。像魔术师一样，明明知道自己幻变出来的美女，只是一个虚幻不实的影子，但是，他依然会对幻变出来的美女难舍恋情。同样的道理，人们明知想象中的老虎只是一种心灵的幻觉，但是，对老虎的恐惧之情总是挥之不去。所以，消除懦夫心中的恐惧，最行之有效的方法莫过于一位胆大勇猛的人，把那条花绳用手抓起来扔出去。这样，产生幻觉的根源——花绳子与幻觉本身——毒蛇，同时从胆小之人的眼前消失掉。但是，如果你把那条花绳子，重新捡回来对这位胆小之人说，"此非毒蛇"时，毫无疑问，他仍然会惊慌万分。

天边的彩虹与影子等，看起来可以用手感触得到，但实际，彩虹与影子是虚幻的。如果说，我们对彩虹与影子如此这般的理解，连龙树菩萨著作中描述的"似虚幻"之影都占不上的话，那么，我们也无法用中观应成派与中观自续派的方法，向事实论派灌输"似虚幻"的道理了。如："柱子似虚幻，以缘起所生故"时，如果有人抛出一句说："像彩虹一样虚幻不实"的话，对方心中所出现的"彩虹"，就不一定跟中观派想象中的"彩虹"是一样的。所以，没必要把"彩虹"当我们立宗时列举的"同喻"。

如果一个人，对在泥土中玩耍打滚的游戏失去兴趣时，其童年时代将告结束，人们为此而勤奋努力；当女人的美丽，激荡不了一个男人的情怀时，表示此人之壮年锐气也在逐渐消失之中，人们为此而勤奋努力；当一个人失去对金钱、房屋、土地的热情时，其心理在逐渐老化，人们为此而勤奋努力。这样，在一生一世之中，充分领受所有正法并付诸于实修体验，应该说是阿底峡大师①的修持要领。但是，如果在此有必要区分菩萨“五道”、“十地”之次第阶段的话，那么，在抵达“加行道”之后，好像有必要为现证“资量道”而努力了；在抵达菩萨“八地”时，似有必要为现证菩萨“第一地”而努力；成就佛果时，反而要为现证“资量道”而努力。最后，似乎只有在密严佛土的莲花宝座上，方能一气修持所有的显密教法了。

超越“有无”二元的智慧，
是龙树菩萨及其门徒的思想要旨；
雪域王国的古贤们，
共同推崇的精神理念
所汇集而成的嘉言
从吾师慈爱的天空
像太阳般冉冉升起，

---

① 阿底峡：古印度伟大的佛教导师（982～1054），出身于古印度萨霍尔王室家族，曾经在超岩寺佛教大学（vikramashila）担任住持，一生秉持寺院清教生活。远渡印度尼西亚群岛，从金洲法师（suvarnadvipa）处领习菩提心与度母菩萨的密法。返印后，接受西藏王室后裔的邀请，以六十多岁高龄，千里迢迢来到西藏传法译经，对藏传佛教的复兴起了举足轻重的作用。其所传之医学八部，成为西藏医学流传的奠基石。他在西藏前后十二年，最后在离拉萨不远的聂塘去世。

智慧的妙光，普照广宇，
开启四方贤哲的心灵。
但，那些心胸狭窄，
与邪恶为伴的人们
则诚惶诚恐，坐立不安，
因为，敏锐的慧光，
刺痛他们愚昧的心灵。

十方三时诸佛的密意
经过正理的推敲与提炼
像一块被冶炼、锻造出来的金块，
奇妙无比，犹如法界般深广难测。
因前世所积的福德，
使我卑贱的心灵，也能领纳如此高深的玄理。

敬爱的上师，文殊的化身，
（我）把您谆谆的教诲，淅沥流注的甘露法雨，
汇聚在（这）善说正言的大海中
倘若有任何误解与错误的污垢
我愿在秉持公道的学者面前，
发露内心深处的忏悔。

借此虔诚的努力，

愿太阳般光辉四射的箴言，
照射在博学之士，
莲花一样纯洁的心灵上，
愿自然智慧的芬芳甘甜
化为永恒的安宁与自在。

愿生生世世追随上师
畅游于深奥、远离戏论的法界，
修持清净的圣道
通达空性的义理。

善良的行愿，一股强劲有力的东风，
吹散“无有”的秋云，
愿法界广阔的天空，
升起三身合一的太阳。

一代宗师根敦群培，诞生在安多地区，其祖祖辈辈均为修持旧译密宗的瑜伽行者。他熟悉佛教与非佛教的哲学，精通藏传佛教新旧密法的内容，博学而多闻，超然而自得。本人幸运万分，亲自聆受大师讲解《中观》哲学。我把听讲时所作的零散笔记，集中整理之后，面呈给大师。大师披阅后，欣然无比，立刻写了一首吉祥祝词，并把祝词连同一尊龙树菩萨的佛像赐给我。大师在临终时一再嘱咐我把这部著作整理出来。后来，敦珠仁波且提供印刷纸张，在他的敦促与鼓励下，不敢违命。于是，鄙人达瓦桑波，来自木雅地区，大师学生中平庸迟钝的一员，于藏历第十六饶迥金兔年(公元1951年)三月上旬。

祈愿自他等二元对立的概念，在金刚持的密意法界中圆融合一。

邪猖风颓黑暗中，
胜义甘露月光照
奇哉龙树第二位
今于佛界空中现。

法眼明净智慧利
金刚语言定法性
妙言嘉语前无例
重树古风续慧命。

奇妙法句舍利灵
愿借虔诚积功德
有情共渡轮回城
同证中观真如义。

游方行者无畏智慧金刚敬记。

༄། །དབུ་མའི་ཟབ་གནད་སྙིང་པོར་དྲིལ་བའི་ ལེགས་བཤད་ཀླུ་སྒྲུབ་དགོངས་རྒྱན་ཞེས་ བྱ་བ་བཞུགས་སོ། །

དགེ་འདུན་ཆོས་འཕེལ་གྱི་ཞལ་ཁྲིད་ལྟར་ཟླ་བ་
བཟང་པོས་ཟིན་བྲིས་སུ་བཀོད་པ།

༧༢། །བདུད་ཀྱི་མཚོན་ཆ་རྩུབ་མོ་དག་ལ་འཇམ་མཉེན་
མེ་ཏོག་ལན་དུ་སྤྱིན། །
ལྷས་བྱིན་ཁྲོས་པའི་སྒྲོགས་རྡོ་འཕངས་ཚེ་མི་སྨྲའི་བརྟུལ་
ཞུགས་དང་དུ་བླངས། །
རང་གི་དགྲ་ལ་སྡང་མིག་ཙམ་ཡང་བལྟ་བར་མི་ནུས་
ཤཱཀྱའི་སྲས། །
འཇིགས་རུང་འཁོར་བའི་དགྲ་ཆེན་སྐྱོབས་པའི་གྲོགས་
སུ་ཤེས་ལྡན་སུ་ཡིས་བཀུར། །
དགེ་ལེགས་ཞི་བསིལ་བདུད་རྩིའི་འབྱུང་གནས་ཐར་
པའི་ལམ། །
འདུན་པས་ཕྲ་ཞིབ་མ་ནོར་མཚོན་པ་སྲིད་པའི་མིག །
ཆོས་རྗེ་སྨྲ་བའི་སེང་གེ་མཆོག་ནི་འདི་འོ་ཞེས། །
འཕེལ་འགྲིབ་མེད་པར་རིགས་སྨྲ་ཚོགས་ཀྱིས་རྟག་ཏུ་གུས། །
གང་གི་མཁྱེན་པའི་ཉི་མའི་དཀྱིལ་འཁོར་ཀུན་ཏུ་བཟང་
པོའི་མཁའ་དབྱིངས་ནས། །
སྐྱེས་སྦྱངས་ཤེས་རབ་དམན་པ་ཕོ་བོའི་སྙིང་གི་པདྨོའི་
དགའ་ཚལ་དུ། །
རིགས་པའི་འོད་ཟེར་ལན་སྟོང་འཁྱིལ་བའི་ལེགས་བཤད་
གེ་སར་འཛུམ་པའི་དཔལ། །
སྲིད་གསུམ་མཁས་པའི་བུང་བས་དོན་རྒྱུད་སྦྲང་རྩི་
མངར་མོར་ལོངས་སྤྱོད་ཅིག །

རང་ཅག་གིས་ཡིན་མིན་ཐག་བཅད་པ་ཐམས་ཅད་ཀྱང་། རང་གི་སེམས་ལ་ཇི་ལྟར་ཤར་བ་བཞིན་ཐག་བཅད་པ་ཙམ་ལས། རྩ་བ་གཞན་ཅི་ཡང་མེད། འདིའི་རྒྱུ་མཚན་གྱིས། འདི་ཡོད་དམ་མེད་ཅེས་དྲིས་པ་ན། ཕ་རོལ་པོས་ཡོད་ཅེས་ལན་བཏབ་པ་ཡང་དོན་ལ་ཁྱོད་ཀྱི་སེམས་ལ་འདི་ཡོད་མེད་གང་དུ་ཤར་ཞེས་དྲིས་པ་ཡིན་ལ། ལན་བཏབ་པ་ཡང་། ངའི་སེམས་ལ་ཡོད་པ་ཡིན་པ་ཤར་ཞེས་སྨྲས་པ་ཙམ་ཡིན། དེ་བཞིན་དུ་ལེགས་ཉེས་བཟང་ངན་མཛེས་མི་མཛེས་སོགས་ཅི་དང་ཅི་དྲིས་པ་ཐམས་ཅད་ཀྱང་། དོན་ལ་ཕ་རོལ་པོའི་བསམ་ཚུལ་གོ་བའི་ཆེད་དུ་དྲིས་པ་ཤ་སྟག་ཡིན་ལ། ཕ་རོལ་པོས་དེ་ལ་ཐག་བཅད་ནས་ལན་བཏབ་པ་ཡང་། དོན་ལ་ཁོ་རང་གི་སེམས་ལ་འཆར་ཚུལ་ལྟར་ཐག་བཅད་པ་ཙམ་ཡིན་གྱི། རྒྱུ་མཚན་གཞན་ནི་ཅི་ཡང་མེད། དེའི་ཕྱིར་གང་ཟག་གཉིས་ཀྱི་བསམ་ཚོད་ཕན་ཚུན་མ་མཐུན་པ་དེ་སྲིད་དུ་ཁོ་རང་གཉིས་རྩོད་པ་བྱས་པ་ཡིན་ལ། གཉིས་ཀ་ཁ་མཐུན་པའི་ཚེ་ཁ་མཐུན་པའི་དོན་དེ་ག་ཡིན་པ་དང་། ཡོད་པ་དང་། ཤེས་བྱ་དང་། ཚད་མ་ལ་སོགས་པའི་གྲས་སུ་འཇོག་པ་ཡིན་ནོ། །དེ་ལྟར་ཁ་མཐུན་མཁན་ཅི་ཙམ་མང་བ་དེ་ཙམ་དུ་ཁ་མཐུན་པའི་དོན་དེ་འགངས་དང་གནད་ཆེ་རུ་འགྲོ་ཞིང་། དེ་ལ་ཁ་མི་མཐུན་པའི་ལྟ་བ་གང་ཡིན་ལོག་ལྟ་དང་། འཁྲུལ་ཤེས་སོགས་སུ་བྱེད་པ་ཡིན་ནོ། །

ཁ་མཐུན་ལུགས་དེ་ཡང་། རེས་འགའ་ནི་ལུང་ཙམ་ཞིག་ལ་ཐུག་ནས་མཐུན་པ་ཡོད། དཔེར་ན་ཁ་ཆེ་གཉིས་ཀྱིས་ཇ་མོང་གི་ཤ་ཟ་ཆོག་མི་ཆོག་ལ་རྩོད་པ་བྱས་པའི་མཐར། ཀོ་ར་ནང་དུ་ཇ་ཤ་ཟ་བའི་གནང་བ་ཐོབ་

པ་མཐོང་བའི་ཚེ་གཉིས་ཀ་ཡང་དེ་ཟ་ཚོག་པའི་སྟེང་དུ་ཁ་མཐུན་པ་བཞིན་ནོ། །རེས་འགའ་ནི། རྩོད་མཁན་གཉིས་ཀྱི་རིགས་པ་ཞིག་ལ་ཐུག་ནས་གཉིས་ཀ་ཁ་མཐུན་པ་ཡང་ཡོད་དེ། དཔེར་ན་ལ་ཕར་རྒྱབ་ན་མེ་ཡོད་མེད་རྩོད་པ་ན། ལའི་ཁར་དུ་བ་མཐོང་ནས་གཉིས་ཀ་ཁ་མཐུན་པ་ལྟ་བུ། གང་ལྟར་ཡང་གཉིས་ཀའི་དབང་པོ་མངོན་སུམ་དུ་མཐོང་བ་ན། རྩོད་པ་མེད་པར་ཁ་མཐུན་པ་ནི་སོ་སོའི་སྐྱེ་བོ་ཐམས་ཅད་ལ་ཡོད་དོ། །

འོ་ན་ཐམས་ཅད་ཁ་མཐུན་པ་ཞིག་ལ་རྩ་བ་བཙོལ་ནས་ཤེས་བྱའི་རྣམ་གཞག་ཁས་བླངས་པ་མི་བསླུ་བ་ཡིན་ནམ་སྙམ་ན། དེ་ཡང་མིན་ཏེ། དཔེར་ན་ཡུལ་གཅིག་གི་མི་ཐམས་ཅད་ཀྱི་མིག་ལ་མཁྲིས་ནད་ཀྱིས་སྐྱོན་ཡོད་པའི་ཕྱོགས་གཅིག་ཏུ་སླེབས་ན། ཡུལ་དེའི་མི་ཐམས་ཅད་ཀྱང་། དུང་དཀར་སེར་པོ་ཡིན་པ་ལས་དཀར་པོ་མེད་པ་ཁ་མཐུན་མོད་ཀྱི། དེ་ཙམ་གྱིས་དུང་དཀར་སེར་པོ་ཡིན་པར་འཇོག་མི་ནུས་པ་ཡིན་ནོ། །དེ་ལྟར་མི་བརྒྱ་ཕྲག་འགའ་ཞིག་ཁ་མཐུན་པ་ཙམ་གྱིས་ཀྱང་། དོན་དེ་ཡོད་པ་ཐག་མི་ཆོད་ལ། ཁྲི་དང་སྟོང་ཁ་མཐུན་པས་ཀྱང་ཐག་མི་ཆོད། མིའི་འགྲོ་བ་ཐམས་ཅད་ཁ་མཐུན་པས་ཀྱང་ཐག་མི་ཆོད། ཁམས་གསུམ་གྱི་སོ་སྐྱེ་ཐམས་ཅད་ཁ་མཐུན་པས་ཀྱང་ཐག་མི་ཆོད་པ་ཡིན། དེས་ན་རང་ཅག་རྣམས་ཀྱིས་ཡོད་མེད་ཡིན་མིན་གང་ཐག་བཅད་པ་ཐམས་ཅད་ཀྱང་རང་རང་གི་བློ་ལ་ཤར་ལུགས་བཞིན་དུ་ཐག་བཅད་པ་ཙམ་ཡིན་ལ། དེ་འདྲ་བའི་བློ་ལ་འཆར་ཚུལ་ཕན་ཚུན་མཚུངས་པའི་སོ་སོའི་སྐྱེ་བོ་བརྒྱ་སྟོང་ཕྲག་དུ་མ་ལྡན་ཅིག་ཏུ་ཚོགས་པ་ན། གང་ཐག་བཅད་པའི་དོན་ནི། རྩ་བ་བརྟན་ཅིང་

འགྱུར་དུ་མེད་པ་ཞིག་ཏུ་གྱུར་ནས། དེ་དང་མི་མཐུན་པར་སྨྲ་བ་རྣམས་ལ་སྐྱུར་འདེབས་དང་། ཆད་ལྟ་སོགས་སུ་དྲིལ་སྒྲིག་པ་ཡིན་ནོ། །

དེས་ན་རང་ཅག་གིས་ཡོད་མེད་སྨྲས་པ་རྣམས་ནི་དོན་ལ་རང་རེའི་བློ་ངོ་ལ་འཆར་རྒྱུ་ཡོད་པའི་གྲས་རྣམས་ཡིན། མེད་པ་དང་མི་སྲིད་ཅེས་སྨྲས་པ་རྣམས་ནི་རང་ཅག་གི་བློ་ངོ་ལ་འཆར་མ་ཐུབ་པའི་གྲས་རྣམས་ཡིན། ཡོད་མེད་གང་ཡང་མ་ཡིན་པའི་ཆོས་ཉིད་ཀྱང་སྤྲ་མའི་གྲས་མ་ཡིན་གྱི། ཕྱི་མའི་གྲས་ཡིན།

དེ་ལྟར་ཁ་མཐུན་པའི་ཕྱོགས་མང་བ་དེས། ཕྱོགས་ཉུང་ངུ་དེ་རྫུན་དུ་གཏོང་བའི་དཔེ་ངོ་མཚར་ཅན་ཞིག་སློབ་དཔོན་ཟླ་བ་གྲགས་པས་ཀྱང་གསུངས་ཏེ། བཞི་བརྒྱ་པར། དེ་ཉིད་ཕྱིར་ན་འཇིག་རྟེན་ཀུན། །སྨྱོན་པ་ཡིན་ཞེས་ཅིས་མི་འཐད། །ཅེས་པའི་ཐད་ཀྱི་འགྲེལ་བ་ལས། སྔོན་ཡུལ་ཞིག་ན་རྩིས་མཁན་ཞིག་ཡོད་པ། རྒྱལ་པོའི་དྲུང་དུ་སོང་ནས་ད་ལྟའི་ཉིན་བདུན་པ་ལ་ཆར་པ་ཞིག་འབབ་པ་དེའི་ཆུ་ཁ་ལ་སོང་ཚད་ཀུན་སྨྱོན་པར་འགྱུར་རོ། །ཞེས་སྨྲས་སོ། རྒྱལ་པོས་དེ་ཐོས་ནས་རང་གི་ཆུ་བཏུང་བའི་ཁྲོན་པའི་ཁ་ལེགས་པར་གཡོགས་ནས་ཆར་པའི་ཆུ་ནང་དུ་མི་འཚོར་བ་བྱས། འབངས་རྣམས་ཀྱིས་ནི་དེ་འདྲ་མ་ཉུས་པས་ཐམས་ཅད་ཀྱི་ཁ་ལ་ཆུ་དེ་སོང་བས་ཀུན་ཀྱང་སྨྱོན་པར་སོང་། རྒྱལ་པོ་གཅིག་པུ་སེམས་རྣལ་དུ་གནས་ནས་བསྡད། དེར་ཡུལ་མི་ཀུན་གྱི་བསམ་ཚུལ་བརྗོད་ཚུལ་དང་། རྒྱལ་པོའི་བསམ་ཚུལ་བརྗོད་ཚུལ་མི་མཐུན་པར་སོང་བས་ཐམས་ཅད་ཀྱིས་རྒྱལ་པོ་ལ་སྨྱོན་པ་ཞེས་སྨོད་པས། མཐར་རྒྱལ་པོ་ཡང་འུ་ཐུག་ནས་ཆུ་དེ

བཏུང་བས་ཀུན་དང་མཐུན་པར་གྱུར་ཏོ། །ཞེས་གསུངས་སོ། །

དེས་ན་ རང་ ཅག་ ཐོག་ མ་ མེད་ པ་ ནས་ མ་ རིག་ པའི་ སྨྱོ་ ཆུ་ བཏུང་ བཏུང་བའི་སྨྱོན་པ་ཆེན་པོ་གཅིག་གིས། ཡོད་མེད། ཡིན་མིན་ཐག་བཅད་པ་ལ་ཡིད་བརྟན་ཅི་ཡང་མེད་ཅིང་། སྨྱོན་པ་དེ་འདྲ་བརྒྱ་སྟོང་ཁྲི་འབུམ་ཁ་མཐུན་ཀྱང་ཁུངས་བཙན་དུ་འགྲོ་རྒྱུ་ཅི་ཡང་མེད།

གལ་ཏེ་ རང་ རེས་ ཐག་ བཅད་ པ་ ལ་ ཡིད་ རྟོན་ མེད་ དུ་ ཆུག་ ཀྱང་། སངས་རྒྱས་ཀྱིས་ཐག་བཅད་པའི་རྗེས་སུ་འབྲང་ནས་མི་བསླུ་བ་ཡིན་སྙམ་ན། འོ་ན་སངས་རྒྱས་མི་བསླུ་བར་ཐག་བཅད་མཁན་སུ་ཡིན། དེ་མི་བསླུ་བར་ནི་ཀླུ་སྒྲུབ་ལ་སོགས་པའི་མཁས་གྲུབ་ཆེན་པོ་རྣམས་ཀྱིས་ཐག་བཅད་དོ་ཟེར་ན། འོ་ན་ཀླུ་སྒྲུབ་མི་བསླུ་བར་སུས་ཐག་བཅད། དེ་ནི་རྗེ་བླ་མས་ཐག་བཅད་དོ་ཟེར་ན། འོ་ན་རྗེ་བླ་མ་མི་བསླུ་བར་སུས་ཤེས། དེ་ནི་ཕོ་བོ་ཅག་གི་བཀའ་དྲིན་མཚུངས་མེད་བླ་མ་དམ་པ་ཆེ་གེ་མོས་ཐག་བཅད་དོ་ཞེ་ན། འོ་ན་ཁྱོད་ཀྱི་བླ་མ་དམ་པ་ལ་བརྟེན་ནས་མི་བསླུ་བ་ནི་ཁྱོད་རང་གི་བློས་ཐག་བཅད་པར་འདུག་པས། དོན་ལ་སེང་གེའི་དབང་པོ་ལ་སྟག སྟག་གི་དབང་པོ་ལ་གཡག དེའི་དབང་པོ་ལ་ཁྱི། ཁྱི་ཡི་དབང་པོ་ལ་བྱི་བ། བྱི་བའི་དབང་པོ་ལ་འབུ་བཙུགས་འདུག་པས་ཐམས་ཅད་ཀྱི་དབང་པོ་མཐར་ཐུག་དེ་འབུ་ལ་བྱེད་པར་འདུག དེས་ན་གང་ཐག་བཅད་ཚད་ཀྱི་རྩ་བ་མཐར་ཐུག་ཞིབ་ཏུ་བཅད་ཆེ་རང་རང་གི་བློ་ལ་ཐུག་པ་མ་གཏོགས་གཞན་ཅི་ཡང་མི་སྣང་།

འོ་ན་རང་གི་བློས་ཐག་བཅད་པ་དེ་ག་རང་ལ་ཡིད་བརྟན་རུང་ངམ

སྙམ་ན། དེ་ཡང་མིན་ཏེ། རང་རེའི་བློ་འདི་ནི་རེས་འགའ་ནོར་བ་འདྲ་བ། རེས་འགའ་ཐིག་པ་འདྲ་བ་མོ་མ་ངན་པའི་མོ་བཞིན་དུ་རྟག་ཏུ་བསླུ་བཞིན་པ་སྤྱོད་བས་གྲུབ་པས་སུ་ཞིག་གིས་ཡིད་བརྟན་ཐུབ། སྔ་དྲོ་ཡིན་པར་ཐག་བཅད་པ་མང་པོ་ཕྱི་དྲོ་མིན་པར་ཐག་ཆོད། ཚེ་སྟོད་ལ་ཡིན་ཐག་བཅད་པ་རྣམས། ཚེ་སྨད་ལ་མིན་ཐག་ཆོད་པ་ཡོད། ཁ་ཆེ་འབུམ་ཕྲག་གཅིག་གིས་བདེན་པར་ཐག་བཅད་པ་རྣམས། ནང་པ་འབུམ་ཕྲག་གཅིག་གིས་རྫུན་པར་ཐག་གཅོད། དེ་རེ་རེ་ལ་ཡང་རང་རང་གི་ལུང་དང་རིགས་པ་རྡོ་རྗེ་ལྟ་བུ་བསྒྱུར་དུ་མི་བཏུབ་པ་རེ་ལ་རྩ་བ་བརྟེན་ས་ཡོད། དེ་རེ་རེས་ཀྱང་རང་རང་གི་སྟོན་པ་དེ་བསླུ་མེད་ཀྱི་སྐྱབས་གནས་མཐར་ཐུག་ཏུ་ཁས་ལེན། འོ་ན་གང་བདེན་པ་སུ་ཞིག་གིས་ཐག་གཅོད་དགོས།

གལ་ཏེ་མི་མང་ཁ་མཐུན་པ་ཙམ་གྱིས་མི་ཆོག་གིས། ཚད་མའི་སྒོ་ནས་ཐག་གཅོད་དགོས་སོ་ཞེ་ན། འོ་ན་ཚད་མ་བྱ་བ་ཅི་འདྲ་ཞིག་ཡོད། མིག་གིས་ཅེ་རེར་མཐོང་བའི་ཀ་བ་འདི་ཚད་མས་གྲུབ་པ་དང་དེ་ལྟར་མཐོང་བའི་བློ་དེ་ཚད་མ་ཡིན། ཡིན་ན་བློ་དེ་མི་བསླུ་བ་ཇི་ལྟར་ཐག་གཅོད་དགོས། ཀ་བ་ཡོད་མེད་ཐག་མ་ཆོད་བར་དུ་བློ་འདི་ཚད་མ་ཡིན་མིན་མི་ཤེས། བློ་འདི་ཚད་མ་ཡིན་མིན་ཐག་མ་ཆོད་བར་དུ་ཀ་བ་ཡོད་མེད་མི་ཤེས་པས། ནམ་ཞིག་ན་ཐག་ཆོད།

ཀ་བ་ཡོད་པའི་རྒྱུ་མཚན་མིག་གིས་མཐོང་རྒྱུ་ཡོད། ལག་པས་རེག་རྒྱུ་ཡོད། གྲོགས་ཀྱིས་བལྟས་ན་ཡང་མཐོང་རྒྱུ་ཡོད་པའི་རྒྱུ་མཚན་འདི་ཡིན་སྙམ་ན། སྔར་སྨྲས་པ་ལྟར་མིག་དང་ལག་པ་གཉིས་ཁ་མཐུན། དེའི་སྟེང་

དུ་གྲོགས་པོ་ཡང་ཁ་མཐུན་པས་ཐག་བཅད་པར་འདུག་མོད། དེ་འདྲ་ལ་ཡིད་བརྟན་ཅི་ཞིག་ཡོད། གལ་ཏེ་མིག་འཁྲུལ་སྲིད་ན། དེའི་སྟེང་དུ་ལག་པ་དང་། གྲོགས་པོ་གཉིས་འཁྲུལ་མི་སྲིད་པའི་རྒྱུ་མཚན་ཅི་ཞིག་ཡོད། མཁྲིས་ནད་ཅན་གཉིས་ཀྱིས་དུང་སེར་པོ་མིག་གིས་མཐོང་རྒྱུ་ཡོད། ལག་པས་རེག་རྒྱུའང་ཡོད། གཉིས་ཀ་སེར་པོ་ཡིན་པ་ལ་ཁ་ཡང་མཐུན་མོད། དོན་ལ་ཐམས་ཅད་ནོར་བ་མ་ཡིན་ནམ།

དེས་ན། ཡོད་མེད་ཡིན་མིན་གྱི་རྣམ་གཞག་བརྒྱ་ཕྲག་དུ་མ་བྱས་ཏེ་འདི་རྣམས་ཐག་གཅོད་མཁན་ང་མིན་གྱི། སངས་རྒྱས་ཡིན། ཀླུ་སྒྲུབ་ཡིན། ཤིང་རྟ་ཆེན་པོ་ཡིན་སོགས་གཏམ་རྫིགས་པོ་སྣ་ཚོགས་སྨྲ་མོད་མཐར་གཏུག་ཚེ། སངས་རྒྱས། ཀླུ་སྒྲུབ། ཤིང་རྟ་ཆེན་པོ་སོགས་རང་གི་བློ་འདི་ཙམ་གྱིས་ཐག་བཅད་པར་འདུག་ཅིང་། རང་བློ་འཁྲུལ་བ་མེད་པ་མཁས་པ་སུས་ཀྱང་ཁས་མི་ལེན་པས། ད་ནི་ཐམས་ཅད་ཀྱི་རྩ་བ་རྡུལ་པ་མ་ཡིན་ནམ།

དེས་ན་འཁོར་བའི་ཡུལ་འདིར་ཇི་སྲིད་གནས་པ་དེ་སྲིད་དུ་ཐག་བཅད་ཚད་ཐམས་ཅད་ཡིད་བརྟན་མེད་པའི་བློ་འདི་ལ་ཡིད་བརྟན་བྱས་ནས་ཐག་གཅོད་པ་ཙམ་ལས་ཐབས་གཞན་ཅི་ཡང་མེད་པ་བདེན་མོད་ཀྱི། འདི་ཙམ་ཞིག་གིས་ཆོས་ཉིད་མཐར་ཐུག་གི་ངོ་བོ་དང་། འཇིག་རྟེན་ལས་འདས་པའི་ཆོས་བསམ་ལས་འདས་པ་མིང་དང་བྲལ་བ་ཐམས་ཅད་ལ་རེ་རེ་བཞིན་བསམ་བློ་བཏང་ཚུལ་རེ་བཟོས། མིང་རེ་རེ་བཏགས་ནས་ཐག་གཅོད་པ་ཏ་ཅང་མ་ཐལ་ལམ།

དེས་ན་ཀུན་རྫོབ་ཀྱི་ཆོས་རྫུན་གྱི་རང་བཞིན་ཅན་འདི་དག་ནི་རྫུན

ཀྱི་འབྱུང་གནས་སུ་གྱུར་པའི་རང་སྣོ་འདིས་ཐག་གཅོད་པ་ཙམ་ཞིག་ལས་འོས་མེད་པ་ཐོག་ཏུ་བབ་སོང་། དོན་དམ་པའི་བདེན་པ་འཚོལ་བ་ལ་སྙིང་ནས་བརྩོན་པ་དག་གིས་ནི། རྫུན་མཁན་གྱི་སེམས་འདི་ཐག་རིང་པོ་ལ་མི་སློབས་པ་འདི་ཐོག་མར་ཤེས་དགོས་ལགས།

མདོར་ན་རང་ཅག་གི་སྣོ་འདི་འཁྲུལ་པ་མེད་པ་དང་། བསླུ་བ་མེད་པའི་རྒྱུ་མཚན་མཐར་ཐུག་ཞིག་སྟོན་རྒྱུ་ཡོད་ན་འཁྲུལ་མེད། བསླུ་མེད་གཞན་མང་པོ་ཞིག་ཀྱང་འཛོག་ནུས་སོང་། རང་སྣོ་འཁྲུལ་བ་མེད་པའི་རྒྱུ་མཚན་ནི་ཨུ་ཚུགས་དང་། ཡུས་ཆེ་ཙམ་ལས་མེད་ཅིང་། ཟླ་བས་འཇུག་འགྲེལ་དུ། གང་གི་ཕྱིར། བདེན་པ་ཡིན་པ་དེའི་ཕྱིར་བདེན་པ་ཡིན་ནོ། ། ཞེས་སྨྲ་བ་དེ་ཙམ་ཞིག་གིས་བདེན་པར་མི་འགྱུར་ལ། གསུངས་པ་བཞིན། མ་འཁྲུལ་བ་ཡིན་པའི་རྒྱུ་མཚན་གྱིས་མ་འཁྲུལ་བ་ཡིན་ཞེས་ཨུ་ཚུགས་གང་ཆེ་བྱས་ཀྱང་མ་འཁྲུལ་བར་ག་ལ་འགྱུར།

བླུན་པོ་ཕལ་པའི་སྣོ་འཁྲུལ་པ་ནི་སྨོས་ཅི་དགོས། བཙུན་པ་སངས་རྒྱས་དབྱངས་ཀྱིས་ཕྱི་དོན་བདེན་གྲུབ་ཏུ་ཐག་བཅད་པ་དེ་ཡང་སློབ་དཔོན་ཐོགས་མེད་ཀྱིས་རྫུན་དུ་བཏང་། སླར་ཡང་ཐོགས་མེད་རང་གིས་ཀུན་བརྟགས་བདེན་མེད་དང་། གཞན་དབང་བདེན་གྲུབ་ཏུ་ཐག་བཅད་པ་དེ་ཡང་། དབུ་མའི་སློབ་དཔོན་དག་གིས་རྫུན་གྱི་ཁོངས་སུ་བཏང་བས་མཁས་པ་དེ་ཚོའི་སྣོ་ལ་ཡང་ཡིད་བརྟན་མེད་ན་སུའི་སྣོ་ལ་ཡིད་བརྟན་ཡོད།

རང་རེ་ལྷ་བུ་གཅིག་ལ་མཚོན་ནའང་།
བྱིས་པའི་དུས་ནས་རྒས་ཤིང་འཁོགས་པའི་བར། །

སེམས་ཀྱི་ཁྲིར་སོ་ཅི་ཅས་བཟེས་གྱུར་པ། །
རང་གི་སྒྱོང་བས་དཔྱད་ན་ཤེས་ནུས་པའི། །
ད་ལྟའི་འཆར་སྒོ་འདི་ལ་ཡིད་བརྟན་ཅི། །
ཞེས་ཀྱང་སྨྲོའོ། །

འོ་ན་གང་ལའང་ཡིད་བརྟན་མེད་ན་ཅི་ཞིག་བྱེད་དགོས་ཟེར་ན། ཕྱར་སྨོས་པ་བཞིན་འཛིག་རྟེན་འདིར་ཇི་སྲིད་གནས་པ་དེ་སྲིད་དུ་ཟུན་ལ་ཡིད་ཆེས། ཟུན་ལ་བློ་གཏད། ཟུན་གྱི་སྟེང་དུ་རྣམ་གཞག་སྣ་ཚོགས་བྱེད་ནས་སྤྱོད་པ་ལས་གཞན་ཅི་བྱེད།

འོན་ཀྱང་ད་ལྟར་རང་རེས་གང་མཐོང་བའི་ས་རྫོ་རི་བྲག་འདི་དག་སངས་རྒྱས་ཚེ་ད་དུང་ཡང་ཁྲ་ལམ་མེར་མཐོང་རྒྱུ་ཡོད་སྲམ་ན་ཤིན་ཏུ་ནོར། རྟའི་སྦྲ་བ་ཞིམ་པོ་དེ་ཕོང་བུའི་ལུས་ཀྱི་ནང་དུ་རྣམ་ཤེས་གནས་པ་དེ་སྲིད་དུ་ཚོར་ནུས་ཀྱི། དེ་ནས་ཐོན་ཚེ་སྦྲ་བ་དེ་ཡང་བརླགས་ཚར། བྱ་གག་གིས་ནམ་ཚོད་ཟིན་པའི་རིག་པ་དེ་ཡང་བྱ་གག་གི་ལུས་ནས་ཐོན་ན་བརླགས་ཚར། རང་ཅག་ལ་ཡང་། ད་ལྟའི་དབང་པོ་ལྔ་པོ་འདི་ལས་གཞན་པའི་དབང་པོ་ལྷག་པོ་འགའ་བྱུང་ན། ཕྱི་རོལ་གྱི་ཤེས་བྱ་ཐམས་ཅད་ཀྱང་མང་དུ་འགྲོ། མིག་གཉིས་པོ་འདི་ཡང་གཡས་གཡོན་ན་མེད་པར་སྟེང་འོག་ཏུ་བརྩེགས་ཏེ་ཡོད་ན། ཕྱི་རོལ་གྱི་གཟུགས་ཐམས་ཅད་ཀྱང་དབྱིབས་དང་ཁ་དོག་མི་འདྲ་བར་འོང་ངེས།

རང་རེས་ནི་གང་ཐག་བཅད་པ་ཡང་དབང་པོ་ལྔ་པོ་འདི་ལ་བརྟེན་ནས་ཐག་བཅད་པ་ལས་གཞན་ཐབས་ཅི་ཡང་མེད། དཔྱལ་བ་ན་ཡོད་པའི་

མིག་འདི་གཉིས་ཀྱི་ནང་ནས་མ་མཐོང་ན་གཟུགས་མཐོང་བའི་ཐབས་གཞན་མེད། རྣ་བའི་ཨེ་ཁུང་ཆུང་ངུ་འདིའི་ནང་དུ་མི་ཐོང་བའི་སྒྲ་གང་ཡང་ཐོས་མི་ནུས་པ་སོགས་ཡིན། དེས་ན་ནུས་པ་ཞན་པའི་དབང་པོ་འདི་ལྔ་པོའི་སྟེང་དུ། འཁྲུལ་བ་ཅན་གྱི་སེམས་ཀྱང་གྲོགས་སུ་སྦྲན་ནས་ཤེས་བྱ་ཐམས་ཅད་ཚད་འདི་ཙམ་གྱི་ནང་དུ་འདུས་སོ་ཞེས་ཐག་བཅད་ནས། རང་གི་སེམས་ངོར་མ་ཤར་བའི་གནས་ལུགས་ཀྱི་དོན་ལ། མེད་པ་དང་མི་སྲིད་པར་སྨྲས་ནས་བློ་བདེ་སྐྱེ་སྟོད་པ་ཡང་རྒྱུད་པ་ཀུན་གྱི་སྐྱོ་ཡིན།

རང་ཅག་གི་དབང་པོའི་ཚད་མ་འདི་དག་གིས་ས་རྒྱ་མི་ཆོད་པ་ནི། བཅོམ་ལྡན་འདས་ཉིད་ཀྱིས་ཀྱང་གསལ་བར་གསུངས་ཏེ། ཇི་སྐད་དུ། ཏིང་འཛིན་རྒྱལ་པོ་ལས། མིག་དང་རྣ་བ་སྣ་ཡང་ཚད་མ་མིན། །ལྕེ་དང་ལུས་དང་ཡིད་ཀྱང་ཚད་མ་མིན། །གལ་ཏེ་དབང་པོ་འདི་དག་ཚད་ཡིན་ན། །འཕགས་པའི་ལམ་གྱི་སུ་ལ་ཅི་ཞིག་བྱ། །ཞེས་གསུངས་པ་ལྟ་བུའོ། །

དེས་ན་འཕགས་པའི་ལམ་བསྒོམ་པའི་དོན་སྒོ་མཐར་ཐུག་ནི། སྔར་ཡོད་ལ་མ་ཤར། མིག་གིས་མ་མཐོང་བ་ཞིག་གསར་དུ་ཤེས་པའི་ཆེད་དུ་ཡིན་ལ། རང་ཅག་གིས་ཁས་བླངས་པའི་འཇིག་རྟེན་ལས་འདས་པའི་ཆོས་སུ་རློམས་པ་འདི་དག་ཐམས་ཅད་ཀྱང་ཞིབ་ཏུ་བརྟགས་ཆེ། འཇིག་རྟེན་དང་། དེའི་ནང་ནས་མིའི་འགྲོ་བ་ཁོ་ན་ལ་དཔེ་བཀབ་ནས་བཟོས་པ་ཤ་སྟག་ཡིན་པ་དཔེར་ན། རང་ཅག་རིན་པོ་ཆེ་ལ་དགའ་བའི་རྐྱེན་གྱིས་འོག་མིན་གྱི་ས་གཞི་ཁང་ཁྱིམ་སོགས་ཀྱང་རིན་པོ་ཆེའི་རང་བཞིན་དུ་བྱས། དེ་

བཞིན་ལོངས་སྤྱོད་རྫོགས་སྐུའི་མཚན་བཟང་རྣམས་ཀྱང་དོན་ལ་རང་ཅག་མིའི་མིག་ལ་ཡིད་དུ་འོང་བའི་ཆས་རྣམས་ཡིན།

ལོངས་སྐུ་དང་། ལྷའི་ཆ་ལུགས་དེ་ཡང་སྔོན་གྱི་རྒྱ་གར་རྒྱལ་པོའི་ཆ་ལུགས་ཡིན་པར་ཞིབ་ཏུ་བརྟགས་པས་ཤེས། འདི་རྣམས་རང་ཅག་གིས་བློ་བཟོ་ཙམ་མ་ཡིན་པར་མདོ་རྣམས་ལས་གསུངས་མོད་ཀྱང་། དེ་ཡང་དོན་ལ་བློ་ངོར་འཆར་མི་བཏུབ་པའི་སངས་རྒྱས་ཀྱི་སའི་ཡོན་ཏན་རྣམས་རང་ཅག་ལ་དྭངས་བ་དང་སྨྲ་བ་བསྐྱེད་པའི་ཕྱིར་དུ་བློ་ངོར་འཆར་རྒྱུ་ཡོད་པ་ཞིག་ཐབས་མཁས་ཀྱིས་གསུངས་པ་ཙམ་ཡིན། དཔེར་ན་སངས་རྒྱས་རྒྱ་ནག་ཏུ་བྱོན་པའི་དབང་དུ་བྱས་ན། འོག་མིན་གྱི་ལོངས་སྐུ་དེ་ཡང་། ཨག་ཚོམ་སྨུམ་ལ་རིང་བ། འབྲུག་བེར་སེར་པོ་གྱོན་པ་ཞིག་འོང་ངེས། དེ་བཞིན་སངས་རྒྱས་བོད་དུ་བྱོན་ན། འོག་མིན་ན་གསེར་གྱི་ཛ་མདོང་དཔག་ཚད་ལྔ་བརྒྱ་པ་ཞིག་གི་ནང་དུ་འདོད་འཇོའི་བ་ཡི་མར་གསར་པ་དང་། དཔག་བསམ་གྱི་ཤིང་གི་ལོ་མ་སྦྱར་བའི་གསོལ་ཇ་སོགས་ཡོད་པ་ཐེ་ཚོམ་མེད།

དེས་ན་འདི་ཐམས་ཅད་རང་ཅག་སོ་སོའི་སྐྱེ་བོའི་བསམ་བློ་བཏང་ཚུལ་ཙམ་ཡིན་གྱི། སངས་རྒྱས་རང་གི་སྤྱོད་ཡུལ་དངོས་མ་དེ་ཚོ་ནི། སློབ་དཔོན་ཟླ་བས། འོན་ཀྱང་ཁྱོད་ཀྱི་གསང་བ་འདི་ནི་བསྟོད་བགྱི་མ་ལགས་སོ། ། གསུངས་པ་ལྟར་རང་ཅག་གི་མདུན་དུ་སྨྲ་མི་འོས་པའམ་སྨྲས་ཀྱང་གོ་རྒྱུ་མེད་པ་ཞིག་ཡིན་ངེས།

གལ་ཏེ་སངས་རྒྱས་ཀྱི་གསང་བ་བསམ་གྱིས་མི་ཁྱབ་པའི་ཕྱོགས་ལ་

དད་པ་ལྡན་ཙམ་ཡོད་ན། སངས་རྒྱས་ཀྱིས་བསྐལ་པ་སྐད་ཅིག་དང་རྡུལ་ཕྲ་རབ་འཇིག་རྟེན་དང་མཉམ་པར་མཛད་པ་འདི་ཀུན་ལ་ཡིད་ཆེས་ཅུང་ཟད་དགོས།

འོ་ན་རང་ཅག་གི་བློ་འདི་ཚད་མ་ཡིན་ན། རྡུལ་ཕྲ་རབ་གཟུགས་ཀྱི་ཆུང་བའི་མཐར་ཐུག་ཡིན་པར་ཐག་ཆོད། འཇིག་རྟེན་ནི་ཤིན་ཏུ་རྒྱ་ཆེ་བར་ཡང་ཐག་ཆོད། ཆུང་བའི་ནང་དུ་ཆེན་པོ་མི་ཤོང་བར་ཡང་ཐག་ཆོད་པས། སངས་རྒྱས་ཅི་ཙམ་རྫུ་འཕྲུལ་དང་ནུས་པ་ཆེ་ཡང་། ཚད་མས་གྲུབ་པའི་རྣམ་གཞག་གཞིག་པར་ག་ལ་ནུས། གལ་ཏེ་ནུས་ན་སངས་རྒྱས་ཀྱི་ནུས་པས། ཆོས་ཐམས་ཅད་བདེན་གྲུབ་ཏུ་བསྒྱུར་ཨེ་ནུས། སེམས་ཅན་ཐམས་ཅད་སངས་རྒྱས་སུ་བསྒྱུར་ཨེ་ཐུབ། དེ་མི་ཐུབ་པའི་རྒྱུ་མཚན་སེམས་ཅན་སངས་རྒྱས་མིན་པ་དང་། ཆོས་ཐམས་ཅད་བདེན་མེད་ཡིན་པའི་རྒྱུ་མཚན་གྱིས་ཡིན་ན་མ་གཏོགས་གཞན་ཅི་ཕྱིར་བསྒྱུར་མི་ནུས། གལ་ཏེ་རང་ཅག་གིས་རྡུལ་ཕྲ་རབ་དང་འཇིག་རྟེན་ལ་ཆེ་ཆུང་མེད་སྨྲས་ན་ཀུན་རྫོབ་ལ་སྐུར་འདེབས་དང་ཆད་ལྟར་འགྲོ་ན། སངས་རྒྱས་ཀྱིས་དངོས་སུ་ཆེ་ཆུང་མེད་པར་མཛད་ཚེ་ཆད་ལྟ་དེ་ག་ལག་ལེན་དུ་བཏབ་པའི་སྡིག་པ་ཅི་བས་ཀྱང་མི་ཆེའམ། སྤྱིར་ཕྲ་རབ་དང་འཇིག་རྟེན་ལ་ཆེ་ཆུང་ཡོད་པར་ཐག་བཅད་ནས། སངས་རྒྱས་ཀྱིས་དེ་ལྟར་མཛད་པ་དམིགས་བསལ་ཡིན་སོགས་དམིགས་བསལ་མང་པོ་སྤྲོད་དགོས་པ་འདི་ནི་དོན་ལ་རང་ཅག་གི་ཚད་མའི་ཁུག་མ་ལ་ཕྱོགས་ཐམས་ཅད་ནས་ཨི་ཁུང་རྫོལ་བའི་རྟགས་ཡང་དག་ཡིན་ནོ། །

ལེགས་པར་གོ་ན་སངས་རྒྱས་ཀྱིས་ཕྲ་རབ་དང་། འཇིག་རྟེན་ཆེ་ཆུང་མཉམ་པར་མཛད་པ་དེ་སངས་རྒྱས་ཀྱི་ནུས་པ་ཆེ་དྲགས་པའི་རྒྱུ་མཚན་གྱིས་མི་མཉམ་པ་ཞིག་མཉམ་པར་མཛད་པ་མ་ཡིན་གྱི། རང་ཅག་གི་བློ་ངོར་ཆེ་ཆུང་གཉིས་འགལ་བར་མངོན་སུམ་དུ་མཐོང་བའི་རྣམ་རྟོག་གིས་ཐག་བཅད་པ་འདིས་སངས་རྒྱས་ཀྱི་ཐུགས་གཉིས་སུ་མེད་པའི་ཡེ་ཤེས་ཀྱི་རང་བཞིན་ཅན་དེ་འཚིང་མ་ནུས་པའི་རྒྱུ་མཚན་གྱིས་ཡིན་ནམ། སངས་རྒྱས་ཀྱིས་ཆེ་ཆུང་རོ་མཉམ་དུ་གཟིགས་ཤིང་། ཆེ་ཆུང་གཉིས་ཀྱང་དོན་ལ་རོ་མཉམ་ཡིན་པས། ཡིན་པ་ལ་ཡིན་པར་མཛད་པ་མ་གཏོགས་མིན་པ་ཡིན་པར་བསྒྱུར་བའི་རྫུ་འཕྲུལ་བསྟན་པ་ག་ལ་ཡིན།

རང་ཅག་གི་རྣམ་པར་རྟོག་པ་ལ། ཡོད་མེད། ཡིན་མིན། ཆེ་ཆུང་། བཟང་ངན་ལ་སོགས་པ་ཐམས་ཅད་ཀྱང་ཕན་ཚུན་འགལ་བ་ཤ་སྟག་ཡིན་པས་ཕྲ་རབ་ཀྱི་ནང་དུ་འཇིག་རྟེན་ཤོང་བ་མེད་པ་དེ། ཚད་མའི་མིང་བཏགས་པའི་རང་ཅག་གི་རྣམ་རྟོག་འདི་ཉིད་ཀྱིས་སྤྲུལ་པའི་རྫུ་འཕྲུལ་ཆེན་པོ་ཞིག་ཡིན། དེས་ན་རྫུ་འཕྲུལ་ངོ་ཐོག་སྟོན་མཁན་རང་རེ་ཡིན་གྱི། སངས་རྒྱས་མིན་པར་གོ་དགོས།

འཇུག་པའི་མཛད་བྱང་དུ། སློབ་དཔོན་ཟླ་བ་གྲགས་པས། རི་མོའི་བ་ལས་འོ་མ་བཞོས་པས་བདེན་པར་ཞེན་པ་བཟློག་པར་མཛད་པ་སོགས་གསུངས་ལ། གལ་ཏེ་སྣང་བ་འདི་ཚད་གྲུབ་ཡིན་ན། རི་མོའི་བ་ལ་རྒྱུ་མ་དང་། སྐྱེ་བ། ནུ་མ་སོགས་མི་སྲིད་པས། དེ་འདྲ་ལས་འོ་མ་དངོས་ཞིག་བཞོ་རྒྱུ་ཡོད་ན་ཟླ་བ་གྲགས་པས་རྟེན་འབྲེལ་ལ་སྐུར་པ་ཆེན་པོ་བཏབ་པ

ཡིན་གྱི། བདེན་གྲུབ་བཟློག་པ་ག་ལ་ཡིན།

བཀའ་གདམས་གླེགས་བམ་དུ་ཇོ་བོས་སྐུ་ལུས་ཡོངས་རྫོགས་སྣ་ཚོའི་སྐར་ཕོར་ཆུང་ངུ་ཞིག་གི་ནང་དུ་འཇུག་པ་སོགས་རྫུ་འཕྲུལ་སྣ་ཚོགས་ཞིག་བསྟན་པའི་མཐར། དེ་རིང་འོ་ཅག་གིས་གང་བྱས་པ་འདི་ཀུན། རིགས་པ་སྨྲ་བའི་རྟོག་གེ་བ་རྣམས་ཀྱིས་འགལ་བར་བརྩི། འོ་ན་བརྩི་ན་ཡང་བརྩིར་ཆུག ཆོས་ཀྱི་གནས་ལུགས་འདི་འདྲ་ཞིག་མིན་རེ་ཞེས་རྒྱ་བོད་གཉིས་ཀ་འགྲིམས་ནས་མནའ་བསྐྱལ་ཡང་ཆོག་སོགས་གསུངས།

དེས་ན་རང་ཅག་གིས་མེད་པ་མིན་ན་ཡོད་པ་ཡིན་དགོས། ཡོད་པ་མིན་ན་མེད་པ་ཡིན་དགོས། དེ་གཉིས་དངོས་འགལ་ཡིན། དེ་གཉིས་མིན་པ་གང་ཡང་མི་སྲིད་སོགས་དང་། དེ་བཞིན་དུ་ཆུང་བ་ཡིན་ན་ཆེན་པོ་མིན་དགོས། ཆེན་པོ་ཡིན་ན་ཆུང་བ་མིན་དགོས། དེ་གཉིས་ལ་ཁྱད་པར་མེད་ན། རྟེན་འབྲེལ་གྱི་རྣམ་གཞག་ཐམས་ཅད་འཇིག་འགྲོ་སོགས་ངར་སྐད་ཆེན་པོ་བསྒྲགས་ཏེ། ཆོས་ཉིད་སྤྲོས་པའི་མཐའ་བརྒྱད་དང་བྲལ་བར་ལྟ་བ་ལ་ཆད་ལྟ་ཆེན་པོ་ཡིན་ནོ་སོགས་སྨྲ་བ་འདི་ཡང་། རང་ཅག་གི་སེམས་ལ་ཡོད་མེད་གཉིས་ལས་གཞན་འཆར་རྒྱུ་མེད་ཅིང་། རང་རེའི་སེམས་ཀྱིས་ཡོད་མེད་གཉིས་ལས་གཞན་ངོ་མི་ཤེས་པའི་རྒྱུ་མཚན་གྱིས་ཡིན་ཀྱང་། རང་ཅག་གི་སེམས་ལ་འཆར་མི་ནུས་པའི་རྒྱུ་མཚན་གྱིས་མི་སྲིད་པ་དང་མེད་པར་ག་ལ་གྲུབ།

དཔེར་ན། འོ་མ་ལས་གཞན་པའི་མངར་ཆ་གཞན་ཅི་ཡང་རྒྱུས་མེད་པའི་བྱང་ཐང་གི་ཡུལ་ཞིག་ཏུ་སླེབས་ན། མངར་ཆ་ཡིན་ན་འོ་མ་ཡིན་

དགོས། འོ་མ་མིན་ན་མངར་ཆ་ཡང་མིན་དགོས་ཞེས་ཨུ་ཚུགས་བྱེད་པར་ངེས་ཤིང་། ཡུལ་དེའི་མི་རྣམས་ཀྱི་སྣང་ངོར་འོ་མ་མིན་པ་དང་། མངར་མོ་ཡིན་པ་གཉིས་དངོས་འགལ་མཐར་ཐུག་ཞིག་ཡིན་ལ། དེ་འདྲ་སྨྲ་མཁན་ཀྱང་ཀུན་རྫོབ་ལ་སྐྱུར་བ་འདེབས་པའི་ཚད་ལྡ་ཆེན་པོ་ཡིན་ནོ། ། དེ་བཞིན་དཔེར་ན། རྣམ་རྒྱལ་དང་ཚེ་རིང་གཉིས་ལས་མི་གཞན་གང་ཡང་ངོ་མི་ཤེས་པ་ཞིག་ཡིན་ན། ཁྱིམ་ཞིག་གི་ནང་དུ་མི་ཡོད་པར་ནི་ཐག་ཆོད། རྣམ་རྒྱལ་མེད་པར་ཐག་ཆོད་ཆེ། མི་དེ་ཚེ་རིང་ཡིན་པར་ཐག་ཆོད། དེ་གཉིས་ལས་གཞན་པའི་མི་ངོ་མི་ཤེས་པའི་རྒྱུ་མཚན་གྱིས། དེ་གཉིས་པོ་གཅིག་མིན་ན་གཅིག་ཡིན་དགོས་ཞེས་ཨུ་ཚུགས་བྱེད་པ་དང་འདྲ།

རང་ཅག་གི་སེམས་འདི་ཡོད་མེད་གཉིས་ཀའི་སྟེང་དུ་རེས་མོས་ཀྱིས་གནས་པ་མ་གཏོགས། དེ་གཉིས་གང་ཡང་མིན་པ་ཞིག་གི་སྟེང་དུ་གནས་ཐབས་མེད་པར་བདེན།

འོན་ཀྱང་དབུ་མའི་ལམ་ནི་ཡོད་མེད་གཉིས་ཀའི་དབུས་དེ་ལ་ཟེར་བ་སངས་རྒྱས་རང་ཉིད་ཀྱིས་ཤིན་ཏུ་གསལ་བར་གསུངས་ཏེ། དཔེར་ན་འོད་སྲུང་གི་ལེའུ་ལས། འོད་སྲུང་ཡོད་ཅེས་བྱ་བ་འདི་ནི་མཐའ་གཅིག་གོ ། མེད་ཅེས་བྱ་བ་འདི་ནི་མཐའ་གཉིས་པའོ། ། དེ་གཉིས་ཀྱི་དབུས་གང་ཡིན་པ་དེ་ནི་དབུ་མའི་ལམ་བརྗོད་དུ་མེད་པ། བསམ་དུ་མེད་པ་སོགས་གསུངས་ཤིང་། འཕགས་པ་དཀོན་མཆོག་བརྩེགས་པ་ལས་ཀྱང་། ཡོད་དང་མེད་ཅེས་བྱ་བ་རྩོད་པ་སྟེ། ། གཙང་དང་མི་གཙང་འདི་ཡང་རྩོད་པ་ཡིན། །རྩོད་པར་གྱུར་པས་སྡུག་བསྔལ་ཞི་མི་འགྱུར། ། རྩོད་པ་མེད་པར

གྱུར་པ་སྡུག་བསྔལ་མཐའ། །སོགས་ཤིན་ཏུ་གསལ་བར་གསུངས་ཏེ། འོན་ཀྱང་དེང་སང་གི་མཁས་པ་རྣམས་ཀྱིས། ཡོད་པ་མིན། མེད་པ་མིན་བྱ་བའི་ལུང་ཞིག་རྣ་བས་ཐོས་ཚེ། ཐོག་མར་ལུང་དེ་གསུང་མཁན་སུ་ཡིན་རྩད་གཅོད་བྱེད། གལ་ཏེ་ལུང་དེ་བོད་སྔ་མའི་མཁས་པ་ཞིག་གི་གསུང་ཡིན་འདུག་ན། དེ་འདྲ་ཟེར་མཁན་དེ་ཆད་ལྟ་བ་གླེན་པོ་ཡིན་ཞེས་བརྙས་བཅོས་བྱེད། གལ་ཏེ་ལུང་དེ་སངས་རྒྱས་དང་ཀླུ་སྒྲུབ་སོགས་ཀྱི་གསུང་ཡིན་པར་ངོས་ཟིན་ན། ཡོད་པ་མིན་གསུངས་པ་བདེན་པར་ཡོད་པ་མིན་བྱ་བའི་དོན་ཡིན། མེད་པ་མིན་བྱ་བ་ཀུན་རྫོབ་ཏུ་མེད་པ་མིན་བྱ་བའི་དོན་ཡིན་སོགས་ཚིག་གི་ལྷན་པ་སྣ་ཚོགས་བཏབ་ནས་རང་གི་ཞེ་འདོད་དང་འགྲིགས་པ་ཞིག་བྱེད་དེ། དོན་ལ་སངས་རྒྱས་ལ་དགག་པ་བཏབ་ན་མི་ངན་ལྟ་ངན་གྱི་མིང་ཐོགས་པ་ལ་འཇིགས། བོད་སྔ་མ་ལ་དགག་པ་བྱེད་ཐུབ་ན་མཁས་པ་དཔའ་བོའི་མིང་ཐོགས་པའི་ཁྱད་པར་དེ་ཙམ་མ་གཏོགས། ཡོད་མིན། མེད་མིན། བརྗོད་མིན། སྨྲས་བྲལ་སོགས་ཀྱི་ཐ་སྙད་ནི། མདོ་དང་རིགས་ཚོགས་དང་། བོད་སྔ་མའི་མཁས་པ་དག་གི་གསུང་རབ་ལ་མང་ཤུང་མི་འདུག དེས་ན་བོད་སྔ་མའི་མཁས་པ་རྣམས་ཀྱིས། གནས་ལུགས་བརྗོད་དུ་མེད་པ། བསམ་དུ་མེད་པ་སོགས་གསུང་པ་ལ། འགའ་ཞིག་གིས་ནི་གླེན་པོ་དང་། ཆད་ལྟ་བ་ཞེས་དགག་པ་བྱེད། འགའ་ཞིག་གིས་ཙུང་ཟད་གུས་པའི་ཚུལ་དུ་བྱས་ཏེ། བོད་སྔ་མའི་མཁས་གྲུབ་ཁོང་ཚོའི་ཐུགས་ཀྱི་དགོངས་ཚུལ་ལ་ནི་མ་འགྲིགས་པ་ཆེར་མེད་མོད་ཀྱི། ཁ་ནས་བཤད་པའི་ཚེ་རྗེ་བླ་མ་ལྟ་བུའི་ཞིབ་ཆ་མ་ཐོན་པ་ཙམ་ཡིན་ཟེར། དེ་

བདེན་ན་བཅོམ་ལྡན་འདས་ཀྱིས་ཀྱང་ཐུགས་ཀྱི་དགོངས་ཚུལ་ལ་མ་འགྲིག་པ་མེད་མོད་ཀྱི། ཞལ་ལས་གསུང་པའི་ཚེ་ནི། སྨྲ་བསམ་བརྗོད་མེད་ཤེས་རབ་ཕ་རོལ་ཕྱིན། ཞེས་དང་། ཡིན་པ་ལ་སྒྲོད་ན་མཚན་མ་ལ་སྤྱོད་དོ། །ཡོད་པ་མིན་པ་ལ་སྤྱོད་ན་མཚན་མ་ལ་སྤྱོད་དོ་སོགས་ཀྱི་ལྡན་པ་མཛེས་པོ་དེ་ཚོ་སྣང་མེད་དུ་བཞག་འདུག་པས། སངས་རྒྱས་ཁོང་ཡང་ཆོས་སྟོན་ཚུལ་ལ་ཞིབ་ཆ་མེད་པ་ཞིག་འདུག

དེས་ན་བོད་སྨྲ་མ་དང་། སངས་རྒྱས་གཉིས་ཀ་འགོག་ན་ཡང་མཉམ་དུ་ཁོག་ཅིག འཇོག་ན་ཡང་མཉམ་དུ་ཞོག་ཅིག མི་ཁ་སྣང་མི་སྣང་ལ་འཇིགས་ནས་ལྟེ་སྣ་ཚོགས་སུ་བསྒྱུར་ཏེ་མགོ་སྐོར་སྣ་ཚོགས་མི་གཏོང་བར་ཞུ།

དེའི་ཕྱིར་དོན་དམ་པའི་དཔྱད་པ་ལྟར་ལེན་ན་རང་ཅག་གིས་ཐག་བཅད་ཚད་ཐམས་ཅད་རྩ་བ་ནས་མེད་པའི་བློ་བཟོ་ཤ་སྟག་ཡིན་པ་ལ་ཆ་འཇོག་དགོས། འདི་འདྲ་ལ་བསམ་ཚེ་འཇིགས་པ་ཆེན་པོ་སྐྱེ་བ་དེ་ཡང་སྟོང་ཉིད་ཀྱི་ལྟ་བ་ལ་འཇིགས་པ་སྐྱེ་བའི་འགོ་ཚུགས་པ་ཡིན། དེ་མིན་རང་ཅག་གིས་བསམ་ཚད་ཀྱི་ཡོད་མེད། ཡིན་མིན། གཙང་བཙོག །བཟང་ངན། སངས་རྒྱས་སེམས་ཅན། མཐོ་རིས་དམྱལ་བ་ལ་སོགས་པ་ཐམས་ཅད་རྟེན་འབྲེལ་བསླུ་བ་མེད་པ་ཡིན་ཞེས་རང་ཆགས་སུ་བཞག་ནས་དེ་ཚོ་འགོག་མི་ཚོག བཀག་ན་ཆད་ལྟར་ལྷུང་སོགས་ཐག་བཅད། དེ་མིན་པའི་བདེན་གྲུབ་བྱ་བ་ཞིག་འགོག་དགོས་ཟེར་བ་འདི་ཚིག་སྐམ་ཁ་ལ་བྱང་བའི་མཁས་པ་འགའ་ཞིག་གི་ངག་སྒྲོས་ཙམ་ཡིན།

ཁོང་ཚོའི་ལུགས་ལྟར་ན། ནམ་རྒྱུན་གྱི་རང་རེའི་རྒྱུད་ཀྱི་ངའོ་སྙམ་པའི་བློ་འདི་ཡང་བདག་འཛིན་མིན་པས་འགོག་མི་ཚོག དེས་ན་ངར་འཛིན་ལྷན་སྐྱེས་ངོས་འཛིན་ཚུལ་ཡང་། དཔེར་ན། མི་གཅིག་གིས་ཁྱོད་ཀུན་མ་ཡིན་ནོ་ཞེས་བརྗོད་ཚེ། ང་ཀུན་མ་ག་ལ་ཡིན་ཞེས་ང་ཧྲང་ངེ་བ་ཞིག་འཆར་བ་དེ་ངར་འཛིན་ལྷན་སྐྱེས་ཡིན་ཟེར།

གལ་ཏེ་ནམ་རྒྱུན་གྱི་ངའོ་སྙམ་པའི་བློ་འདི་ཚད་མ་ཡིན་ན། ཀུན་མ་ཡིན་ནོ་ཞེས་བརྗོད་ཚེ། ངའོ་སྙམ་པའི་བློ་སྐྱེས་པ་དེ་ཡང་། ཚད་མ་ཤུགས་ཆེ་རུ་སོང་བ་ཙམ་ཡིན་གྱི། བདེན་འཛིན་དུ་འགྲོ་དོན་ག་ལ་ཡོད།

གལ་ཏེ་བདེན་འཛིན་ཡིན་ན། མི་གཅིག་གིས། སངས་རྒྱས་ནི་སྐྱབས་གནས་མ་ཡིན་ཞེས་བརྗོད་ཚེ། སྐྱབས་གནས་ག་ལ་མིན་སྙམ་པའི་བློ་དེ་ཡང་བདེན་འཛིན་ཅིའི་ཕྱིར་མིན།

དེ་བཞིན་འདི་བུམ་པ་མིན་ཞེས་བརྗོད་ཚེ། བུམ་པ་མིན་ན་གཞན་ཅི་ཡིན། བུམ་པ་ཡིན་པར་ཐག་ཆོད་སྙམ་པའི་བློ་དེ་ཡང་། བུམ་པའི་བདེན་འཛིན་ཡིན་གྱི་ཚད་མ་ག་ལ་ཡིན། དེས་ན་ཁོང་ཅག་གི་ལུགས་ལྟར་ན། བློ་ཤུགས་ཆུང་བ་རྣམས་ཚད་མ་དང་། བློ་དེ་ག་རང་ཤུགས་ཆེ་རུ་སོང་ཚེ་ལྷུང་ལོག་པ་བཞིན་བདེན་འཛིན་དུ་འགྲོ་བར་འདུག་པས་ཡ་མཚན།

ལྟ་བ་རྟོགས་པ་ལ་དགག་བྱ་ངོས་ཟིན་པ་གལ་ཆེ་ཞེས་ཀུན་གྱི་ཁ་ལ་ལྷུང་ལྟར་གྲགས་པ་འདི་བདེན་ན། རྗེ་བླ་མ་རང་གི་ཞལ་ནས། སྟོང་ཉིད་མ་རྟོགས་བར་དུ། ཡོད་པ་ཙམ་དང་། བདེན་པར་ཡོད་པའི་ཁྱད་པར་ནམ་ཡང་ཕྱེ་མི་ཤེས་ཅིང་། དེ་བཞིན་བདེན་པར་མེད་པ་དང་། མེད་པ་

ཅམ་གྱི་ཁྱད་པར་ཡང་འབྱེད་མི་ནུས་ཞེས་གསུངས་ཤིང་། ཐལ་རང་ལ་ཆོས་ཅན་མཐུན་སྣང་བ་མེད་པའི་རྒྱུ་མཚན་མཐར་ཐུག་ཀྱང་དེ་ཡིན་པར་གསུངས་པས། ལྟ་བ་མ་རྟོགས་གོང་དུ་བདེན་གྲུབ་ཟུར་དུ་ངོས་ཟིན་པ་ག་ལ་སྲིད། དེས་ན་དགག་བྱ་ངོས་འཛིན་ཁུལ་བྱས་པ་དེ་ལ་ཡིད་རྟོན་ག་ལ་ཡོད།

ཡང་འགའ་ཞིག་གིས་བུམ་པ་ཡོད་དོ་སྙམ་པའི་བློ་ཚད་མ་སྐྱེས་པ་ན། དེ་དང་དུས་མཉམ་དུ་བུམ་པ་བདེན་གྲུབ་ཏུ་ཡོད་སྙམ་པའི་བདེན་འཛིན་ཞིག་ཀྱང་སྐྱེས་མོད་ཀྱི། སོ་སོར་ངོས་ཟིན་པ་དཀའ་སོགས་ཟེར།

འོ་ན་ཚད་མ་བྱ་བ་སངས་རྒྱས་འཐོབ་བྱེད་ཀྱི་རྒྱུ་གཙོ་བོ་དེ་དང་། བདེན་འཛིན་བྱ་བ་ཉེས་པ་ཀུན་གྱི་རྩ་བ་དེ་གཉིས། གཅིག་ལ་གཅིག་འདྲ་ཆེ་བའི་རྒྱུ་མཚན་གྱིས་སོ་སོར་ངོས་མི་ཟིན་པ་ཡ་མཚན་ཆེ། དེ་གཉིས་གཅིག་སླེབས་པ་ལ་གཅིག་ངེས་པར་སླེབས་ན། འགོག་ན་ཡང་མཉམ་དུ་དགག་དགོས་ཀྱི། ཟུར་དུ་ཕྱེ་ག་ལ་ནུས།

ནམ་ལངས་སོ་སྙམ་པའི་བློ་དེ་ཡང་ཚད་མ་ཡིན། སྐྱེ་རགས་བཅིང་ངོ་སྙམ་པའི་བློ་དེ་ཡང་ཚད་མ་ཡིན། དེ་བཞིན་ཇ་འཐུང་། རྩམ་པ་ཟ་སོགས་ཀྱི་བློ་ཐམས་ཅད་ཚད་མ་རྐྱང་པ་ཡིན་ན། ཉིན་གང་པོའི་བློ་ཐམས་ཅད་ཀྱི་ནང་ན་འགོག་རྒྱུ་གཅིག་ཀྱང་མི་འདུག་པས། བདེན་འཛིན་ཟེར་བའི་དགག་བྱ་དེ་གང་དུས་སྐྱེ་བ་ཡིན། ཐོག་མ་མེད་པ་ནས་གོམས་པའི་བདེན་འཛིན་གྱི་བློ་དེ་ཉིན་རེ་ལ་ལན་རེ་གཉིས་ལས་ལྷག་མི་སྐྱེ་ན་ཤིན་ཏུ་ངོ་མཚར།

དོན་གང་ལ་ཡང་གོམས་ཆེ་བའི་བློ་དེ་ག་རང་ཐོག་མར་སྐྱེ་བ་དཔེར་ན། རང་གི་ཕ་བྲམ་ཟེ་སློབ་དཔོན་འོང་བར་མཐོང་བ་ན། ཐོག་མར་བདག་གི་ཕ་འོངས་སོ་སྙམ་པའི་བློ་སྐྱེ་བ་ལས། སློབ་དཔོན་འོངས་སོ། བྲམ་ཟེ་འོངས་སོ་སོགས་བློ་ལ་མི་འཆར་ཞེས་ཚད་མའི་བསྟན་བཅོས་ནས་གསུངས་པ་བཞིན་ཡིན་ལ། རང་ཅག་ལ་ནི་བདེན་འཛིན་གྱི་བློ་འདི་ཐོག་མེད་ནས་གོམས་པ་ཡིན་པས། བུམ་པ་མཐོང་ཚེ་ཐོག་མར་སྐྱེ་བའི་བློ་དེ་ནི། བུམ་པར་བདེན་འཛིན་ཡིན་པར་ཐག་ཆོད། དེའི་ཕྱིར་རིགས་པའི་དགག་བྱ་ལ་ཁ་ནས་ཁྱད་ཅི་ཙམ་ཕྱེ་ཡང་དོན་ལ་འགོག་རྒྱུ་དེ་བུམ་པ་འགོག་དགོས། ཀ་བ་འགོག་དགོས། ཡོད་པ་འགོག་དགོས། མེད་པ་འགོག་དགོས་ཀྱི། བུམ་པ་བཞག་ནས་བུམ་པ་བདེན་གྲུབ་བྱ་བ་ཞིག་ཟུར་དུ་འགོག་རྒྱུ་ག་ལ་ཡོད། ཚུལ་འདི་ནི་སྔ་རབས་པའི་མཁས་པ་རྣམས་སུ་མ་ཟད། དགེ་ལྡན་ཕྱོགས་ཀྱི་མཁས་གྲུབ་ཉམས་མྱོང་ཅན་ཚོས་ཀྱང་གསལ་བར་དགོངས་འདུག་སྟེ། དཔེར་ན་ལྕང་སྐྱ་རིན་པོ་ཆེས། སྣང་བ་ལིང་ལིང་འདི་རང་སོར་བཞག་ནས། དགག་རྒྱུ་རྭ་ཅན་ཞིག་འཚོལ་བར་འདུག་སྟེ། སོགས་མཉེས་པའི་གསུངས་བྱུང་བ་བཞིན། གུང་ཐང་བསྟན་པའི་སྒྲོན་མེ་དང་། པཎ་ཆེན་བློ་བཟང་ཆོས་རྒྱན་གྱིས་ཀྱང་དེ་ཁོ་ན་བཞིན་དུ་གསུངས་སོ། །

འགའ་ཞིག་གིས། བུམ་པ། ཀ་བ་སོགས་རིགས་པས་དགག་ན་ཐམས་ཅད་མེད་པར་ལྟ་བའི་ཆད་ལྟ་སྐྱེ་སྙམ་ནས་འཇིགས་པ་ནི་དོན་མེད་པའི་སེམས་ཁྲལ་ཏེ། མདུན་ན་མཐོང་བཞིན་པའི་བུམ་པ་འདི་གཏན་ནས་མེད་དོ་སྙམ་པའི་ཆད་ལྟ་ཞིག་སོ་སྐྱེ་རང་ག་བ་ལ་སྐྱེ་བར་ག་ལ་སྲིད།

གལ་ཏེ་དེ་འདྲའི་བློ་ཞིག་སྐྱེས་ན་བུམ་པ་མཐོང་རྒྱུ་ཡོད། རེག་རྒྱུ་ཡོད་པ་དངོས་སུ་ཤེས་པས། བུམ་པ་འདི་ང་ལ་སྣང་རྒྱུ་འདུག་ཀྱང་། སྣང་བཞིན་དུ་གཏན་ནས་མེད་དོ་སྙམ་པའི་བློ་རང་ཤུགས་ཀྱིས་སྐྱེས་པས། བློ་དེ་འདྲ་ནི་སྣང་ལ་སྣང་པ་ལྟར་དུ་མེད་པར་འཛིན་པའི་སྣང་སྟོང་གཉིས་ཚོགས་ཀྱི་དབུ་མའི་ལྟ་བ་དེ་ཡིན་གྱི། ཆད་ལྟ་ག་ལ་ཡིན།

མདོར་ན་བུམ་པ་གཏན་ནས་མེད་སྙམ་པ་དང་། མིག་གིས་མངོན་སུམ་དུ་མཐོང་བའི་ཚེ། སྒྱུ་མ་ལྟ་བུའི་བློ་ངང་ངམ་ཤུགས་ཀྱིས་སྐྱེས་པས། ཆད་ལྟར་ལྷུང་བའི་ཉེན་ཅི་ཞིག་ཡོད། ཡིད་ཀྱིས་མེད་པར་ཐག་ཆོད་ཅིང་། །མིག་གིས་ཡོད་པར་མཐོང་བའི་ཚེ། །ཞྭ་སེར་མཁན་པོས་མ་བསླབ་ཀྱང་། །སྒྱུ་མའི་བློ་ལས་གཞན་ཅི་འབྱུང་། །ཞེས་ཀྱང་སྨྲས་སོ། །

དཔེར་ན། གསེར་དང་། ས་རྡོ། རྩི་ཤིང་ལ་སོགས་པ་ཁྱད་མ་ཕྱེ་བར་ཅིག་ཅར་དུ་མེ་ལ་བསྲེགས་ན། ཚིག་པ་རྣམས་ནི་ཚིག མ་ཚིག་པ་རྣམས་ནི་ཤུལ་དུ་ལུས་པ་ལྟར། རིགས་ཤེས་ཀྱིས་སྣང་བ་ཐམས་ཅད་ཁྱད་མ་ཕྱེ་བར་དགག་ཀྱང་། སྒྱུ་མའི་དངོས་པོ་ཤུལ་དུ་ལུས་རྒྱུ་ཞིག་ཡོད་པ་དེ་ལུས་ནས་སྡོད་ངེས་ཀྱི། དང་པོ་ཉིད་ནས་སྒྱུ་མ་ལྟ་བུའི་རྟེན་འབྲེལ་ཟུར་དུ་ཕྱེ་ནས། དེ་ལ་རིགས་པས་གནོད་པ་མ་བསྐྱལ་བར་འཇོག་ག་ལ་དགོས།

ཐ་སྙད་ཚད་གྲུབ་ཁས་མ་བླངས་ཀྱང་རྟེན་འབྲེལ་ལ་ཡིད་རྟོན་མེད་པར་མི་འགྱུར་བ་ཅི་ཡིན་ཞེ་ན། སྤྱིར་ཚད་མས་གྲུབ་པ་བྱ་བ་འདི་ཀུན་རྫོབ་ཀྱི་སྣང་བ་རགས་པ་རྣམས་ཕྲ་ཞིང་ཞིབ་ཏུ་བཏང་བའི་དགོས་པ་རྒྱ་ཆེན་པོ་

འདིའི་ཆེད་དུ་མཁས་པ་རྣམས་ཀྱིས་ཚུལ་གསུམ་གྱི་རིགས་པས་གྲུབ་པ་བྱ་བ་དང་དོན་གཅིག་ཅིང་། དོན་ལ་ཀུན་བརྟགས་ཀྱི་མ་རིག་པའི་ཡུལ་གྱི་ཁྱད་པར་འགའ་ཞིག་དགོས་པ་རྒྱ་ཆེན་པོའི་དོན་དུ་མཁས་པ་རྣམས་ཀྱི་རྟོག་གེའི་རིགས་པས་ཆེས་གསལ་དུ་བཏང་བ་ཞིག་ཏུ་འདུག་ལ། ཕྱིར་ཚད་གྲུབ་བྱ་བ་དང་། ཡིད་ཆེས་པ། བསླུ་མེད། བསྙོན་མེད་སོགས་རྟོག་གེའི་རིགས་པས་སྣོན་པ་བཏབ་མ་བཏབ་ཙམ་གྱི་ཁྱད་པར་ལས། རིགས་དྲུག་ཀུན་གྱི་རྒྱུད་ལ་རང་བྱུང་དུ་ཡོད་པའི་ཀུན་རྫོབ་ཀྱི་རྣམ་ཤེས་འདི་ཁ་ཕྱོགས་བསྒྱུར་ལུགས་ཀྱིས་སྣང་བ་ཙམ་ལས་གཞན་དུ་མེད་ཅིང་། བུ་ཡི་ལག་པ་མེ་དང་འཕྲད་ན་ཨ་ཚ་ཚ་ཟེར་བ་དེ། བསླུ་མེད། བསྙོན་མེད་ཁས་ལེན་སོགས་ཡིན་ལ། ཕ་ཡིས་མེ་ཚ་བ་ཡིན། ལག་པ་ཤ་ཡིན་པས་མེ་ལ་ཐུག་ན་ཅི་ལ་མི་ཚ་སོགས་རྒྱུ་མཚན་དང་སྦྱར་བའི་བཀའ་བཀྱོན་གནང་བ་དེ་ལུང་རིགས་ཀྱི་ཚད་མས་གྲུབ་ལུགས་ཡིན། དེས་ན་ཇི་སྲིད་ས་རྗེ་རི་བྲག་ལ་སོགས་པའི་སྣང་བ་འདི་དག་མ་ཡལ་བ་དེ་སྲིད་དུ་མཆོག་གསུམ་རྒྱུ་འབྲས་རྟེན་འབྲེལ་ལ་སོགས་པའི་སྣང་བ་ཡང་ཡལ་བའི་དོན་མེད་ལ། དགོས་པའི་སྣང་བ་སྔོན་དུ་ཡལ་ནས། མི་དགོས་པའི་སྣང་བ་རྗེས་སུ་ལུས་ན་སོ་སོའི་སྐྱེ་བོ་ཆོས་མེད་ཐ་ཤལ་བའི་རང་བཞིན་ལས་འོས་ཅི་ཡོད།

ནམ་ཞིག་སྔོན་གྱི་ཐུགས་པ་རྒན་པོ་རྣམས་ཀྱི་ཆོས་སྐད་ཆོས་ཟད་བློ་འདས་ཞེས་བརྗོད་པའི་ས་དེར་སླེབས་ཚེ་ས་རྗེ་རྟེན་འབྲེལ་མཆོག་གསུམ་སོགས་བཟང་ངན་བར་མའི་ཀུན་རྫོབ་འདི་དག་རྩ་བ་ནས་ཡལ་ཏེ་འདི་དག་གི་ཚབ་ཏུ། སྐུ་ཐུགས་ཟུང་འཇུག བདེན་གཉིས་ཟུང་འཇུག བཟང་ངན་

ཟུང་འཇུག དགེ་སྡིག་ཟུང་འཇུག་སོགས་མང་པོ་ཞིག་ཡོང་རྒྱུ་མེད་དམ་སྙམ། དེའི་ཚེ་ཇི་སྙེད་པ་གཟིགས་པའི་རྣམ་མཁྱེན་གྱི་ཆ་ཤས་བྱེ་བ་འབུམ་ཕྲག་དེ་ཀུན་ཀྱང་ཇི་ལྟ་བ་གཟིགས་པའི་རྣམ་མཁྱེན་གཅིག་གི་ངོ་བོར་སོང་བར་སེམས།

སྤྱིར་རང་ཅག་སོ་སོའི་སྐྱེ་བོ་རྣམས་ལ་འདོད་པ་བཞིན་དུ་ཡིད་ཆེས་པ། མི་འདོད་བཞིན་དུ་ཡིད་ཆེས་པ། འོས་མེད་པར་ཡིད་ཆེས་པ་སོགས་ཡིད་ཆེས་དུ་མ་ཞིག་ཡོད་མོད་ཀྱི་རྩ་བ་རང་གི་སྣང་བ་ལ་རང་ཉིད་ཡིད་ཆེས་པ་ཙམ་ལས་མེད་ཅིང་། ཡིད་ཆེས་པ་བྱེ་བ་དེ་རང་དབང་མེད་པར་སྐྱོང་བའི་སྟོབས་ཀྱིས་སེམས་ཡུལ་ཕྱོགས་རེ་བ་ཞིག་ལ་འཇུག་དགོས་པ་དེ་ཡིན།

རྨི་ལམ་དུ་སྣང་བ་ཇི་ལྟ་བ་བཞིན་བདེན་པ་ཚད་གྲུབ་ཏུ་སུས་ཀྱང་ཁས་མི་ལེན་མོད། རྨི་ལམ་དུ་ཤར་བའི་བདེ་སྡུག་འཇིགས་སྐྲག་སོགས་ཀྱི་སྣང་བ་དང་ཚོར་བ་ལ་དབང་མེད་དུ་ཡིད་ཆེས་དགོས་པ། དཔེར་ན། རྨི་ལམ་དུ་བྲག་རི་ཆེན་པོའི་རྩེ་ནས་གཡང་དུ་ལྷུང་བ་ལ་ཚུལ་གསུམ་གྱི་རིགས་པས་དཔྱད་ན་འཆི་བ་ལས་འོས་མེད་ཀྱང་། གཡང་དུ་ལྷུང་། དེ་ནས་ཕྱིར་འོང་། སླར་ནམ་མཁའ་ལ་འཕུར་བ་སོགས་རིགས་པས་དཔྱད་ན་མི་འགྲུབ་པའི་སྣང་བ་དེ་ཀུན་ལ་གཡང་དུ་ལྷུང་ཚེ་འཇིགས་སྐྲག་དང་ནམ་མཁའ་ལ་འཕུར་དུས་དགའ་སྤྲོ་སོགས་སེམས་ཀྱི་ཉམས་མྱོང་སྣ་ཚོགས་བསྙོན་མེད་དུ་འབྱུང་བ་འདི་ཡིན་ཞིང་། མདོར་ན་ཉ་ཆུ་ཡི་ནང་དུ་བག་ཡངས་སུ་གནས་པ་དང་། མི་ཆུ་ཡི་ནང་དུ་ཐིམ་པས་འཇིགས་སྐྲག་གཉིས་ཀ་ཉ་དང་མི་གཉིས་ཀས་དབང་མེད་བསྙོན་མེད་ཡིད་ཆེས་དགོས་པ་ལྟ་བུའོ། །

དེས་ན་ཐལ་འགྱུར་བའི་རང་ལུགས་ཐུན་མོང་མ་ཡིན་པ་རང་ངོ་དང་གཞན་ངོའི་ཁས་ལེན་རྒྱུ་ཁྱད་པར་ནི་གཉིས་འཛིན་གྱི་སྣང་བ་མ་ལོག་པའི་སོ་སྐྱེ་རྣམས་ཀྱིས་དབང་མེད་དུ་ཁས་ལེན་དགོས་པ་འདི་དག་གཞན་ངོའི་ཁས་ལེན་ཡིན་ལ། སོ་སོའི་སྐྱེ་བོའི་སྣང་ཚུལ་བསམ་ཚུལ་གྱི་ཡུལ་དེ་ཀུན་ལས་གཅིག་ཀྱང་ཆོས་ཉིད་རྟོགས་པའི་རྣལ་འབྱོར་པར་རང་གིས་རང་ལུགས་སུ་ཁས་མི་ལེན་པ་ནི། ཐལ་འགྱུར་བས་རང་ཕྱོགས་མི་བྱེད་པའི་དོན་ཡིན་ཞིང་། ཁས་ལེན་མེད་པའི་སྤྲ་གྲོལ་མཉམ་གཞག་སྨྲ་བྲལ་གྱི་ངང་དུ་བཞུགས་པ་ལ། ཁས་ལེན་ལྡན་གྱི་ཕྱི་རོལ་གྱིས་ལུང་རིགས་ཀྱི་སྒོ་ནས་རྩོད་པ་བྱེད་ཚེ་ལན་གང་བཏབ་ཐམས་ཅད་ཁས་ལེན་ཤ་སྟག་ཏུ་འགྱུར་བས་ཁས་ལེན་མེད་པའི་ལྟ་བ་འདི་ཚིག་དང་སྒྲ་དང་ཁྱད་པར་རྟོག་གེའི་རིགས་པའི་ནང་དུ་ཤོང་བའི་གནས་མེད་པ་ཡིན་ནོ། །

མདོར་བསྡུས་ན། ས་ཡོད་པར་སྙིང་ཐག་པ་ནས་ཁས་ལེན་ན་རང་ལུགས་ཀྱི་ཁས་ལེན་ཡིན། ས་ཡོད་ཅེས་དབང་མེད་དུ་ཁས་ལེན་ན་གཞན་ངོའི་ཁས་ལེན་ཡིན། དེ་བཞིན་གཤེགས་པས་བྱང་ཆུབ་ཤིང་ལ་སྤྱན་མི་འཛུམ་པར་བདུན་ཕྲག་གཅིག་བཞུགས་པ་དེ་ཁས་ལེན་མེད་པའི་རང་ལུགས་ཡིན་ལ། ལྟ་བ་དེ་ཉིད་རྟོགས་པའི་ཆེད་དུ་བདེན་བཞིའི་ཆོས་ཀྱི་འཁོར་ལོ་བསྐོར་བ་འདི་གཞན་ངོའི་ཁས་ལེན་གྱི་རྣམ་གཞག་ལ་སྙིང་རྗེའི་དབང་གིས་ཞུགས་པ་ཡིན་ཞིང་། གོ་ལུགས་འདི་ཐལ་འགྱུར་བ་ཙམ་དུ་མ་ཟད་བདེན་གཉིས་དྲང་ངེས་ཀྱི་རྣམ་གཞག་འདོད་པའི་གྲུབ་མཐའ་གཞན་ལའང་ཁྱད་པར་མེད་དེ། རྣམ་འགྲེལ་ལས་ཀྱང་། དེ་དེ་ཉིད་དོན་བཏང་

སྙོམ་ཅན། །སྣང་ཆེན་གཟིགས་སྟངས་ཉིད་མཛད་ནས། །ཕྱི་རོལ་སྤྱོད་ལ་འཇོག་པར་མཛད། །ཅེས་བཅོམ་ལྡན་འདས་ཀྱིས་ཆོས་འཆད་པ་ན་ཕྱི་དོན་ཡོད་པའི་ཚུལ་ཞལ་གྱིས་བཞེས་ཚུལ་རྒྱ་འགྲེལ་དག་ཏུ་གསལ་བ་ལྟར་རོ། །

མི་རེ་རེ་ལ་རང་ངོ་གཞན་ངོའི་བསམ་ཚུལ་གཉིས། འདོད་ཚུལ་གཉིས། བཤད་ཚུལ་གཉིས་ཡོད་པ་ལ་སངས་རྒྱས་དང་སེམས་ཅན་གྱི་སྣང་ཚུལ་བཤད་ཚུལ་ཐམས་ཅད་དགོངས་པ་གཅིག་དང་དབྱངས་གཅིག་ཏུ་དྲིལ་བ་ལ་སུ་ཞིག་ཡིད་ཆེས།

དེང་སང་གི་ཆོས་གྲྭའི་རྟགས་གསལ་དཀྱུས་མའི་གཞོད་པ་ཙམ་ལ་འཇིགས་ན་ནི། ལན་གཞན་གང་ཡང་མི་དགོས་ཀྱི། ཐལ་བ་གང་ཡིན་ལ་ཁས་ལེན་མེད། ཁས་ལེན་མེད་ཅེས་པའི་ལན་འདི་ཙམ་གྱིས་ཀྱང་། ཀྱལ་ཀ་རྩེད་མོའི་ཚུལ་དུ་བཟློག་པར་ནུས་སོ། །

སོ་སོའི་སྐྱེ་བོའི་རྣམ་རྟོག་ལ་རྩ་བ་གཏད་པའི་ཚུལ་གསུམ་རྟོག་གེའི་རིགས་པ་ནི་རང་གིས་རང་ཉིད་གཞོམ་པའི་ཐབས་ཙམ་དུ་བྱས་ན་བཟང་མོད། ཁས་ལེན་མེད་པའི་ལྟ་བ་ལ་གནོད་པའི་ལག་ཆ་བྱེད་ན་ཆོས་ཀྱི་དབྱིངས་ལ་འཇུག་པའི་ཐབས་མེད་པ་སློབ་དཔོན་ཕྱོགས་ཀྱི་སྣང་པོས་ཚད་མ་ཀུན་བཏུས་སུ་ཆེས་ཤིན་ཏུ་གསལ་བར་གསུངས་སོ། །

ཡོད་མེད་བློ་ཡིས་བཞག་པའི་ཤེས་བྱ་དང་། །
བདེན་རྫུན་ཡུལ་ལ་ལྟོས་པའི་ཚད་མ་གཉིས། །
གཅིག་གི་རྫུན་ཁུངས་གཅིག་ལ་གཏད་མཐོང་ནས། །

ཐ་སྙད་ཚད་གྲུབ་འཇོག་ལ་བློ་མ་བདེ། །

མ་བརྟག་མ་དཔྱད་འཇིག་རྟེན་རྣམ་གཞག་དང་། །
བརྟགས་ཤིང་དཔྱད་པའི་གྲུབ་མཐའི་གཞུང་ལུགས་གཉིས། །
གཅིག་གི་རྩ་བ་གཅིག་ལ་ཐུག་མཐོང་ནས། །
ཐ་སྙད་ཚད་གྲུབ་འཇོག་ལ་བློ་མ་བདེ། །

བློ་ལ་སྣང་བ་ཙམ་གྱི་སྒྱུ་མ་དང་། །
དོན་ལ་ཡིན་པར་ངེས་པའི་གཤིས་ལུགས་གཉིས། །
གཅིག་ཤོས་བདེན་ན་གཅིག་ཤོས་རྫུན་མཐོང་ནས། །
ཐ་སྙད་ཚད་གྲུབ་འཇོག་ལ་བློ་མ་བདེ། །

རང་སྐྱོན་རི་བོ་འགེབ་པའི་ཟྭ་ཆོལ་དང་། །
གཞན་སྐྱོན་ཁབ་ཀྱིས་འཚོལ་བའི་ཕྱེ་ཆོལ་གཉིས། །
གཅིག་ལས་གཅིག་རྒྱལ་རེས་སུ་བྱེད་མཐོང་ནས། །
ཐ་སྙད་ཚད་གྲུབ་འཇོག་ལ་བློ་མ་བདེ། །

ཡོད་མཐའ་འགོག་པའི་སྣང་སྟོང་མ་དམིགས་དང་། །
མེད་མཐའ་སྤོང་བའི་མི་སྣང་མ་དམིགས་གཉིས། །
གཅིག་གི་རྣམ་གཞག་གཅིག་གིས་བཤིག་མཐོང་ནས། །

ཐ་སྙད་ཚད་གྲུབ་འཇོག་ལ་བློ་མ་བདེ། །

གྲོགས་པོར་མཚན་མར་ཞེན་པའི་བདེན་འཛིན་དང་། །
གྲོགས་ཀྱིས་ཕན་པར་རྟོགས་པའི་ཚད་མ་གཉིས། །
སྲིད་པ་སྐྱེད་ལ་ཁྱད་པར་མི་འདུག་པས། །
ཐ་སྙད་ཚད་གྲུབ་འཇོག་ལ་བློ་མ་བདེ། །

དགྲ་བོ་བདེན་པར་ཞེན་པའི་དངོས་འཛིན་དང་། །
དགྲ་ཡིས་གནོད་པ་ངེས་པའི་ཚད་མ་གཉིས། །
ཞེ་སྡང་སྐྱེད་ལ་ཁྱད་པར་མ་མཐོང་ནས། །
ཐ་སྙད་ཚད་གྲུབ་འཇོག་ལ་བློ་མ་བདེ། །

རྗེས་དཔག་ཚད་མ་མངོན་སུམ་བློ་ལས་སྐྱེས། །
མངོན་སུམ་བདེན་རྫུན་རྗེས་སུ་དཔག་པས་དཔྱད། །
ཕ་ཡི་དཔང་པོ་བུ་ཡིས་བྱས་པ་འདིས། །
ཐ་སྙད་ཚད་གྲུབ་འཇོག་ལ་བློ་མ་བདེ། །

རིགས་པས་དཔྱད་པ་ཤིང་རྟའི་སྲོལ་ལ་བརྟེན། །
ཤིང་རྟ་ཆེན་པོ་རིགས་པའི་སྟོབས་ཀྱིས་སྒྲུབ། །
རང་ཐག་ཆོད་ན་སུ་ཡི་རྗེས་སུ་འབྲང་། །

རང་ཐག་མ་ཆོད་སྣུ་ལ་ཡིད་རྟོན་བྱེད། །

ཡང་དག་རིགས་པ་ངེས་དོན་ལུང་ལས་རྙེད། །
དྲང་ངེས་ཕྱེད་པར་དྲི་མེད་རིགས་པས་འབྱེད། །
རིགས་པས་ཤེས་ན་ངེས་དོན་ཅི་ལ་འཚོལ། །
རིགས་པས་མ་ཤེས་ངེས་དོན་ག་ལ་རྙེད། །

བྱམས་མགོན་ཁྲི་སོར་མཐོང་བའི་ངང་ཚུལ་འདིས། །
མ་བརྟགས་ལྷན་སྐྱེས་བློ་ལ་ཡིད་མ་ཆེས། །
དབུ་སེམས་མཁན་པོའི་ལྷ་གྲུབ་འགལ་ལུགས་འདིས། །
དཔྱོད་ལྡན་མཁས་པའི་བློ་ལ་ཡིད་མ་ཆེས། །

ཕལ་པ་དྲང་པོའི་རྗེས་སུ་འབྲང་འབྲང་ནས། །
རྒྱུད་པའི་རྩ་བ་ལྷན་སྐྱེས་བདེན་འཛིན་རྙེད། །
མཁས་པ་དྲང་པོའི་རྗེས་སུ་འབྲང་འབྲང་ནས། །
དེ་ལས་སྤྲུག་པའི་ཀུན་བརྟགས་བདེན་འཛིན་རྙེད། །

ཡོད་མེད་ཡིན་མིན་བདེན་རྫུན་ལ་སོགས་པའི། །
རྟོད་པའི་ཞུར་སྒྲ་སྒྲོག་པའི་འཇིག་རྟེན་འདིར། །
རྟག་ཏུ་ཀུན་མཐོང་ཤེས་བྱ་ཡིན་པར་སྣང་། །

རྒྱུན་དུ་གང་གོམས་ཚད་མ་ཡིན་པར་སྣང་། །

མི་མང་གང་ལ་དགའ་དེ་བདེན་པ་དང་། །
ཁ་མང་གང་ལ་མཐུན་དེ་གྲུབ་མཐར་སྣང་། །
མི་རེའི་ཕོང་ན་མི་མཐུན་ཚད་མ་རེ། །
དེ་ཡི་རྒྱབ་སྐྱོར་རྡོ་རྗེའི་བཀའ་ལུང་རེ། །

ལ་རེའི་རྒྱབ་ན་མི་མཐུན་ཆོས་ལུགས་རེ། །
དེ་ཡི་རྗེས་འབྲང་མཁས་བླུན་སྟོང་ཕྲག་རེ། །
འདི་ཉིད་བདེན་ལ་འདི་ཡིས་མི་བསླུ་ཞེས། །
རང་གི་བདེན་ཁ་རང་ལ་སྦྱིན་པ་འདི། །
རིགས་མཐུན་སྐྱེ་བོའི་ཚོགས་རྣམས་ཉམས་རེ་དགའ། །
མི་མཐུན་ཚོགས་ལ་སྨྲས་ན་ཞེ་རེ་ཁྲེལ། །

མི་མཐུན་རིགས་དྲུག་འགྲོ་བའི་རྒྱལ་ཁབ་འདིར། །
བཙུ་ཡིས་འདོད་པ་བརྒྱ་ཡིས་མི་འདོད་ཅིང་། །
མི་ཡིས་མཐོང་བ་ལྷ་ཡིས་མི་མཐོང་བས། །
བདེན་རྫུན་ཚད་མའི་ཁྲིམས་ཐག་སུ་ཡིས་ཆོད། །

ཤེས་རབ་སྦྱང་པས་མི་ཚེ་ཟད་བྱས་པའི། །

གྲུབ་མཐའ་མཁན་པོའི་བློ་ཡང་འཁྲུལ་གྱུར་ན། །
འཇིག་རྟེན་བླུན་པོའི་རྫུན་གྱི་སྣང་བ་ལ། །
ཐ་སྙད་ཚད་མར་ཡིད་རྟོན་བྱེད་པ་འཁྲུལ། །

མཁོ་ཚད་བཟང་ཚད་སེམས་ཀྱི་འཆར་སྒོ་ཀུན། །
གུད་དུ་ཕྱེ་ནས་ཚད་མར་འདོད་པ་དེས། །
སྒྱུ་མའི་གྲོང་ཁྱེར་ཞིག་པའི་ཐང་སྟོང་དུ། །
མིག་འཕྲུལ་ནོར་བུའི་ཕུང་པོ་སྤར་ཡང་རྙེད། །

བཞིན་རས་ཅུང་ཟད་འགྱུར་བས་འགྱུར་བྱེད་ཅིང་། །
མེ་ལོང་ཅུང་ཟད་འགྱུར་ཡང་འགྱུར་བྱེད་པའི། །
མི་བརྟན་འགྱུར་བའི་ཤེས་བྱའི་གཟུགས་བརྙན་འདི། །
ནམ་ཞིག་མཐའ་ལ་གཏད་དུ་ཡལ་བར་ངེས། །

དཔྱད་པ་འདི་ལ་ཐུག་པས་མེད་དམ་སྙམ། །
ལག་པ་ཁབ་ལ་འཕྲད་པས་ཡོད་དམ་སྙམ། །
སྨྱོང་བ་མངོན་སུམ་ལག་པས་ཡིན་ནམ་སྙམ། །
སྣང་བ་འཁྲུལ་པ་སྲིད་པས་མིན་ནམ་སྙམ། །

ཡོད་པའི་རྩ་བ་བཙལ་བས་མེད་དམ་སྙམ། །

མེད་པའི་རྟེ་མོ་མཐོང་བས་ཡོད་དམ་སྙམ། །

བདེན་པའི་ས་བོན་བཏབ་ན་རྫུན་པར་ཤེས། །

རྫུན་པའི་འབྲས་བུ་སྨྱོང་ཚེ་བདེན་པར་སྣང་། །

ཞེས་ཀྱང་སྨྲས་སོ། །

དབུ་མ་པ་ཁས་ལེན་མེད་བྱ་བ་འདི་དབུ་མ་པས་མི་ཚེ་གཅིག་ལ་ཁ་མི་གྲག་བྱ་བའི་དོན་མ་ཡིན་གྱི། ཟླ་བ་གྲགས་པས་ཀྱང་། འདི་ནཱ་ལེནྡྲའི་དགོན་པ་ཡིན། ང་ཟླ་བ་གྲགས་པ་ཡིན། འདི་ངའི་ཆོས་གོས་ཡིན། སངས་རྒྱས་བྱང་ཆུབ་སེམས་དཔའ་ལས་འབྲུངས་སོགས་ཀྱི་ཁས་ལེན་མཛད་ངེས་ཡོད། དོན་དམ་པ་དང་ཀུན་རྫོབ་ལ་དཔྱོད་པའི་སྐབས་གཉིས་སོ་སོར་ཕྱེ་དགོས་ཏེ། དོན་དམ་པ་ལ་དཔྱོད་པའི་སྐབས་སུ་ཁས་ལེན་མེད་ཅེས་སྨྲས་པ་དེ་ག་རང་ཁས་ལེན་ཡིན་སོགས་བརྗོད་པ་ནི། ང་མནལ་ལམ་དུ་འགྲོ་བས་ཅི་ཡང་མ་སྨྲ་ཞིག་བརྗོད་པ་ན། ཁ་ལ་མ་ཉན་པར་མནལ་དུ་འགྲོ་བས་ཅི་མ་སྨྲ་ཞིག་བརྗོད་པ་དེ་ག་རང་མནལ་དུ་མི་འགྲོ་བའི་རྟགས་ཡིན་ཞེས་ཀྱལ་ཀ་བྱེད་པ་དང་འདྲ་བས་སྙིང་པོ་ཅི་ལ་ཡོད།

སྟོན་ཁྲུང་ཁྲུང་གི་ཁྱུ་ནམ་མཁའ་ལ་འགྲོ་བ་ན་ཁྲུང་ཁྲུང་གི་དེད་དཔོན་གྱིས་རང་རེ་ཁ་མི་གྲག གྲག་ན་གཞན་གྱི་གནོད་པར་འགྱུར་ཞེས་སྨྲས་པས་ཐམས་ཅད་ཀྱིས་མི་གྲག མི་གྲག མི་གྲང་མི་གྲང་ཞེས་སྒྲ་སྔ་མ་ལས་ཆེ་བར་བསྒྲགས་པ་དེ་དང་འདྲ།

མདོར་ན་བསླུང་གནས་ངག་བཅད་ཀྱི་དམ་བཅའ་དང་། ལུང་མ་བསྟན་གྱི་ལྟ་བ་བཅུ་བཞི་ལ་བཅོམ་ལྡན་འདས་ཀྱིས་གང་དུ་ཡང་ལུང་མ་

བསྟན་པ་འདི་དག་ཡོད་སྲིད་ན། ཁས་ལེན་མེད་པའི་ལྟ་བ་ཡང་ཡོད་སྲིད་ལ། གཞན་དུ་ན། སྟོན་མཐའ་སྟོན་རྣམས་ཞུས་པའི་ཚེ། །ཐུབ་པ་ཆེན་པོས་མི་གསུངས་བཞུགས། །ཞེས་བཤད་ཅིང་། ལན་མེད་པ་ནི་ཐམས་ཅད་ཀྱི་མཐར་ཐུག་པ་ཡིན་ནོ་ཞེས་འདུལ་བ་ལུང་ལས་བཤད་པས། བཅོམ་ལྡན་འདས་ཐམས་ཅད་ནས་ཐམས་ཅད་དུ་ཕམ་པར་གྱུར་པ་འདི་ལྟ་བུའི་རིགས་པ་ལག་ཏུ་ཐོགས་ནས་ང་རྒྱལ་དེ་ཙམ་བྱ་མ་དགོས། འཕགས་པས་ནི། གང་ཕྱིར་དེ་ལྟར་ཟབ་པའི་ཆོས། །སྐྱེ་མིན་འགྲོ་ལ་མི་གསུངས་པ། ། དེ་ཉིད་ཕྱིར་ན་མཁས་རྣམས་ཀྱིས། ། སྟོན་པ་ཐམས་ཅད་མཁྱེན་པར་ཤེས།ཞེས་ལན་མ་གསུངས་པ་དེ་ག་རང་ལ་བསྟགས་བརྗོད་མཛད་དོ། །

རང་ལ་གོ་བ་ཡོད་ན་ཁས་ལེན་མེད་པ་དེ་ག་རང་གིས་ཡང་དག་པའི་ལྟ་བ་རྒྱུད་ལ་སྐྱེས་ནུས་ཤིང་། འཕགས་པས་མི་སྨྲ་བའི་བརྟུལ་ཞུགས་ཞེས་ཟབ་མོའི་དོན་གྱི་གནད་ཕར་ཞོག མགོན་མེད་ཟས་སྦྱིན་གྱིས་བཅོམ་ལྡན་འདས་ལ་གསོལ་པ། སང་བདག་གི་ལྷུམ་རར་གདུགས་ཚོད་གསོལ་བར་ཅི་གནང་ཞེས་ཞུས་པར། བཅོམ་ལྡན་འདས་ཀྱིས་ཅང་མི་གསུངས་པས། དེ་དེ་བཞིན་དུ་གནང་བར་རིག་ནས་སོགས་བཤད་པ་ཙམ་ཡང་མ་མཐོང་བར་ཟད་དོ། །

དེས་ན་ཁས་ལེན་མེད་ཅེས་བརྗོད་པ་དེ་སྲིད་དོན་དམ་དཔྱོད་པའི་སྐབས་ཡིན་ལ། ཁས་ལེན་མེད་པ་དེ་ཉིད་ཆོས་ཅན་དུ་བྱས་ནས་ཁས་ལེན་ཡིན་མིན་སོགས་དཔྱོད་པ་ཐན་ཆད་ཀུན་རྫོབ་དཔྱོད་པའི་སྐབས་ཡིན་པས།

དེ་ཕན་ཆད་དུ་འཇིག་རྟེན་ན་གང་ཡོད་པ་སྨྲས་པ་དེ་ང་ཡང་ཡོད་པར་སྨྲ། མེད་པར་སྨྲ་བ་དེ་ང་ཡང་མེད་པར་སྨྲ་སོགས་བདེ་བར་གཤེགས་པ་རང་ཉིད་ཀྱིས་གསུངས་པ་འདི་ལས་ཐབས་གཞན་ཅི་ཡོད།

ཉག་སྙིང་བུ་ལོང་མའི་མདུན་དུ་ཁྱོད་རང་འཁོར་ལོས་སྒྱུར་བའི་རྒྱལ་པོ་ཡིན་ནོ་བྱ་བ་ཁས་ལེན་ཡིན། བུ་ལོང་མས་འོ་ན་ཁྱོད་ཀྱིས་རང་ལུགས་སུ་ཁས་ལེན་པ་ཡིན་ནམ། ངའི་ངོ་སྲུང་ཙམ་ཡིན་ཞེས་དྲིས་ཚེ་ངོ་སྲུང་གཏན་ནས་མ་ཡིན་གྱི། ཁོ་བོ་རང་གི་ལུགས་ཡིན་ཞེས་བརྗོད་པ་ལས་ཐབས་གཞན་མེད་མོད། ཁས་ལེན་དེ་འདྲ་བུ་ལོང་མ་ལ་འཇིགས་ནས་དབང་མེད་དུ་ཁས་བླངས་པ་ལས། སེམས་ཀྱི་སྙིང་ན་ཡིད་ཆེས་ཙུང་ཟད་ཀྱང་མེད་པ་བཞིན་དུ། མི་ཡིས་ཚིག ཆུ་ཡིས་གྲང་། རླུང་གིས་བསྐྱོད་པ་སོགས་བུ་ལོང་མ་དང་འདྲ་བས། ཕྱི་རོལ་གྱི་ཞུས་པ་འདི་དག་དབང་མེད་དུ་ཁས་ལེན་དགོས་པར་བདེན་མོད། རང་ལུགས་ལ་ཁས་ལེན་མི་དགོས་པའི་ཁྱད་པར་ཕྱེད་དགོས།

འདི་སྐོར་རྗེ་བླ་མས་རེད་མདའ་བའི་དྲིས་ལན་དུ་ཤིན་ཏུ་གསལ་བས་གཟིགས་པོར་གནས་ནས་དེར་བལྟ་བར་འཚལ།

མདོར་ན་དབུ་མའི་བསམ་ཚུལ་འདིའི་དབང་དུ་བྱས་པས་བསམ་མནོ་ཐམས་ཅད་ལ་ཆགས་སྡང་རྨོངས་གསུམ་གྱི་རྩ་བར་མ་གྱུར་པ་གཅིག་ཀྱང་མི་སྣང་ཞིང་། གལ་སྲིད་རང་ཅག་གི་ནམ་རྒྱུན་གྱི་བློ་འདིའི་ཁྲོད་ན་ཡང་དག་པའི་རིགས་པ་ཞིག་ཡོད་ཚེ། འཁོར་བ་ཐོག་མ་མེད་པ་ནས་བསྐལ་པ་གྲངས་མེད་ཀྱི་བར་དུ་གོམས་ཀྱང་ད་དུང་ཡར་སྐྱེད་འདི་ཙམ་ལས་མེད་པ་

ངོ་མཚར། ཕྱི་ལ་དང་ཕྱི་སོགས་རང་རང་གིས་གང་སྤྱོད་པའི་རྣམ་རྟོག་གི་སྣང་བ་དེ་ཀུན་ཕྱི་ལ་དང་ཕྱི་ཡི་སྐད་དབྱངས་ཀྱི་རྣམ་འགྱུར་གསུམ་བཞི་ལས་མེད་པ་དེའི་ནང་དུ་བསྡུས་ནས་བརྗོད་པ་མ་གཏོགས་ཐབས་གཞན་མེད་པ་བཞིན་དུ་རང་ཅག་སོ་སོའི་སྐྱེ་བོ་དག་དབང་ཐོབ་པའི་བྱང་ཆུབ་སེམས་དཔའ་རྣམས་ལ་ལྟོས་ན་ཕྱི་དང་ཕྱི་ལའི་ཚོད་ཙམ་དུ་ཡང་མ་སླེབས་པ་དག་གི་རྣམ་རྟོག་གི་བུ་ག་ཆུང་དུ་འདིར་རྣམ་པ་ཐམས་ཅད་མཁྱེན་པའི་ཡེ་ཤེས་ཀྱིས་གཟིགས་པའི་མཐའ་དང་བྲལ་བའི་ཆོས་དབྱིངས་ནམ་མཁའ་ཆེན་པོ་དེ་མེད་དགག མ་ཡིན་དགག་སོགས་ཀྱི་གཟུགས་སུ་བཀོད་པར་ག་ལ་ནུས།

ཁས་ལེན་མེད་པ་དེ་ཉིད་ཁས་ལེན་ཡིན་ནོ་བྱ་བ་དང་། གོང་དུ་སྨྲས་པ་ལྟར་ཀ་ར་ལ་རྒྱུས་མེད་པའི་བྱང་འབྲོག་གི་ཡུལ་དུ་ཞོ་དང་འོ་མ་མིན་པའི་ཀ་ར་བྱ་བའི་མངར་བ་དེ་ཉིད་འོ་མ་ཡིན་ངེས་སོ་ཞེས་ཨུ་ཚུགས་བྱེད་པ་དང་འདྲ་སྟེ། མི་ལོང་གི་ཆེ་ཆུང་ལ་དཔགས་པའི་གཟུགས་བརྙན་གྱི་རྒྱ་ཁྱོན་ཡང་དེ་ཙམ་ལས་མེད་པ་ལ་དེའི་ནང་དུ་མ་ཚུད་པ་ཐམས་ཅད་རིགས་པའི་དགག་བྱ་ཤ་སྟག་ཏུ་འདོད་པ་ནི་ཟབ་མོའི་ཆོས་ཐམས་ཅད་ལ་གོ་བ་རྣལ་མ་སྐྱེ་བའི་གེགས་སུ་ཤེས་པར་བྱའོ། །

གཞན་ཡང་ཡིད་ལ་ཁས་ལེན་མེད་པར་ཐག་ཆོད་ཅིང་ཁ་ནས་རྣམ་གཞག་སྣ་ཚོགས་ཁས་ལེན་པའི་སྨྲ་རྩོལ་གྱི་དམ་བཅའ་དེ་ཁ་ཞེ་མི་མཐུན་པའི་རྫུན་དུ་འགྱུར་ན། ཡིད་ལ་བདེན་འཛིན་གྲ་ཟུར་མ་ཉམས་པའི་ཕྱི་རྩོལ་གྱིས་ཆོས་ཐམས་ཅད་བདེན་མེད་དུ་གྲུབ་པ་ཡང་རྫུན་དུ་འགྱུར་བ་མ

ཡིན་ནམ། དེས་ན་ཐབས་ལ་མཁས་པའི་སྤྱོད་པ་ཕྲ་མོ་ཙམ་ལ་ཡང་རང་དང་བསམ་ཚོད་རིགས་མི་མཐུན་པའི་མི་དྲག་ཞན་གང་རུང་དང་འཕྲད་ཚེ། ཕྱི་རོལ་ལུས་ངག་གི་རྣམ་འགྱུར་དང་། ནང་སེམས་ཀྱི་བསམ་ཚུལ་ཐ་དད་དགོས་ན། སོ་སོའི་སྐྱེ་བོའི་རྣམ་པར་རྟོག་པ་རྣམས། བྱང་ཆུབ་སེམས་དཔའི་ས་རིམ་པ་བཅུའི་རྒྱབ་ཏུ་བསྐྱུར་བའི་སངས་རྒྱས་བཅོམ་ལྡན་འདས་ལ་རང་གི་དགོངས་ཚོད་དང་གདུལ་བྱ་ལ་ཁྲིད་ཚོད་ཀྱི་ཁྱད་པར་གཉིས་ཡོད་པ་ལྟ་ཅི་སྨོས།

དེས་ན་ཡང་དག་པའི་ལྟ་བ་ལ་ཡང་། སྨྲ་བསམ་བརྗོད་མེད་ཤེས་རབ་ཕ་རོལ་ཕྱིན། །ཞེས་དང་། སོ་སོ་རང་རིག་ཡེ་ཤེས་སྤྱོད་ཡུལ་བ། །ཞེས་རྣལ་འབྱོར་པ་རང་གི་བསམ་ཚུལ་ཞིག་དང་། ཡོད་པ་མིན་ན་མེད་པ་ཡིན་དགོས། མེད་པ་མིན་ན་ཡོད་པ་ཡིན་དགོས། ཞེས་ཆོས་ཀྱི་དབྱིངས་སོགས་ཅི་འདྲ་ཞིག་ཡིན་ཀྱང་ཡོད་མེད་གཉིས་ཀའི་མངའ་འབངས་སུ་འདུ་དགོས་སོགས་མཁས་པའི་སྐད་གྲགས་བ་དན་དཀར་པོ་སྲིད་མཐའི་བར་དུ་སྒྲོགས་པ་དག་ཀྱང་མེད་དུ་མི་རུང་བ་ལགས་སོ། ཆོས་ཀྱི་དབྱིངས་དང་། མཁས་པའི་སྐད་པ། མ་བཅོས་པའི་གཤིས་དང་། རྟོག་པའི་རིགས་པ། མི་གསལ་བའི་སྤྲོས་བྲལ། གསལ་བའི་མཐའ་བཞི་སོགས་རང་རང་གིས་ཇི་ལྟར་སྨྲས་པ་བཞིན་འདམ་ག་བྱ་བར་ཟད་དོ། །

ཕྱིར་སྐད་ཅིག་བསྐྱལ་པ། ཕྲ་བའི་རྟུལ་འཛིག་རྟེན་གྱི་ཁམས་སུ་བསྒྱུར་བ་སོགས་མཐར་ཐུག་གི་གོ་འཕང་དུ་སླེབས་ཚེ་རྣམ་གཞག་ཐམས་ཅད་ཅིག་ཅར་དུ་འདྲེས།

བུ་ཡི་འོད་གསལ་སྣང་བ་ཁྲ་ལམ་མེ་བ་དང་ཕན་ཚུན་ལྟོས་དགོས་པའི་སྟོང་ཉིད་རྟོགས་པའི་ཤེས་རབ་འདི་དང་། གཞི་ཡི་འོད་གསལ། གཅིག་དང་ཐ་དད། ཡོད་པ་དང་མེད་པ་སོགས་ཐམས་ཅད་ཨ་མ་ཕག་མོ་ཞལ་གཉིས་མའི་སྐུ་གཅིག་ཏུ་གྱུར་པ་དེ་འདྲ་དེ་མཐར་ཐུག་གི་འོད་གསལ་མ་བུ་གཉིས་ཕྱིར་མི་ལྡོག་པའི་ཚུལ་དུ་མཇལ་བ་སྟེ་ཐར་པའི་གོ་འཕང་བྱ་བ་ཡང་དེ་ཡིན་ནོ། །

ཆོས་གྲྭའི་རིགས་ལམ་གྱི་དབང་དུ་བྱས་ཆེ། རི་རབ་དཔག་ཚད་བརྒྱད་ཁྲིའི་ཚད་དང་ལྡན་པར་ཐལ། བྱས་པ་ལ། འདོད། ཕྲ་རབ་ཕྱོགས་དང་བྲལ་བར་ཐལ། བྱ་བ་ལའང་། འདོད། འོ་ན་རྡུལ་གཅིག་ཡུལ་ལ་མཐས་གཏུགས་འཇིག་རྟེན་གྱི། སོགས་ཕྲ་རབ་ཇི་སྙེད་ཀྱི་གྲངས་དང་མཉམ་པའི་འཇིག་རྟེན་ཐམས་ཅད་འཇུག་པར་མཛད་པ་མ་ཡིན་པར་ཐལ། དཔག་ཚད་བརྒྱད་ཁྲིའི་ཚད་ལྡན་གྱི་གཟུགས་ཕྱོགས་ཆ་བྲལ་བའི་རྡུལ་གྱི་ཁོངས་སུ་མི་ཤོང་བའི་ཕྱིར། ཞེས་ཐལ་བ་འཕངས་ཆེ། དེའི་ལན། ད་ལྟ་ཡོངས་གྲགས་དམིགས་བསལ་བྱ་བ་དེ་ཡིན། འདི་འདྲ་དམིགས་བསལ་དུ་བྱས་ཆོག་ན་ཡོད་པ་མ་ཡིན་པ་མ་ཡིན་ན་མེད་པ་ཡིན་པར་ཐལ། དགག་པ་གཉིས་ཀྱི་རྣལ་མ་གོ་བའི་ཕྱིར་སོགས་ཀྱི་རིགས་པ་ལའང་དམིགས་བསལ་གྱི་ལན་བཏབ་ན་མི་འགྲིག་པའི་རྒྱུ་མཚན་ཅི་ལ་ཡོད།

མདོར་ན་ཐེག་པ་ཆེན་པོ་ལ་མོས་པ་ཐམས་ཅད་བསམ་གྱིས་མི་ཁྱབ་པའི་གནས་ལའང་མོས་དགོས་པ་ཡིན། གཞན་དུ་ན་ཤིན་ཏུ་ཚ་བ་བསྐལ་པའི་མེ་དཔུང་གི་དབུས་དང་། ཉི་མའི་གདན་གྱི་འོག་ཏུ་ཤིན་ཏུ་བསིལ་

བའི་ཟླ་བ་དང་པདྨའི་གདན་དྭངས་པ་དང་། ཤིན་ཏུ་ཁྲོས་པའི་མཚོན་ཆ་གདེངས་ཤིང་། ཤིན་ཏུ་ཆགས་པའི་ཡུམ་ལ་འཁྱུད་པ་སོགས་འདི་དག་རྟོག་གེའི་རིགས་པས་དཔྱད་ན་འགལ་འདུ་ཤ་སྟག་ཏུ་མཐོང་བས། དེ་དག་རྣམ་པ་སྟོན་ཚུལ་ཙམ་ཡིན་ནོ་ཞེས། དོན་ལ་ཐང་ཀའི་སྟེང་གི་རི་མོ་དང་ཁྱད་མེད་པར་བྱེད་དགོས་པ་ཙམ་བྱུང་འདུག་ཀྱང་། ཡུལ་དང་ཡུལ་ཅན། འདོད་ཆགས། ཞེ་སྡང་། ཚ་བ། གྲང་བ། གཙང་དང་དམེ་བ་སོགས་གཉིས་མེད་གཅིག་ཏུ་འདྲེས་པའི་ཟུང་འཇུག་ཡེ་ཤེས་ཆེན་པོའི་སྐྱུའམ། ལུས་སེམས་ངོ་བོ་གཅིག་ཏུ་འདྲེས་པ་དེ་ཟུང་འཇུག་གི་སྐུ་ཡིན་པར་ཤེས་པར་བྱའོ། །

གཟུགས་ཀྱི་སྐུ་གཉིས་གཞན་དོན་དུ་བསྟན་ཅིང་མཚན་དང་དཔེ་བྱད་ཀྱང་གཙོ་བོར་གཞན་ཡིད་ལ་དང་བ་བསྐྱེད་པའི་ཆེད་ཕོ་ན་ཡིན་ན། ཚོགས་གཉིས་ཀྱི་ལག་རྗེས་མཐར་ཐུག་གྲུབ་པའི་མཚན་དཔེ་ཡོངས་རྫོགས་ཀྱི་སྐུ་ལ་ཕག་ཞལ་དང་། སེངྒེའི་ཞལ་སོགས་འོང་བ་ཅི་ལ་སྲིད།

དེས་ན། ཕྱིར་ཐེག་པ་ཆེན་པོ། ཡང་སྒོས་སུ་རྡོ་རྗེའི་ཐེག་པ་ཐམས་ཅད་ལ་བླ་མ་སངས་རྒྱས་སུ་བལྟ་བའི་རིགས་པ་འདི་ནས་བཟུང་རང་ཉིད་རྡོ་རྗེ་འཆང་དུ་བསྒོམ་པ་དང་ལུས་དཀྱིལ་འཁོར་ཡོངས་རྫོགས་གྲུབ་པར་ཡིད་ཆེས་པའི་བར་འདི་དག ད་ལྟའི་ཚོད་མ་འདི་འགོ་མཇུག་ཕྱོགས་པའི་ཆེད་ཕོ་ན་ཡིན་ལ། ཤ་ལྷ་བདུད་རྩི་ལྷ་སངས་རྒྱས་ལ་མཆོད་པ་འབུལ་བ་སོགས་འདི་ཀུན་ཀྱང་ཐ་མལ་པའི་རྣམ་རྟོག་རྣམས་རྟོག་གེའི་རིགས་པ་དང་ལྡན་ཅིག་ཏུ་ཐལ་བ་རྟུལ་དུ་བརླག་པའི་དོན་དུ་གསུངས་པ་ཡིན་གྱི།

གཞན་དུ་ན་མཆོད་ཡུལ་དམ་པ་ལ་མི་གཙང་བ་འབུལ་བ་འདི། སྤྱིར་ཚད་མ། སྔགས་སུ་རྟོག་གེའི་རིགས་པ། ཡང་སྔགས་སུ་ཡུལ་གྱི་ཁྲིམས་ཚུན་ཆད་དང་ཡང་འགལ་བས། ཕོ་བྲང་ཞི་བ་འོད་ཀྱིས། མི་གཙང་འདམ་གྱིས་དེ་བཞིན་གཤེགས་པར་མཆོད། །རོ་མྱག་འདམ་དུ་འགྲོ་བ་སྙིང་རེ་རྗེ། །གསུངས་པ་ལྟར་མ་ཡིན་ནམ།

མདོར་ན། མི་གཙང་བ་གཙང་བར་བྱེད་པ། མི་རིགས་པ་རིགས་པར་བྱེད་པ་སོགས་ཐ་མལ་བའི་རྣམ་རྟོག་ལྡོག་པའི་ཕྱིར་གསུངས་པ་ཤ་སྟག་ཡིན་པ་ཤེས་དགོས་ཤིང་། ནམ་ཞིག་ན་ས་སངས་རྒྱས་སྤྱན་མ། སངས་རྒྱས་སྤྱན་མ་ས། གཙོ་བོ་འཁོར། འཁོར་གཙོ་བོ་ཡིན་པ་སོགས་བླ་ན་མེད་པའི་འགལ་འདུ་ཆེན་པོའི་གོ་འཕང་ཞིག་རྙེད་རྒྱུ་ཡོད་པར་སྣང་།

མདོར་ན་རང་ཅག་གི་སྐྱོན་ཐམས་ཅད་ཀྱི་གཙོ་བོ་གཅིག་ནི། ཀུན་རྫོབ་དོན་དམ་གྱི་རྣམ་གཞག་ཐམས་ཅད་རང་ཅག་གི་ཁ་ན་བཤད་བདེ་བ། སེམས་ལ་ཤར་ཐུབ་པ་ཞིག་མ་བྱུང་གི་བར་དུ་ཨུ་ཚུགས་མཐར་སྐྱེལ་བྱེད་ཅིང་། ལྷག་པར་ཁ་ནས་བཤད་བདེ་བ་ཞིག་གཙོར་བྱས་ཏེ་རྣམ་ཤེས་དེ་འདྲ་ཞིག་བྱུང་ཚེ་ལུང་དང་རིགས་པས་རྙེད་པའི་དོན་མཐར་ཐུག་ཞིག་རྙེད་པར་སྙོམས་སོད། དོན་ལ་ཤ་ལ་དགའ་བས་ཤ་རྙེད་པ་དང་། ཆང་ལ་དགའ་བས་ཆང་རྙེད་པ་ལྟར་རང་གི་རྣམ་རྟོག་དང་རྗེས་སུ་མཐུན་པའི་ཡུལ་རྙེད་པ་ཙམ་ཡིན་གྱི། རྒྱལ་བ་སྲས་བཅས་ཀྱི་སྤྱོད་ཡུལ་ཟབ་མོ་དེ་རྙེད་པ་ག་ལ་ཡིན།

དོན་གྱི་དབང་དུ་གཟིགས་ན། སོ་སོའི་སྐྱེ་བོའི་བློ་འདི་དགག

ཕྱོགས་དང་། མིན་ཕྱོགས། མེད་ཕྱོགས་ནས་མཐར་ཐུག་གི་གཉིས་དང་ངོ་སྤྲོད་པ་ལས། སྒྲུབ་ཕྱོགས། ཡིན་ཕྱོགས། ཡོད་ཕྱོགས་ནས་གནས་ལུགས་དང་མཐུན་བའི་ཐབས་མེད་པར་གཟིགས་ནས་གཞན་གྱིས་ཁས་ཅི་བླངས་པ་ཐམས་ཅད་ཐལ་འགྱུར་གྱིས་ཕྱོག་ཅིང་། རང་ལུགས་སུ་ཁས་ལེན་ཅི་ཡང་མེད་པའི་དེ་བཞིན་གཤེགས་པས་བསྟན་པའི་སྙིང་པོ་དམ་པའི་ཆོས་གནས་མེད་པ། ཡུལ་མེད་པ་འདི་ཉིད་གསལ་བར་མཛད་པ་ཡིན།

དེའི་ཕྱིར་ཡང་དག་པའི་ལམ་གྱི་གེགས་གཙོ་བོ་ནི་རྣམ་རྟོག་བྱ་བ་འདི་ཡིན་པས་སློབ་དཔོན་ཆོས་ཀྱི་གྲགས་པས་ཀྱང་། རྟོག་པའི་དྲ་བ་རྣམ་བསལ་ཞིང་། །ཟབ་ཅིང་རྒྱ་ཆེའི་སྐུ་མངའ་བ། །སོགས་གསུངས་ཤིང་། ཕྱོགས་ཀྱི་གླང་པོས། རྟོག་པའི་ལམ་ནས་ཆོས་ཉིད་ལ་ཁྲིད་ན། །བདེ་གཤེགས་ལམ་ནས་ཆོས་ཁྲིད་ཉམས་པར་འགྱུར། །བྱ་བའི་དོན་འགྲེལ་བའི་སྐད་དུ། རྣམ་འགྲེལ་དུ། ཆོས་དང་ཆོས་ཅན་རྣམ་གཞག་དང་། །ཐ་དད་ཐ་དད་མིན་ཅི་འདྲ། །དེ་ཉིད་དུ་ནི་མ་བརྟགས་པར། །འཇིག་རྟེན་ཇི་ལྟར་གྲགས་དེ་ལ། ། དེ་བཞིན་ཁོ་ན་བརྟེན་ནས་ནི། ། བསྒྲུབ་བྱ་སྒྲུབ་པ་ཀུན་བཞག་པ། །དམ་པའི་དོན་ལ་འཇུག་བྱའི་ཕྱིར། །མཁས་པ་རྣམས་ཀྱི་བྱས་པ་ཡིན། །སོགས་གསུངས་སོ། །

དོན་དམ་པར་མེད་པས་མེད་གོ་མི་ཆོད། ཀུན་རྫོབ་ཏུ་ཡོད་པས་ཡོད་གོ་ཆོད་བྱ་བ་འདི། དོན་ལ་འཕགས་པའི་ཡེ་ཤེས་ཀྱིས་མི་རྙེད་པས་མི་རྙེད་པའི་གོ་མ་ཆོད། སོ་སྐྱེའི་རྣམ་རྟོག་གིས་རྙེད་པས་རྙེད་གོ་ཆོད་བྱ་བ་ཡིན་འདུག་ལ། རང་བཞིན་གྱིས་གྲུབ་པ་དོན་དམ་པར་མེད། རི་བོང་རྭ

དོན་དམ་པར་མེད་སོགས། སྣང་གཞི་ཆོས་ཅན་གཏན་ནས་མི་སྲིད་པའི་རིགས་འདི་འདྲ་མ་གཏོགས་ནམ་ཡང་དོན་དམ་དུ་མེད་པས་མེད་གོ་ཆོད་པ་མི་རྙེད་ན། མེད་གོ་མི་ཆོད་པ་ཙམ་དུ་མ་ཟད་ཀྱི། ཡོད་གོ་ཆོད་པར་འདུག རི་བོང་རྭ་དོན་དམ་པར་མེད་ཅེས་དགག་བྱ་ལ་དོན་དམ་གྱི་ཁྱད་པར་སྦྱར་ཚེ། ཀུན་རྫོབ་ཏུ་ཡོད་པ་ཤུགས་ལ་གོ་ཞིང་། གཞན་དུ་ན་རི་བོང་རྭ་དོན་དམ་པར་མེད་ཅེས་པ་དང་རི་བོང་རྭ་མེད་ཅེས་པ་གཉིས་ལ་ཚིག་གི་ནུས་པའི་ཁྱད་པར་ཅི་ཡོད། འདི་ལ་དགོངས་ནས། བདག་ལས་སྐྱེ་བར་དོན་དམ་པར་མེད་དེ། ཞེས་གྲངས་ཅན་འགོག་པའི་རིགས་པའི་སྐབས་སུ་དོན་དམ་པའི་ཁྱད་པར་སྦྱར་བ་ལ་བདེན་པ་གཉིས་ལས་ཉམས་པའི་སྨུ་སྙེགས་ནི། བདེན་པ་གཉིས་ཆར་དུ་དགག་པར་བྱ་བ་ཡིན་པས། དོན་དམ་པའི་ཁྱད་པར་སྦྱར་མི་དགོས་སོ་ཞེས་སློབ་དཔོན་ཟླ་བ་གྲགས་པས་གསུངས་པ་ལྟར། བདེན་པ་གཉིས་ཆར་དུ་མེད་པའི་རི་བོང་རྭ་དགག་པ་ན་དོན་དམ་པའི་ཁྱད་པར་སྦྱར་ག་ལ་དགོས། རི་བོང་རྭ་དོན་དམ་དུ་མེད་པ་དང་། དེ་རྟོགས་པའི་བློ་གཉིས་སྟོང་ཉིད་དང་སྟོང་ཉིད་རྟོགས་པའི་བློ་ཡིན་ནམ་མིན། རི་བོང་རྭ་གཏན་ནས་མེད་པར་རྟོགས་པའི་བློ་དེས་རི་བོང་རྭ་དཀར་པོ། ནག་པོ་སོགས་ཡོད་པའི་སྒྲོ་འདོགས་ཤུགས་ཀྱིས་ཆོད་པས་རི་བོང་རྭ་བདེན་གྲུབ་ཡོད་པའི་སྒྲོ་འདོགས་ཀྱང་ཆོད་པ་ཡིན།

ཉོན་མོངས་ལམ་གྱི་དགག་བྱ་བྱས་དུས་ངོ་སྐལ་གྱི་སྤང་བྱ་དེ་གཏན་ནས་མེད་པར་བྱེད་པས་དོན་དམ་པའི་ཁྱད་པར་སྦྱར་མི་དགོས་སོ། །ཞེས་སྨྲ་བ་ཡང་རི་བོང་གི་མགོ་ལ་རྭ་ཞིང་ཤིན་ཏུ་རིང་བའི་རྭ་ནག་པོ་ཞིག་མེད་

ཅེས་སྨྲ་བའི་ཚེ། རྗེ་ཞིང་རིང་བ་ལ་སོགས་པའི་ཁྱད་པར་སྦྱར་ཚིག་ལ། དེའི་མགོ་ལ་བདེན་གྲུབ་ཀྱི་རྭ་མེད་དོ་ཞེས་དོན་དམ་པའི་ཁྱད་པར་སྦྱར་མི་ཚིག་པའི་དོན་ཅི་ཡིན་ཞེས་དྲི་བ་བྱའོ། །

ལམ་གྱི་དགག་བྱ་བྱ་བ་ཉོན་མོངས་ཅན་གྱི་སེམས་སྔ་མ་སྔ་མའི་འཛིན་སྟངས་རྣམས་ཕྱི་མ་ཕྱི་མས་འཇིག་པར་བྱེད་པ་འདི་ཙམ་ཞིག་ལས་འོས་མེད་ལ། དེ་ལ་དོན་དམ་པའི་ཁྱད་པར་སྦྱོར་མི་དགོས་ན། རིགས་པའི་དགག་བྱ་ལའང་ཅི་ལ་སྦྱོར་དགོས།

མདོར་ན་བདེན་འཛིན་ནང་དུ་ཡོད་པ་དང་། བདེན་འཛིན་མདུན་ན་མཐོང་བཞིན་པ་འདི་བཞག་ནས་གཞན་ཞིག་དགག་པ་ནི་རྗེ་ལྷུང་སྐྱ་རེན་པོ་ཆེས། སྣང་བ་ལིང་ལིང་འདི་རང་སོར་བཞག་ནས།། དགག་བྱ་རྭ་ཅན་ཞིག་འཚོལ་བར་འདུག་སྟེ། །ཞེས་གསུངས་པ་ལས་མ་འདས་པའོ། །

རྒྱུད་ཆེན་སངས་རྒྱས་རྒྱ་མཚོ་ལ། རྗེ་འཇམ་དབྱངས་བཞད་པས་ཐལ་རང་གཉིས་ཀའི་ལྟ་བའི་ཁྱད་པར་དྲིས་ཚེ། གཟིམ་ཁང་གི་ཀ་བ་ཞིག་ལ་ཕྱག་མཛུབ་བཙུགས་ནས་རང་རྒྱུད་པའི་ལུགས་ལ་ཤིང་ཧྲང་ཧྲང་པོ་འདི་ཀ་བ་ཡིན། ཐལ་འགྱུར་བའི་ལུགས་ལ་འདི་ཀ་བའི་གདགས་གཞི་ཡིན་གྱི་དེའི་སྟེང་དུ་མིང་རྐྱང་བཏགས་ཡོད་ཙམ་གྱི་ཀ་བ་ཞིག་ཡོད་ཀྱི་གསུངས་པ་དང་། ཨ་རིག་དགེ་བཤེས་ཆེན་མོ་དཔལ་མང་པཎྜི་ཏས་མཇལ་བར། ཁྱོད་པོ་ཧི་ལྷོ་ལས་ཅི་ལ་མཁས་ཞེས་གསུངས། དབུ་མ་ལ་སྦྱངས་པ་ཆེ་ཙམ་ཡིན་ཞེས་ཞུས་པས། འོ་ན། ཐལ་འགྱུར་བའི་ལུགས་ལ་འདི་ཅི་ཡིན་གསུང་ནས་མདུན་ན་ཅོག་ཙེ་ཞིག་འདུག་པ་ལ་ཕྱག་མཛུག་གེར་གེར་མཛད།

དེ་ཙོག་ཙེ་ལགས་ཞུས་པས། ཙོག་ཙེ་མ་ཡིན་པར་ཐལ། ཙོག་ཙེའི་གདགས་གཞི་ཡིན་པའི་ཕྱིར་གསུངས་པར་ལན་ཅི་ཡང་མ་རྙེད་པར་ལུས་ཞེས་གསུངས་པ་འདི་གཉིས་ངེས་པར་ཐལ་རང་གི་ལྟ་བའི་གནད་ཡིན་པར་འདུག་ཅིང་། དེ་ལྟར་ན་མདུན་ན་གནས་པའི་ཤིང་གྲུ་བཞི་འདི་ཙོག་ཙེ་ཡིན་པར་འཛིན་པ་དེ་ཐལ་འགྱུར་བའི་ལུགས་ཀྱི་བདེན་འཛིན་དང་། རང་རྒྱུད་པའི་ལུགས་ཀྱི་ཐ་སྙད་ཚད་མར་ཤེས་པར་བྱ་ལ། དེ་བཞིན་མདུན་ན་གནས་པའི་ཤིང་གྲུ་བཞི་འདི་ཙོག་ཙེ་ཡིན་པ་དེ་ཐལ་འགྱུར་བའི་ལུགས་ཀྱི་གཞན་ངོའི་ཁས་ལེན་དང་། རང་རྒྱུད་པའི་ལུགས་ཀྱི་རང་དབང་གི་ཁས་ལེན་དུ་ཤེས་པར་བྱ་ཞིང་། དེ་བཞིན་མདུན་ན་གནས་པ་འདི་གྲུ་བཞི་ཡིན་མིན་དྲིས་ཚེ་ཡང་། འདི་གྲུ་བཞིའི་གདགས་གཞི་ཡིན་གྱི་གྲུ་བཞི་མ་ཡིན།

དེས་ན་མདུན་ན་གནས་པ་འདི་ཡང་མདུན་ན་གནས་པའི་གདགས་གཞི་ཡིན་གྱི་མདུན་ན་གནས་པ་དེ་མ་ཡིན་ཞེས་མཐར་གདགས་གཞི་ཕྱི་མ་ཕྱི་མས་སྔ་མ་སྔ་མ་བསྡུས་ནས་འདི་ཡིན་གྱི་ཁས་ལེན་ཅི་ཡང་མེད་པའི་གདགས་གཞི་གདགས་ཆོས་ཐམས་ཅད་ཀྱིས་སྟོང་པས་བཟང་པོ་སྤྲོས་བྲལ་དང་། ངན་པ་མེད་དགག་གཉིས་དོན་གཅིག་མིང་གི་རྣམ་གྲངས་སུ་སོང་བས། གནས་གཅིག་ལ་སླེབས་པ་དེ་འཁོར་བའི་རྩ་བ་ཆོད་པའི་ལམ་གྱི་འགག་མདོ་དེ་ཡིན་པར་སྣང་ཞིང་། སྔར་ཡང་མདུན་ན་གནས་པ་དེ་ཤིང་གྲུ་བཞིར་འདུག གྲུ་བཞི་དེ་ཙོག་ཙེ་རུ་འདུག ཙོག་ཙེའི་སྟེང་ན་བུམ་པ་འདུག་སོགས་ཐ་མལ་པའི་བློ་མ་བསྒྱུར་བའི་འཇིག་རྟེན་ཕལ་པ་ཐམས་ཅད་ཀྱང་ཁ་མཐུན་ལ། འོན་ཀྱང་གྲུབ་མཐས་བློ་བསྒྱུར་མ་བསྒྱུར་བྱ་བ་འདི་

གཉིས་ཀྱི་ས་མཚམས་ཤིན་ཏུ་དབྱེ་དཀའ་སྟེ། རྣམ་པ་གཅིག་ཏུ་ན། པ་སངས་བྱ་བ་ཀུན་ལ་བཟང་། །སོགས་ཀྱི་རྗེས་སུ་འབྲང་བས་ཡི་གེ་ཙམ་ཡང་མི་ཤེས་པའི་ཕལ་པ་དེ་དག་ཀྱང་གྲུབ་མཐས་བློ་བསྒྱུར་བ་ཤ་སྟག་ཡིན་ལ། ཆོས་ཀྱི་གནས་ལུགས་ལ་བསམས་ནས་གྲུབ་མཐས་བློ་བསྒྱུར་མ་བསྒྱུར་གྱི་ས་མཚམས་དབྱེ་ན་ཡང་། རྗེ་བླ་མས་ཇི་སྐད་གསུངས་པ་ལྟར། རྟེན་ནས་འབྱུང་བའི་རྒྱུ་མཚན་གྱིས་དབུ་མ་པ་རྣམས་རང་བཞིན་མེད་པར་འདོད་ཅིང་། གཞན་པ་རྣམས་རྒྱུ་མཚན་དེ་ཉིད་ཀྱིས་རང་བཞིན་ཡོད་པར་འདོད་པས་གཉིས་ཀ་ཡང་གྲུབ་མཐའ་ཡིན་མིན་གྱི་ཁྱད་པར་ཅི་ཡང་མི་སྣང་ཞིང་། མདོར་ན་རྗེས་དཔག་ལ་བརྟེན་པ་ཐམས་ཅད་གྲུབ་མཐའ་དང་། མངོན་སུམ་ལ་བརྟེན་པ་ཐམས་ཅད་ཕལ་པ་རང་བཞིན་པའི་བློ་ཡིན་པ་ཙམ་གྱིས་ཤན་འབྱེད་ན་མ་གཏོགས་འབྱེད་ཆོས་ཅི་ཡང་མ་མཐོང་།

དེ་ལྟར་བྱས་ཚེ་ངའོ་སྙམ་པའི་ཡུལ་གྱི་ང་དེ་ལྷན་སྐྱེས་མ་རིག་པས་བཏགས་པའི་བདག་དང་། བདག་དེ་ཉིད་ཁྱད་པར་གསུམ་ལྡན་ཡིན་པར་སོགས་ཀུན་བརྟགས་ཀྱི་མ་རིག་པས་བཏགས་པའི་ཡུལ་དུ་བྱེད་དགོས་མོད་ཀྱང་། མིང་གི་བཏགས་པ་ལ་མ་ལྟོས་པ་རང་ངོས་ནས་གྲུབ་པར་འཛིན་པ་འགྲོ་བ་ཐམས་ཅད་ཀྱི་རྒྱུད་ལ་རང་བཞིན་དང་གིས་འབྱུང་བའི་ལྷན་སྐྱེས་ཀྱི་མ་རིག་པ་ཡིན་ཚུལ་དང་། བདེན་པར་མེད་ཀྱང་རང་བཞིན་གྱིས་ཡོད་པར་འཛིན་པ་དེ་སློབ་དཔོན་ལེགས་ལྡན་འབྱེད་ཀྱིས་གསར་དུ་བཟོས་པའི་གྲུབ་མཐས་བློ་བསྒྱུར་བའི་ཀུན་བརྟགས་ཀྱི་མ་རིག་པ་ཡིན་པའི་ཁྱད་པར་འདི་གཉིས་སུ་ཞིག་གིས་ཕྱེ་བར་ནུས།

གཤང་གཅི་གང་དཀར་འདོར་ཆོག་པར་འཛིན་པའི་བྲིས་པའི་བསམ་པ་དེ་ལྷན་སྐྱེས་ཀྱི་བློ་དང་། ནམ་ཞིག་གཤང་གཅི་གདན་གྱི་སྟེང་དུ་བཏང་མི་ཆོག་པར་འཛིན་པ་དེ་ཕ་མ་གཉིས་ཀྱི་གྲུབ་མཐས་བསྒྱུར་བའི་བློ་མིན་ནམ།

མདོར་ན་འཇིག་རྟེན་འདིར་སྐྱེ་བ་ཐམས་ཅད་ཀྱང་ནང་པའི་གྲུབ་མཐའ་བཞི། ཕྱི་རོལ་བའི་གྲུབ་མཐའ་དྲུག་ཅུ་སོགས་ཀྱིས་བློ་མ་བསྒྱུར་བ་ནི་ཡོད་སྲིད་མོད་ཀྱི། རང་ཉིད་རང་གི་གྲུབ་མཐས་ཡིད་མ་བསྒྱུར་བ་ནི་གཅིག་ཀྱང་མེད་དེ། ཕ་མ་གཉིས་སོགས་སྐལ་མཉམ་གྱི་འགྲོ་བ་དག་གི་ལུང་དང་། རང་གི་རིགས་པ་ཟུང་དུ་མ་འབྲེལ་བ་ཤེས་བྱ་རྣམས་འདི་དང་འདི་ཡིན་ཞེས་སྨྲ་བ་སུ་ཡང་མི་སྲིད་པས་སོ། །

ཐལ་འགྱུར་བའི་སློབ་དཔོན་ཆེན་པོ་རྣམས་ཀྱིས་ཀྱང་ཀུན་རྫོབ་ཀྱི་རྩ་བ་འཛུགས་པའི་གཞི་འདི་ཙམ་ཞིག་ལས་མ་གཟིགས་པས། འཇིག་རྟེན་ལ་གྲགས་པ་ཞིག་ཀུན་རྫོབ་ཀྱི་རྣམ་བཞག་ཏུ་བཞེད་དོ། །

དེས་ན་རང་གིས་བསྟོན་དུ་མེད་པའི་སྣང་བ་འདི་དག མི་ལ་མིའི་སྣང་བ་བསྟོན་དུ་མེད། འདྲེ་ལ་འདྲེའི་སྣང་བ་བསྟོན་དུ་མེད། ཁྱི་ལ་ཁྱིའི་སྣང་བ་བསྟོན་དུ་མེད་པ་སོགས་ཡིན་མོད་ཀྱི། འདྲེ་ཡི་སྣང་བར་གྲུབ་པའི་ཁང་པ་དང་། མི་ཡི་སྣང་བར་གྲུབ་པའི་ཁང་པ་གཉིས་ཀ་ཚད་མས་གྲུབ་ཅིང་། སྣང་བདེ་གཉིས་གང་ལས་བྱུང་བའི་གཞི་འདྲེ་ཁང་མི་ཁང་གང་ཡང་མ་ཡིན་པའི་ཁང་པ་འདྲེ་དང་མི་གཉིས་ཀས་མ་མཐོང་བ་ཞིག་ཡོད་པར་འདོད་པ་ནི། གྲངས་ཅན་པའི་སྤྱི་རྟག་དངོས་ཀྱི་འདོད་ཚུལ་དང་ཁྱད

ཅི་ཡང་མེད་ལ། སེམས་ཙམ་པའི་གྲུབ་མཐའ་དང་ཡང་ཅུང་ཟད་ཉེ་མོད། རྣལ་འབྱོར་སྤྱོད་པ་རྣམས་ཀྱིས་བལྟ་བྱ་ཐུན་མོང་བའི་སྣང་བ་གང་ལས་འབྱུང་བའི་གཞི་དེ་ལ་བསྟན་གཞིར་ཐོར་པ་གང་ཡོད་པར་མི་སྨྲ་ཡི། རྩ་བ་གཅིག་གང་ལས་རིགས་དྲུག་གི་རྣམ་ཤེས་ཐ་དད་དུ་འབྱུང་བའི་ཀུན་གཞིའི་རྣམ་པར་ཤེས་པའི་ངང་དུ་གནས་པའི་བག་ཆགས་ཀྱི་ནུས་པ་སད་ཚུལ་ཙམ་ཞིག་ཏུ་བཞེད་དོ། །

རྣམ་སྨིན་ལུས་དྲུག་ལྡན་པའི་རིགས་དྲུག་ལ། །
སྣང་བ་རྣམ་དྲུག་འབྱུང་བ་སྨོས་ཅི་དགོས། །
དབང་པོ་དྲུག་ལྡན་མི་ཡི་ལུས་ལ་ཡང་། །
ཐུན་མོང་རྩ་བ་མེད་པའི་སྣང་བ་དྲུག །
ཅེས་ཀྱང་སྨྲོ། །

མདོར་ན་རང་ཅག་ཐ་མལ་པ་རྣམས་ལ་སྣང་ཞིང་། ཤིང་ཏ་རྣམ་བདུན་གྱི་རིགས་པས་དུམ་བུ་རྫོང་དུ་བཤིགས་ཀྱང་ཕྲོག་ཏུ་མེད་པའི་སྣང་བ་འདི་ཀུན་ཤེས་སྒྲིབ་ཁོ་རང་ངམ་ཁོ་ཡི་ནུས་པ་ཞིག་ཡིན་པར་སྣང་།

འདིའི་རྒྱུ་མཚན་གྱིས་རང་ཅག་གིས་རྩིག་པའི་ཕ་རོལ་གྱི་གཟུགས་མི་མཐོང་བ་ཡིན་ལ། སངས་རྒྱས་ཀྱིས་རྩིག་པའི་ཕ་རོལ་གྱི་གཟུགས་གཟིགས་པ་ཡིན་པས། སྣང་བའི་རྣམ་གཞག་འདི་ཀུན་རིགས་ངོར་ཡོངས་སུ་རྫོགས་པར་ཞིག་པ་ན་ཉོན་སྒྲིབ་སྤངས་པ་དང་། སྣང་ངོར་ཡོངས་སུ་རྫོགས་པར་ཞིག་པ་ཤེས་སྒྲིབ་སྤངས་པ་ཡིན་ནོ་ཞེས་སློབ་དཔོན་ཟླ་བ་གྲགས་པ་ནི་སྒྲིབ་གཉིས་ཟད་པའི་སངས་རྒྱས་ལ་དེ་ལྟར་མེད་པར་སྣང་ངོ། །

ཅིག་ཅེ་སྙིང་ཐག་པ་ནས་མཐོང་བ་ཉོན་སྒྲིབ་དང་། མིག་གིས་ཡོད་པར་མཐོང་བ་ཙམ་ཤེས་སྒྲིབ་སྟེ། སྒྱུ་མའི་ལྟད་མོ་བ་རྣམས་ཀྱིས་སྒྱུ་མའི་བུད་མེད་ལ་ཆགས་ཚུལ་དེ་ཉོན་སྒྲིབ་ཀྱི་དཔེ་དང་། སྒྱུ་མ་མཁན་རང་གིས་སྒྱུ་མའི་བུད་མེད་ལ་ཆགས་ཚུལ་དེ་ཤེས་སྒྲིབ་ཀྱི་དཔེ་ཏུ་ཞི་བ་ལྷས་གསུངས་སོ། །

གཅིག་ཡིན་ན་གཅིག་ཤོས་མེད་དགོས་སོགས་ཀྱི་རྟོག་པའི་དྲ་བ་འདི་དག་རྣམ་པར་བསལ་ཅིང་བཅད་པའི་ཕ་རོལ་ན། གཅིག་དང་ཐ་དད་གཉིས་ཀ་གཅིག་ཏུ་འདུས་པས། བསམ་པའི་ཡུལ་ལས་འདས་པས་ཟབ་ཅིང་། གཅིག་དང་ཐ་དད་ཀུན་ལ་ཁྱབ་པའི་རྒྱ་ཆེ་བའི་སྐྲུ་སྟེ་རྣམ་པ་མངའ་བ། མཆོག་དམན་གདུལ་བྱའི་བློ་ངོར་ཀུན་ཏུ་བཟང་པོའི་གསུང་གི་འོད་ཟེར་དག་ཀུན་ནས་འཕྲོ་བ་ཞིག་ཡོད་པར་ངེས་པས་དེ་ལ་ཕྱག་འཚལ་ལོ།།

གནད་ཀ་མཐར་ཐུག་ནི་རང་བཞིན་མེད་པར་རྟོགས་ཚེ་ས་རྡོ་རི་བྲག་རྣམས་རང་ལ་སྣང་ཚུལ་དང་གཞན་ལ་སྣང་ཚུལ་གཉིས་ཤིན་ཏུ་ཐ་དད་དུ་སོང་བས་གཞན་གྱིས་རྡོ་ཞིག་བརྗོད་པ་དེ་དོན་ལ་བདེན་གྲུབ་ཀྱི་རྡོ་བརྗོད་པ་ཡིན་ཞིང་། རང་གིས་ཡིན་ཞེས་ཁས་བླངས་པ་དེ་རང་བཞིན་གྱིས་མ་གྲུབ་པའི་རྡོ་བརྗོད་པ་ཡིན་པས། རང་བཞིན་གྱིས་མ་གྲུབ་ན་རྡོ་མིན་དགོས་པ་དང་། རྡོ་ཡིན་ན་རང་བཞིན་གྱིས་མ་གྲུབ་དགོས་པའི་བསམ་མནོ་བཏང་ཚུལ་གཉིས་གཞི་གཅིག་གི་སྟེང་དུ་ནམ་ཡང་བརྫ་འཕྲོད་པ་མེད་པས། ཐལ་འགྱུར་བ་དང་དངོས་སྨྲ་བ་གཉིས་ལ་ཆོས་ཅན་མཐུན་སྣང་བ་

མེད་པ་ཡིན་ཞིང་། བརྡ་འཕྲོད་ཆེ་ཡང་རྒྱལ་པོ་སྐུ་ཆེ་རིང་བར་ཤོག ཅེས་ཕན་ཚུན་གྱི་ཡུལ་རྒྱུས་མེད་པའི་རྒྱ་དཀར་ནག་གཉིས་ཀའི་མི་གཉིས་ཀྱིས་ལྷན་གཅིག་ཏུ་བརྗོད་ཆེ་རྒྱ་ནག་པོའི་ཚིག་གི་བརྗོད་བྱ་ནི་སྐྲ་དང་སྨྲ་ར་རིང་ཞིང་གོས་ནག་གྱོན་པའི་རྒྱལ་པོ་དེ་ཡིན་ལ། རྒྱ་དཀར་པོའི་ཚིག་གི་བརྗོད་བྱ་ནི་སྐྲ་དང་སྨྲ་ར་མེད་ཅིང་རས་དཀར་གྱོན་པའི་རྒྱལ་པོ་དེ་ཡིན་གྱི། རྒྱལ་པོ་བྱ་བའི་ཚིག་གཉིས་ཀྱང་གཅིག་ཏུ་སོང་ལ། གཅིག་གིས་གཅིག་ལ་རྩོད་ལན་བྱེད་པ་ཡང་མ་དགོས་པས་ཕན་ཚུན་བརྡ་འཕྲོད་པ་ཙམ་ཡིན་ནོ། །

དོན་ལ་ཁས་ལེན་བྱ་བ་འདི་ཡོད་དང་ངག་གིས་ཁས་བླངས་ནའང་འདྲ་བས་རང་ལ་འཆར་ཚུལ་ཇི་ལྟ་བ་བཞིན་ཏུ་ཁས་བླངས་པའམ་ཡིད་ཆེས་ནས་རང་ལུགས་སུ་ཁས་ལེན་པ་ཡིན་ལ། སྣང་ཚུལ་དང་གནས་ཚུལ་མི་མཐུན་པ་ཁས་ལེན་པ་དེ་གཞན་ངོར་ཁས་ལེན་པ་ཡིན་ཞིང་། སྣང་བ་དེ་ཀའི་སྟེང་དུ་སྣང་བའི་བདེན་བཞི་སྣང་བའི་ལམ་ལྔ་ཁས་ལེན་པ་སོགས་དོན་ལ་འཁྲུལ་སྣང་ཁས་ལེན་པ་ཡིན་མོད་ཀྱི། འཁྲུལ་སྣང་གི་རིམ་པ་འདི་ལ་མ་བརྟེན་པར་མཐར་ཐུག་གི་གནས་སུ་བགྲོད་པའི་ལམ་མེད་པས། ཞེས་དང་། ཞི་བ་ལྷས། ཐུག་བསྔལ་ཉེ་བར་ཞི་དོན་དུ། །འབྲས་བུའི་རྨོངས་པ་བཟློག་མི་བྱ། །ཞེས་གསུངས་ལ། གོ་ཆོད་པའི་འབྲས་བུའི་རྨོངས་པ་དེ་ནི་གོང་གི་གཟིངས་དང་དོན་གཅིག་པར་སྣང་ལ། འཁོར་བའི་ཆུ་བོའི་ཕ་རོལ་གྱི་འགྲམ་དུ་སླེབས་ཆེ་འཁོར་བ་དང་ལྷན་ཅིག་ཏུ་སྤང་བར་གསུངས་སོ། །

ཐེམ་སྐས་འོག་མ་ལ་བརྟེན་ནས། ཐེམ་སྐས་གཉིས་པ་ལ་འཛེགས། དེ་ལ་བརྟེན་ཅིང་དེ་སྤངས་ནས། །ཐེམ་སྐས་གསུམ་པ་ལ་འཛེགས་པ་

སོགས་གསུམ་གྱི་བགྲོད་ཚུལ་འདི་འདྲ་ཡིན་གྱི། བྱིས་པའི་རྣམ་རྟོག་གི་རང་བཞིན་མ་བཟེ་བར། དར་མ་དང་རྒན་པོའི་གནས་སྐབས་སུ་འཕོ་ཚུལ་ཡང་མེད་ན། སོ་སོའི་སྐྱེ་བོའི་རྣམ་རྟོག་གི་སྣང་ཚུལ་མ་བཟེ་བར། སངས་རྒྱས་ཀྱི་ས་ལ་འཕོ་ཚུལ་དེ་ལས་ཀྱང་ག་ལ་ཡོད།

དངོས་སྨྲ་བས་རང་བཞིན་མེད་ན་རྒྱུ་འབྲས་མི་འཐད་ཅེས་ཐལ་འགྱུར་བ་ལ་ཐལ་བ་འཕངས་པ་ལ། རང་བཞིན་མེད་པ་ཡིན་ཀྱང་མེད་པ་མ་ཡིན་པའི་སྐྱོན་མེད་དོ་ཞེས་ཐལ་འགྱུར་བས་ལན་འདེབས་སོ་བྱ་བ་འདི་ཕྱི་རབས་པའི་ལུགས་དང་། རང་ལུགས་ལ་རང་བཞིན་ཡོད་མེད་དང་ཡིན་མིན་ལ་སོགས་པ་གང་དུ་ཡང་ཁས་མི་ལེན་པས་སྐྱོན་མེད་དོ་ཞེས་ལན་འདེབས་དགོས་པ་འདི་སྔ་རབས་པའི་ལུགས་ཡིན་ནོ། །

མདོར་ན་ཐུན་མོང་མ་ཡིན་པའི་དབུ་མའི་ཁྱད་ཆོས་གཙོ་བོ་གཅིག་ནི། དངོས་སྨྲ་བ་རྣམས་ཡོད་པ་འགོག་པའི་རིགས་པ་དེ་ཉིད་ཀྱིས་མེད་པ་ཡིན་པར་སྒྲུབ། མེད་པ་འགོག་པའི་རིགས་པ་དེ་ཉིད་ཀྱིས་ཡོད་པར་སྒྲུབ་པར་སོགས་ཕྱོགས་སྔ་མ་བཀག་ཚེ་རང་ཕྱོགས་ཕྱི་མར་སྒྲུབ་པ་ལས་འོས་མེད་པ་དགོངས་པ་ཡིན་ལ། ཐལ་འགྱུར་བ་ནི། གཞན་གྱི་ཕྱོགས་མ་ལུས་པ་འགོག་པ་མ་ཟད་རང་གི་ཕྱོགས་ཀྱང་དེ་དང་མཐུན་པའི་རིགས་པ་དེ་ཉིད་ཀྱིས་བཀག་པས། རེ་ཞིག་སོང་ལ་འགྲོ་བ་མིན། །ཞེས་སོང་བ་ལ་འགྲོ་བ་བཀག་པ་ན། འོ་ན་མ་སོང་བ་ལ་འགྲོ་བ་ཡོད་དམ་སྙམ་ཆེ། མ་སོང་བ་ལའང་འགྲོ་བ་མེད། །ཅེས་དང་། འོ་ན་དེ་གཉིས་ལས་གཞན་དུ་འགྲོ་བ་ཡོད་དམ་སྙམ་ཆེ། སོང་དང་མ་སོང་མ་གཏོགས་པ། །སོམ་པ་ཤེས་པར་མི་

འགྱུར་རོ། །ཞེས་དེ་ཡང་བཀག་པ་སོགས་ཡིན་ནོ། །

མཉམ་གཞག་ཞི་སྐབས་སུ་ཅི་ཡང་མེད་པ་དེ། རྗེས་ཐོབ་ཀྱི་སྣང་བ་དང་འབྲེལ་ཚེ་མཉམ་གཞག་གི་སྐབས་ཅིར་ཡང་མེད་པ་དང་། རྗེས་ཐོབ་ཏུ་ཅིར་ཡང་སྣང་བ་གཉིས་ཟུང་དུ་འབྲེལ་བའི་དོན་ཡིན་ལ། དེ་ནི་དོན་དམ་པར་ཅིར་ཡང་མ་གྲུབ་པ་དང་། ཐ་སྙད་དུ་ཅིར་ཡང་གྲུབ་པའི་དོན་དུ་ཤེས་པར་བྱའོ། །

བོད་སྤྱི་མས། རང་བཞིན་མེད་པ་གང་ཟག་གི་བདག་མེད་དང་། མཐའ་བཞི་སྤྲོས་བྲལ་ཆོས་ཀྱི་བདག་མེད་དུ་འདོད། ཕྱི་རབས་པའི་ལུགས་ལྟར་ན། བདག་མེད་གཉིས་སྟོང་གཞི་ཆོས་ཅན་གྱི་སྒོ་ནས་འབྱེད་དགོས་པས། བུམ་པ་རང་བཞིན་མེད་པ་བུམ་པའི་སྟོང་ཉིད། ཀ་བ་རང་བཞིན་མེད་པ་ཀ་བའི་སྟོང་ཉིད་དུ་ འདོད་པ་ལྟར། ང་དང་ང་ཡི་བ་རང་བཞིན་མེད་པ་གང་ཟག་གི་བདག་མེད་དང་། བུམ་པ་རང་བཞིན་མེད་པ་ཆོས་ཀྱི་བདག་མེད་ཡིན་པར་ཤེས་པར་བྱ་ལ། བོད་སྤྱི་མའི་ལུགས་ལྟར་ན། གང་ཟག་དང་ཆོས་ཀྱི་བདག་མེད་རྟོགས་པའི་ལྟ་བ་གཉིས་ལ་མཐོ་དམན་གྱི་ཁྱད་པར་ཤིན་ཏུ་ཆེ་ཞིང་། བདེན་པ་ཡོད་སྨྲ་པའི་དཀྱུས་མའི་རྣམ་རྟོག་འདིའི་འགལ་ཟླའི་སྙིང་དུ་གནས་པ་དེ་གང་ཟག་གི་བདག་མེད་ལ་བློ་འཛོག་ཚུལ་ཡིན་ལ། དེ་ཡང་དོན་ལ་ཀུན་རྫོབ་ཀྱི་སྣང་བ་ལས་མ་འདས་པས་ཀུན་རྫོབ་ཀྱི་སྣང་བ་བློ་ཡི་ཡུལ་དུ་བྱེད་ནུས་པ་ཕྲ་བའི་མཐར་ཐུག་ནི། ཡང་ན་ཡོད་པ། ཡང་ན་མེད་པ། ཡང་ན་གཉིས་ཀ་ཡིན་པ། ཡང་ན་གཉིས་ཀ་མ་ཡིན་པ་འདི་བཞི་ལས་འདའ་བ་མེད་པས་བཞི་ཆར་དུ་མེད་པ་དེ་ཉིད་རྣམ་

གྲངས་མ་ཡིན་པའི་དོན་དམ་མམ། ཡང་ན་ཀུན་རྫོབ་མ་ཡིན་པའི་དོན་དམ་བྱ་བ་དེ། མདོར་བསྡུ་ན། བརྗོད་དུ་མེད་པའི་དོན་དམ་བྱ་བ་ཡིན་ནོ། །

སྤྱོད་འཇུག་ལས། དོན་དམ་བློ་ཡི་སྤྱོད་ཡུལ་མིན། །བློ་ནི་ཀུན་རྫོབ་ཡིན་པར་བརྗོད། །ཅེས་དང་། གང་ཚེ་དངོས་དང་དངོས་མེད་དག །བློ་ཡི་མདུན་ན་མི་གནས་པ། །དེ་ཚེ་རྣམ་པ་གཞན་མེད་པས། །དམིགས་པ་མེད་པར་རབ་ཏུ་ཞི། །ཞེས་དང་། དེ་ཚེ་དམ་ཆོས་ཡུལ་མེད་པ། །ཞེས་དང་། སངས་རྒྱས་བསྟན་པ་གནས་མེད་པ། །སོགས་དེ་བཞིན་གཤེགས་པས་བསྟན་པའི་ཆེ་བ་ལ་ཐུ་སྟེགས་གཞན་དང་མི་འདྲ་བར་འཁོར་བའི་རྣམ་རྟོག་གི་ཡུལ་དུ་གྱུར་པའི་ཡོད་མེད་སོགས་གང་གི་སྟེང་དུ་ཡང་། དེ་དག་དང་ཤིན་ཏུ་མཇའ་ཞིང་འབྲེས་པའི་རྣམ་རྟོག་གི་གྲུབ་མཐའ་འཛོག་པའི་ཐབས་མི་མཛད་པར། རྣམ་རྟོག་གི་ར་བ་འདི་ལས་འདས་པའི་ཐབས་སྟོན་པ་ཡིན་ལ། གཞན་དག་གི་ཟབ་མོའི་དོན་ཇི་ལྟར་འཆར་བ་སྐད་བྱེད་ཀྱང་། དོན་ལ་ལྷན་སྐྱེས་ཀྱི་བློ་འདི་ཉིད་ལ་མངོན་སུམ་དང་རྗེས་དཔག་གི་རིགས་པས་བརྒྱན་ཏེ་རྩ་བ་བརྟན་དུ་བཏང་བ་ཙམ་ཡིན་ལ། རྗེ་བླ་མས་ཀྱང་། ཁྱོད་ཀྱི་བསྟན་ལ་ཕྱིར་ཕྱོགས་པས། །ཡུན་རིང་ངལ་བར་བསྟེན་བྱས་ཀྱང་། །ཕྱི་ཕྱིར་སྐྱོན་རྣམས་ཐོས་པ་བཞིན། བདག་ཏུ་འཛིན་པ་བརྟན་ཕྱིར་རོ། །ཞེས་གསུངས་པ་ཡང་དགོས་པའི་མཐིལ་འདི་ཡིན་པར་སྣང་།

བརྗོད་དུ་མེད་ཅེས་བརྗོད་པ་དེ་ཉིད་བརྗོད་པ་ཡིན་ནོ་སོགས་སོ་སྐྱེ

ཐུན་མོང་གི་རྣམ་རྟོག་ཁ་མཐུན་པའི་རྗོད་པ་འདི་དག་ནི། སེར་པོ་སྣང་བ་གང་ཡིན་དེ་ཉིད་དུང་ཡིན་ནོ་ཞེས། མཁྲིས་ནད་ཅན་གྱི་སྔ་རྒོལ་དང་ཕྱི་རྒོལ་གཉིས་ཀྱིས་རྗོད་པ་བྱེད་པ་དང་། རྨི་ལམ་དུ་རྨི་ལམ་རྨིས་པ་དང་འདི་རྫུན་པ་ཡིན་ནོ་སྙམ་པའི་བློ་གཉིས་ཀ་ཡང་མཁྲིས་ནད་དང་གཉིད་ཀྱིས་བསླད་པ་འདྲ་མོད། ཇི་སྲིད་མཁྲིས་ནད་ལས་ཐར་བ་དང་གཉིད་མ་སད་པ་དེ་སྲིད་གཅིག་བདེན་པ་གཅིག་མི་བདེན་པའི་རྣམ་གཞག་གི་འོག་ཏུ་དབང་མེད་དུ་འཛུད་དགོས་པ་འདི་མ་རིག་པའི་སྐྱོན། རྟེན་འབྱུང་གི་ཡོན་ཏན་གཉིས་ཀ་ཡིན་པར་ཤེས་པར་བྱའོ། །

སྤྱིར་ཁ་ནས་ཁྲག་ཚད་ཁས་ལེན་དུ་བྱ་ན། སྔ་རྒོལ་ཁ་མ་ཁྲག་པར། ཕྱི་རྒོལ་གྱིས་རྒོལ་བའི་དོན་མི་སྲིད་པས། ཁས་ལེན་མེད་པ་མི་སྲིད་ན་ནི་དགག་དགོས་པའི་དོན་ཡང་མེད་ལ། ཡོད་ན་ནི་ཁས་ལེན་མེད་པར་བྱ་བ་དང་། ངག་མི་སྨྲ་བྱ་བ་སོགས་ཁས་ལེན་དང་ངག་ཡིན་མོད། ཁས་ལེན་མེད་བཞིན་པ་དེ་ག་ཁས་ལེན་ཡིན། ཁས་ལེན་མེད་པ་དེ་ཉིད་ལྷག་ཚོད་ཡིན་ནོ་ཞེས་རྗོད་པ་འདི་ཐལ་འགྱུར་བ་དང་། དངོས་སྨྲ་བར་དུ་འབྱུང་བ་ལས་འོས་མེད་ལ། དོན་ལ་རང་བཞིན་མེད་ཅེས་པའི་ཚིག་དེ་ཉིད་ཀྱང་། དངོས་སྨྲ་བའི་ངོར་རང་བཞིན་ཡིན་པས་ལྷག་ཚོད་དུ་སོང་བས། རང་བཞིན་ཀུན་ལ་ཡོད་མིན་ན། །ཁྱོད་ཀྱི་ཚིག་ཀྱང་རང་བཞིན་མེད། །ཅེས་རྒོལ་བར་བྱེད་པ་དང་ཁྱད་མེད་ལ། གལ་ཏེ་ཁས་ལེན་མེད་ན་ནི། །ཁས་ལེན་མེད་པར་ཁས་ལེན་ཅི། །ཞེས་རྒོལ་ན་ཡང་སྔ་མ་དང་འདྲ་བས། སློབ་དཔོན་ཟླ་སྒྲུབ་ཀྱིས། ཁས་ལེན་མེད་པ་གང་ཡིན་པ། །དེ་ནི་ཁྱོད་ཀྱི་ཁས་

ལེན་ཉིད། །དུང་དཀར་སེར་པོ་གང་ཡིན་པ། །དེ་ནི་ཚྭོད་ཀྱི་ཁས་ལེན་ཉིད། །ཅེས་གསུངས་པར་སྣང་།

དེས་ན་ཁས་ལེན་གྱི་མཚན་ཉིད་ནི། ཚིག་གང་ཞིག བརྗོད་བྱའི་དོན་ལ་སླུ་བ་པོ་རང་ཉིད་སྙིང་ནས་ཡིད་ཆེས་པ་བྱ་བ་ཞིག་དགོས་པ་ཡིན་ལ། འདི་འདྲའི་རྣམ་གཞག་འདོད་ན། བདེ་བར་གཤེགས་པས་དྲང་དོན་གསུངས་པ་དང་། སྐྱེ་བོ་ཕལ་པས་རྫུན་བཤད་པ་སོགས་ཀྱང་འོང་བའི་གནས་མེད་ལ། ལར་སྣང་ཚུལ། གནས་ཚུལ། བཤད་ཚུལ། བསམ་ཚུལ། དགོངས་ཚུལ་མི་མཐུན་པ་འདི་དག་གི་ཁྱད་མ་ཕྱེད་པར་དམ་པའི་ཆོས་ལ་མོས་པ་ཙམ་ཡང་འབྱུང་དཀའ་བར་སྣང་། དེའི་ཕྱིར་མདོ་ལས། གལ་ཏེ་དབང་པོ་འདི་དག་ཚད་ཡིན་ན། །འཕགས་པའི་ལམ་གྱིས་སུ་ལ་ཅི་ཞིག་བྱ། །བྱ་བ་འདི། གལ་ཏེ་རང་རང་སོ་སོས་ཐག་ཆོད་ན། །འཕགས་པའི་ལམ་གྱིས་སུ་ལ་ཅི་ཞིག་བྱ། །བྱ་བ་དང་དོན་གཅིག་ཏུ་སྣང་།

ཚད་མའི་སྐྱེས་བུ་སྟོན་དུ་བསྒྲུབས་ནས་དེའི་ལུང་གི་རྗེས་སུ་འབྲང་བ་གཞན་གྱི་ལུགས་དང་། བསྟན་པ་ལུང་ཚད་མར་བསྒྲུབས་ནས་སྟོན་པ་ཚད་མའི་སྐྱེས་བུ་སྒྲུབ་པ་རིགས་པའི་རྒྱལ་པོའི་བཞེད་པ་སྟེ། རྗེས་སུ་འབྲང་མི་འབྲང་ཡང་གཞལ་བྱའི་གནས་གསུམ་པ་ཤིན་ཏུ་ལྐོག་གྱུར་དོན་པོ་ནའི་དབང་དུ་བྱེད་པ་ཡིན་ལ། དེའི་རྗེས་སུ་འབྲང་ན་མི་བསླུ་བྱ་བ་ཡང་། ཕྱིར་བསླུ་མི་བསླུ་བྱ་བ། དེའི་རྗེས་སུ་འབྲང་ན་ཕན་པ་དང་གནོད་པ་འབྱུང་བའི་དོན་ཙམ་ཡིན་པས། དེ་བཞིན་གཤེགས་པས་འདི་བྱ་ན་བཟང་། མ་བྱས་ན་ངན་སོགས་ཐམས་ཅད་ཀྱི་རྗེས་སུ་འབྲང་ན་བསླུ་བ་མེད་པ་དེ།

སངས་རྒྱས་ཀྱིས་གསུངས་སྙིག་གྱུར་ལ། །གང་ཞིག་ཐེ་ཚོམ་ཟ་བྱེད་པ། །དེ་ཡི་སྟོང་པ་ཉིད་བསྟན་ནས། །ཐབས་དེ་ཁོ་ནས་ཡིད་ཆེས་བྱ། །ཞེས་དང་། གཙོ་བོའི་དོན་ལ་མི་བསླུ་ཕྱིར། །གཞན་ལའང་རྗེས་སུ་དཔག་པ་ཡིན། ། ཞེས་དོན་གྱི་གཙོ་བོའི་ཆོས་ཀྱི་གནས་ལུགས་བསྟན་པ་ལ་མི་བསླུ་བའི་ཕྱིར། དོན་ཕལ་པ་མངོན་མཐོའི་ཀུན་རྫོབ་ཀྱི་རྣམ་གཞག་བསྟན་པ་ལའང་བསླུ་བ་མེད་པའམ་རྗེས་སུ་འབྲང་ན་ཕན་པ་འབའ་ཞིག་འབྱུང་གི་གནོད་པ་ཙུང་ཟད་ཀྱང་མི་འབྱུང་བས། ཚུལ་འདི་བུ་ཆུང་མ་ཡི་རྗེས་སུ་འབྲང་ཚུལ་གྱི་དཔེ་ལྟར་ཡིན་ལ། འབྲང་ཚུལ་དེ་ཡང་མས་ཕྱི་རོལ་དུ་སོང་ན་སྡུག་ཡོད། དེ་ལས་ཐག་རིང་དུ་སོང་ན་རྒྱ་ཅོག་གཅོད་སོགས་ལ་དྲང་ངེས་གང་ཡིན་གྱི་དཔྱད་པ་བྱ་མ་དགོས་ཀྱི། ཕྱི་རོལ་དུ་མི་འགྲོ་བ་ཞིག་མ་ཡིན། ངག་ལ་ཡིད་ཆེས་ཏེ་ཉན་དགོས་པ་ཡིན་ནོ། །

དེའི་ཕྱིར་སངས་རྒྱས་བཅོམ་ལྡན་འདས་ཀྱིས། འཚོལ་མ་མནའ་མས་གཟུགས་བརྙན་བཞིན་དུ་བྱས། ། ཁྱིམ་པས་སྨད་པའི་ཤམ་ཐབས་མཐོ་བར་མཛད། །ཆུ་ལ་བརྒྱལ་ཞིང་ཙོ་འདྲི་བྱས་པ་ན། །མཐང་གོས་སོང་བུའི་གོང་དུ་ཕབ་པར་མཛད། ། བདེ་བར་གཤེགས་པའི་ཐབས་ལམ་མཁས་པ་འདི་ནི་ཆོས་འདུལ་བའི་སྤྱོད་པ་ཕྲ་མོ་ནས་བཟུང་སྟེ། ཆོས་ཀྱི་གནས་ལུགས་མཐར་ཐུག་གི་བར་དུ་རིགས་བསྒྲེ་དགོས་ཏེ། འཇིག་རྟེན་དང་སློ་བསླུན་དགོས་པའི་བཞེད་པ་གཅིག་དང་། སྟོན་པ་རང་གི་དགོངས་པ་གཅིག་བཅས་གཉིས་གཉིས་ཡོད་པར་ཤེས་པར་བྱ་ལ། བདེར་གཤེགས་རང་གི་དགོངས་པ་ལ་ནི་དྲུག་སྡེ་དག་གི་ཤམ་ཐབས་ပུས་མོ་གོང་ཙམ་དུ

ཡར་བརྗེས་པ་དང་། རྟེང་པའི་བར་དུ་མར་ཐབ་པ་གཉིས་ལ་ཁྱད་ཡོད་པའི་ཚོད་མི་འདུག་ཀྱང་། མཉན་ཡོད་ཀྱི་ཁྱིམ་པ་ཕོ་མོ་རྣམས་ཀྱི་ངོར། དེ་དག་གི་སྣང་བ་དང་མཐུན་པའི་ཤམ་ཐབས་མཐོ་དམན་གྱི་ཚད་གཞི་མཛད་པ་ཡིན་ལ། ནམ་མཁར་མཐའ་མེད་ཀྱང་དཀྱིལ་ཡོད། འཁོར་བར་ཐོག་མ་མེད་ཀྱང་མཐའ་མ་ཡོད་གསུང་པ་སོགས་ཀྱང་སྲིད་གསུམ་འཁོར་བ་མཉན་ཡོད་ཀྱི་ གྲོང་ ཁྱེར་ ཆེན་ པོའི་ སོ་ སྐྱེ་ ཁྱིམ་ པ་ རྣམས་ ཀྱི་ བསམ་ པ་ ལ་ གང་འཚམས་པ་ཞིག་གསུངས་པར་སྣང་།

ཇི་སྲིད་ཀུན་རྫོབ་ཀྱི་སྣང་བ་མ་འགག་པ་དེ་སྲིད་དང་། ཇི་སྲིད་རྣམ་ཤེས་ཀྱི་རྟེན་མ་བརྗེ་བར་དེ་སྲིད་དུ་སྟོང་པ་ཉིད་མངོན་སུམ་དུ་རྟོགས་ཀྱང་། སྔར་གང་ཁས་བླངས་པ་དེ་དབང་མེད་དུ་ཁས་ལེན་དགོས་པ་འདི་ལ་རིགས་པས་སྒྲུབ་བྱེད་ཀྱིས་འབད་པ་བྱ་མ་དགོས། གལ་སྲིད་ཁས་མ་བླངས་ཀྱང་། མཐོང་བ་དང་ཐོས་པ་དང་། སྐྱོང་བ་ཁོ་རང་གི་མངོན་སུམ་དུ་གྱུར་བ་དེ་ལ། རིགས་པས་དགག་སྒྲུབ་ཀྱི་དོན་མ་དགོས། ཀུན་རྫོབ་ཁས་མ་བླངས་པས་ཆད་ལྟར་ལྟུང་བའི་ཉེན་ཡོད་ན། མིག་དང་རྣ་བའི་སྣང་བ་དེ་ག་ཡོད་མེད་ཀྱི་ དགག་ སྒྲུབ་ བྱ་ བར་ ཟད་ སོང་། བྱ་ མི་ དགོས་ ཏེ། ཁ་ ནས་ ཐམས་ཅད་མེད་ཅེས་པའི་ཚིག་ཙམ་སྨྲས་ཀྱང་། སེམས་ཀྱི་འཛིན་ཚུལ་ལ་ཅི་ཡང་མི་གནོད་པས་དེ་ཙམ་ལ་དགག་སྒྲུབ་དོ་གལ་ཆེན་པོ་དེ་ཙམ་དགོས་པའི་རྒྱུ་མཚན་མི་སྣང་།

དེ་ལས་དེ་འདྲ་བའི་ཁས་ལེན་མེད་པའི་སྐྱེས་བུ་དེ་ལ་ཕ་གི་ཅི་ཡིན་ཞེས་ དྲིས་ ཚེ། རི་ ཡིན། ཤིང་ ཡིན། མི་ ཡིན་ སོགས་ སྨྲས་ ངེས་ པས།

རིགས་པ་དུ་མའི་སྒོ་ནས་ཁས་ལེན་དུ་འཇུག་པའི་ཐབས་གཞན་མ་དགོས།

སྒྱུ་མ་མཁན་གྱིས་སྒྱུ་མའི་སྣང་བ་སྤྲུལ་པ་ན། ལྟད་མོ་མཁན་རྣམས་ཀྱིས་ཀྱང་སྣང་བ་དངོས་སུ་མཐོང་། སྒྱུ་མ་མཁན་གྱིས་ཀྱང་སྣང་བ་མིན་པ་ཞིག་སྣང་བ་དངོས་སུ་མཐོང་བའི་ཚེད་དུ་སྒྱུ་མ་སྟོན་པ་ཡིན་པས། ལྟད་མོ་བ་རྣམས་ཀྱིས་སྒྱུ་མ་མཁན་ལ་འདི་སྣང་བ་དངོས་ཡིན་ནམ་ཞེས་དྲིས་ཚེ་ཡིན་ཞེས་བརྗོད་དགོས་པ་དེ་སྒྱུ་མ་མཁན་གྱིས་སྣང་ཚེན་གཞན་ངོར་ཁས་ལེན་པ་ཡིན།

མདོར་ན་དྲང་དོན་ངེས་དོན་གྱི་རྣམ་གཞག་ཁས་མི་ལེན་ན་གཞན་ངོར་ཁས་ལེན་པ་དང་རང་ངོར་ཁས་ལེན་པའི་རྣམ་གཞག་ཀྱང་ཁྱད་ཕྱེ་མི་ནུས་ལ། དབུ་མའི་བསྟན་བཅོས་འདི་ཙམ་ཞིག་དབུ་མའི་རང་ལུགས་མིན་ན་སུའི་ལུགས་ཡིན་ཞེས་དགག་པ་མཛད་པ་ནི། དགོངས་འགྲེལ། ལང་གཤེགས་སོགས་མདོ་མང་པོ་འདི་ཙམ་ཞིག་ཏུ་ཕྱི་དོན་མེད་པའི་ཀུན་གཞི་དང་། གཟུང་འཛིན་གཉིས་སྟོང་གི་དེ་ཉིད་མཐར་ཐུག་རིགས་པ་བརྒྱ་ཕྲག་གི་སྒོ་ནས་ཡང་ནས་ཡང་དུ་གསུངས་པ་འདི་ཉིད། གསུང་པ་པོ་བཅོམ་ལྡན་འདས་ཀྱི་རང་ལུགས་མིན་ན་གཞན་སུ་ཞིག་གི་ལུགས་ཡིན་ཞེས་སྨྲ་བ་དང་འདྲ།

དེའི་ཕྱིར་གཞན་ངོར་ཁས་ལེན་པ་འདི་ལ་དངོས་སུ་གནོད་བྱེད་ཀྱི་རིགས་པ་དག་ནི་དོན་ལ་ཉག་སྐྱེད་བུ་ལོང་མ་ལ་འཁོར་བསྒྱུར་ཡིན་ཞེས་བརྗོད་པའི་ཚིག་དེ་ཁྱོད་ཀྱིས་ངོ་ཙམ་ཁས་བླངས་པ་ཡིན་ཞེས་སྨྲས་ན་གསོད་པའི་འཇིགས་པ་འོང་བ་དང་ཤིན་ཏུ་འདྲ། དེས་ན་ཉག་སྐྱེད་བུ་ལོང་མའི་

མདུན་དུ་གཞན་ངོར་ཁས་བླངས་པ་དེ་རང་ངོ་ཁས་བླངས་ཡིན་ཞེས་སྨྲས་ན་མ་གཏོགས་ཐབས་གཞན་མེད་ལ། ཚུལ་འདི་རྗེ་བླ་མས་རེད་མདའ་བའི་དྲིས་ལན་དུ་གསལ་བར་གསུངས།

གཞན་ངོར་ཁས་བླངས་པའི་རྣམ་གཞག་འདི་མེད་ན། སྟོང་ཉིད་དག་པ་རབ་འབྱམས་སུ་ཤར་བའི་སངས་རྒྱས་དང་། ཐམས་ཅད་མ་དག་ཟག་བཅས་སུ་ཤར་བའི་སོ་སྐྱེ་གཉིས་ཀྱི་བར་དུ་ཆོས་ཚིག་གཅིག་སྨྲ་བའི་སྐལ་བ་ག་ལ་ཡོང་།

ཀུན་རྫོབ་དཔྱོད་པ་དང་། དོན་དམ་དཔྱོད་པའི་སྐབས་ཀྱི་ཁྱད་པར་འབྱེད་པ་ནི། དོན་ལ་རང་བཞིན་ནམ་གནས་ལུགས་ཀྱིས་གྲུབ་མ་གྲུབ་ལ་བློ་ཁ་ཕྱོགས་པའི་བསམ་བློ་དེ་ནི་མཐར་ཐུག་ལ་དཔྱོད་པ་དང་། སྣང་བ་ཙམ་ཞིག་ཏུ་ཤར་བའི་སྒོ་ནས་དཔྱོད་པ་ནི་ཀུན་རྫོབ་ཏུ་དཔྱོད་པའི་སྐབས་སུ་འཇོག་པ་ཙམ་ལས་འོས་མེད་ལ། དེ་ལྟར་ན་དངོས་སྨྲ་བའི་གྲུབ་མཐའ་པར་ཞོག །གྲུབ་མཐས་བློ་མ་བསྒྱུར་བའི་སྐྱེ་བོ་ཕལ་པ་རྣམས་ཀྱིས་ཀྱང་། གསེར་རྙེད་ན་སྒྱུ་མ་ཙམ་གྱི་གསེར་རྙེད་པའི་གོ་མི་ཆོད་པར། བློས་བཏགས་པ་ཙམ་མ་ཡིན་པར། རང་ངོས་ནས་གྲུབ་པའི་གསེར་ཞིག་རྙེད་དགོས་པ་འདི་ཉིད། གསེར་སྲིད་པ་སྐྱིད་པའི་རྒྱ་བ་ཡང་ཡིན་ཞིང་བདེན་འཛིན་མ་རིག་པ་ཉོན་མོངས་ཀྱི་རྒྱ་བ་གཞན་གཉིས་ཀྱི་རྒྱ་བར་གསུངས་པ་ཡང་འདི་ལ་ཐུག་པས། དེས་རྙེད་པའི་གསེར་དེ་ཡང་མཐར་ཐུག་གམ་རང་བཞིན་ལ་དཔྱོད་པའི་རིགས་པས་རྙེད་པ་ལས་མ་འདས་སོ། །

རང་ངོ་གཞན་ངོའི་ཁས་ལེན་གྱི་ཁྱད་མི་འདོད་པའི་ལྟ་བ་འདི་བསམ་

སློ་ མཐར་ གཏུག་ ཚེ།   སངས་ རྒྱས་ ལ་ གང་ སྣང་ སེམས་ ཅན་ ལ་ སྣང་། སངས་རྒྱས་ཀྱིས་གང་ཤེས་སེམས་ཅན་གྱིས་ཤེས་བྱ་བ་དང་ཁྱད་ཅི་ཡང་མི་འདུག   འདི་ འདྲ་ བྱས་ ཚེ་ བྱང་ ཆུབ་ སེམས་ དཔའ་ ཤུགས་ འཆང་ གི་ རྫུ་འཕྲུལ་གྱིས་རྒྱལ་བའི་གཙུག་ཧོར་གྱི་རྫི་མ་མཐོང་བྱ་བའི་ལུང་དེ་ཙམ་ལའང་སུ་ཞིག་ཡིད་ཆེས་པར་ནུས།

ཧོན་ལ་ཆོས་ལ་སོམས་པ་ཡོད་ན་བསམ་གྱིས་མི་ཁྱབ་པའི་གནས་ལ་སོམས་པ་ཡོད་དགོས་ལ།   བསམ་བློས་དྲན་མ་ནུས་པའམ་དཔྱད་མ་ནུས་པ་ཐམས་ཅད་མེད་དོ་ཞེས་སྨྲ་བ་ནི།   ཧོ་ཐོས།   མ་མཐོང་ཕྱིར་ན་མེད་པ་མིན།   །བྱ་བའི་དགག་ཡུལ་གྱི་ཚད་ལྟ་དེ་དང་ཕྱོགས་མཐུན་པར་སེམས།

མེ་མེད་པ་དུ་བ་ཡོད་ན་ཚད་མས་གྲུབ་དགོས།   དེས་ན་མིག་གིས་མཐོང་དགོས།   དེས་ན་ངའི་མིག་གིས་མཐོང་དགོས།   དེ་འདྲ་ནམ་ཡང་མཐོང་མ་མྱོང་བ་དེའི་ཕྱིར་མེ་ཡོད་ལ་དུ་ཡོད་ཀྱིས་ཁྱབ་པ་གྲུབ་བོ་བྱ་བའི་རིགས་པ་འདི་རྣམས་དོན་ལ་ཤེས་བྱའི་གནས་ལུགས་ཀུན་ཏུ་བཟང་པོའི་སྣང་བ་དཀར་དམར་འོད་ཟེར་འབུམ་དུ་འཕྲོ་བའི་བདེ་སྟུག་བཟང་ངན་གྱི་རྣམ་འགྱུར་སྟོང་དུ་བཏོན་པ་དེ་ཉིད་རིགས་པའི་བུ་ག་ཆུང་ངུ་གཅིག་གི་ནང་དུ་བཙུད་ནས་དཔྱད་པ་བྱེད་པའི་ལུགས་སུ་སྣང་།

འཇུག་འགྲེལ་ལས།   ཀུན་རྫོབ་བསློག་པའི་ཕྱིར་དུ་ཆོགས་ཆེ་བྱ་བ་ལ།   རྗེ་བླ་མས་ཀྱང་།   འདི་བསློག་པའི་ཕྱིར་དུ་ལམ་སློམ་པའི་དཀའ་སྤྱད་མི་དགོས་པ་ཞེས་འགྲེལ་པས།   ལམ་སློམ་པའི་དཀའ་སྤྱད་མཐར་ཕྱིན་པའི་ཚེ་སྣང་པ་འདི་ཀུན་བསློག་པ་ཞིག་གོ་ནུས།   དེའི་ཕྱིར་ཀུན་རྫོབ་ཀྱི་རྣམ་

གཞག་ཁས་ལེན་པ་ནི་མདོར་ན་དབང་མེད་དུ་ཁས་ལེན་པ་ཡིན་ལ། དབང་མེད་དུ་ཁས་ལེན་དགོས་པའི་རྒྱུ་མཚན་ཡང་ལྷན་སྐྱེས་ཀྱི་མ་རིག་པ་ལས་སྐྱེ་བའི་སྣང་བ་འདི་དབང་མེད་དུ་ཤར་བ་ན། ཀུན་བརྟགས་ཀྱི་མ་རིག་པ་ལ་རྩ་བར་བརྟེན་པའི་བཟང་ངན། ཡོད་མེད་ལ་སོགས་པའི་རྣམ་གཞག་ཀྱང་དབང་མེད་དུ་བྱ་དགོས་ཤིང་། དེ་ལ་བརྟེན་པ་ཁམས་གསུམ་འཁོར་བ་འདིར་ཡང་དབང་མེད་དུ་སྡོད་དགོས་པ་འདི་བྱུང་འདུག་པས། དབང་མེད་བྱ་བ་དབང་མེད་རང་ལ་གོ་དགོས་སོ། །

དེས་ན་དབང་མེད་དུ་ཁས་ལེན་དགོས་བྱ་བའི་སྐྱོ་བ་སྐྱེ་འོས་ཡིན་གྱི། དགའ་བ་སྐྱེ་བའི་ཡུལ་ཞིག་མིན་པས། འཇུག་འགྲེལ་ལས། ཕོ་བོ་ཅག་འཇིག་རྟེན་གྱི་ཀུན་རྫོབ་བཟློག་པར་བྱ་བའི་ཕྱིར་དུ་ཤིན་ཏུ་ཚེགས་ཆེ་བར་གནས་བྱ་བ་ནས། འཇིག་རྟེན་གྱིས་གནོད་པར་མི་འགྱུར་ན་ངས་ཀྱང་ཁྱོད་ལ་གྲོགས་བྱའོ་ཞེས་གསུངས་སོ། །

སྟོབས་ཆེ་བས་གནོད་མི་གནོད་འདི་ལ། ཞི་བ་ལྷས་ནི། གོང་མ་གོང་མ་རྣམས་ཀྱིས་གནོད། །ཅེས་ཀུན་རྫོབ་དཔྱོད་པའི་རིགས་པ་ལ་དོན་དམ་དཔྱོད་པའི་རིགས་པས་གནོད་པ་དང་། དོན་དམ་དཔྱོད་པའི་རིགས་པ་ལའང་། རྣལ་འབྱོར་པའི་བློའི་རིམ་པ་བཞིན་གོང་མ་གོང་མས་འོག་མ་འོག་མ་ལ་གནོད་པར་གསུངས་ལ། དབང་མེད་པ་ཙམ་དང་ཤུགས་ཆེ་བ་ཙམ་གྱིས་གནོད་དགོས་ན་ནི། ཉོན་མོངས་དུག་ལྔ་དང་། ལྷག་པར་མ་རིག་པ་ལས་ཤུགས་ཆེ་བ་སོ་སྐྱེའི་རྒྱུད་ལ་མི་སྲིད་པས། འདི་དག་གི་རྗེས་སུ་འབྲང་པའི་རྟོག་པའི་ཞེན་ཡུལ་ཐམས་ཅད་འཐད་ལྡན་དུ་ཁས་ལེན་དགོས་

པར་འགྱུར་སོད། སློ་འོག་མ་འོག་མས་གོང་མ་ལ་མི་གནོད་པའི་དཔེར་བརྗོད་ན། ཞི་བ་ལྷས། གཞན་དུ་བུད་མེད་མི་གཙང་བར། །ངེས་རྟོགས་འཇིག་རྟེན་གྱིས་གནོད་འགྱུར། །ཞེས་ཐལ་བ་འཕང་བར་མཛད་དོ། །

དེས་ན་དངོས་པོར་སྨྲ་བ་རྣམས་ཀྱིས་ཀྱང་རིགས་པའི་དཔྱད་པ་བཙུག་ནས་ཕྱི་རོལ་པའི་དོན་ལ་སོགས་པའི་ཀུན་རྫོབ་པ་རྣམས་བཀག་པ་ན། རིགས་པ་དེས་མི་རྙེད་པ་ཡིན་གྱི་ཁེགས་པ་ནི་མ་ཡིན་ནོ་ཞེས་ཕྱི་དོན་སོགས་གྲུབ་མཐའ་དེ་དང་དེའི་ལུགས་ཀྱི་རིགས་ཤེས་ཀྱི་ངོར་མ་རྙེད་པ་མེད་པའི་དོན་དུ་མ་སོང་ཞིང་། བདེན་གྲུབ་དང་རང་མཚན་གྱི་གྲུབ་པ་སོགས་ཐལ་འགྱུར་བའི་ལུགས་ཀྱི་རིགས་ཤེས་དེའི་ངོར་མ་རྙེད་པས་ཡོད་པར་ཁེགས་པར་གསུངས་པ་ཤིན་ཏུ་ངོ་མཚར།

འདི་ལྟར་འདོད་ཚེ་ཇོ་ནང་བའི་གཞན་སྟོང་དེ་ཡང་མཁས་པ་རྣམས་ཀྱི་རྟོག་པས་མཐའ་བཟུང་བ་ལྟར་དུ་བྱེད་ན། ཀུན་རྫོབ་པའི་ཆོས་ཀྱི་ཁོངས་སུ་འདུག་པ་ཞིག་ཡིན་འདུག་སོད། ཡོད་མེད་ལ་སོགས་ཡུལ་ཅན་གྱི་རྟོག་པ་འདི་དག་གིས་མ་རྙེད་པ་ཙམ་གྱིས་མེད་པར་རྙེད་པ་ག་ལ་ཡིན།

མདོར་ན་འཇིག་རྟེན་ཐ་སྙད་ཀྱི་དབང་དུ་བྱས་ཚེ་མ་རྙེད་པའམ་གཏན་ནས་མ་རྙེད་པ་ཞིག་མེད་པའི་དོན་དུ་འཛོག་ན་མ་གཏོགས། ཡོད་མེད་ཀྱི་ས་མཚམས་མེད་ལ། མ་རྙེད་པ་དེ་ག་རང་ལ་མེད་པའི་མཐར་ཐུག་པའི་དོན་དུ་ཡིད་ཆེས་ན་ཆོས་ཀྱི་གནས་ལུགས་ལ་འཇུག་པའི་གོ་སྐབས་ཀྱང་མེད་དོ། །

སྣང་ཙམ་མ་དམིགས་པ་མེད་པའི་སྒྲུབ་བྱེད་མཐར་ཐུག་ཡིན་སོད།

ཇི་ཙམ་ཞིག་སྣང་དུ་རུང་ལ་ཇི་ཙམ་ཞིག་སྣང་དུ་མི་རུང་བའི་ས་མཚམས་ནི་སུ་ལ་ཡང་རྒྱུས་མེད་པའི་མངོན་ཤེས་ཅན་གཅིག་གིས་ཁང་པའི་ནང་དེར་ཤ་ཟ་མ་མཐོང་ཞིང་། དེའི་ཕྱིར་སྣང་རུང་མ་དམིགས་པས་ཤ་ཟ་མེད་པར་གྲུབ། དེ་ལས་ཀྱང་མངོན་ཤེས་ཆེ་བ་ས་ཐོབ་འཕགས་པ་གཅིག་གིས་ཤིང་རྟའི་འཕང་ལོ་ཙམ་གྱི་ས་ཡི་ཁྱོན་ལ། སའི་རྡུལ་དང་གྲངས་མཉམ་པའི་སེམས་ཅན་རྣམས་གཟིགས་པར་མདོ་ལས་གསུངས་པ་ལྟར་ན། མངོན་ཤེས་སམ། བློའི་རྟོགས་རིམ་གྱི་ཁྱད་པར་བཞིན་འདི་ཙམ་ཞིག་སྣང་དུ་རུང་། འདི་ཙམ་ཞིག་སྣང་དུ་མི་རུང་བ་བའི་ཁྱད་པར་རིམ་བཞིན་དུ་ཕྱེ་དགོས་པ་ཡིན་གྱི། སོ་སྐྱེ་ཐལ་པ་འབུམ་ཕྲག་དུ་མ་ཁ་གཅིག་ཏུ་མཐུན་པའི་སྣང་རུང་མ་དམིགས་པ་དེ་ནི་སྣང་རུང་མ་དམིགས་པའི་ཆ་ཤས་ཙམ་ཡིན་ལ། དེའི་ཕྱིར་དེས་བསྒྲུབ་པའི་མེད་པ་ཡང་མེད་པའི་ཕྱོགས་གཅིག་ཙམ་ཡིན་པར་ཤེས་པར་བྱའོ། །

དགག་བྱ་ལ་བདེན་གྲུབ་ཀྱི་ཁྱད་པར་མ་སྦྱར་བར་བཀག་ན་ཆད་ལྟར་འགྱུར་ཞེ་བདེན་གྲུབ་ལ་ཡང་རང་བཞིན་གྱི་ཁྱད་པར་མ་སྦྱར་བར་བཀག་ན་ཆད་ལྟར་འགྱུར་ངེས་ལ། ཐོག་མ་མེད་པ་ནས་ད་ལྟའི་བར་དུ་དུང་ཡང་བདེན་གྲུབ་ཀྱི་ཁྱད་པར་སྦྱར་མ་ཐུབ་པར། བདེན་གྲུབ་ཀྱི་ཁྱད་པར་ཞིག་གསར་དུ་སྦྱར་ནས་དེ་འགོག་པ་འདིར། འབེན་ངོས་ཟིན་ནས་མདའ་འཕང་བ་མ་ཡིན་གྱི། འབེན་གཞན་ཞིག་གསར་དུ་བཙུགས་ནས་མདའ་འཕང་བ་ཡིན་ནོ། །ཐོག་མ་ནས་ད་ལྟའི་བར་བུམ་པ་ལ་བདེན་གྲུབ་ཀྱི་ཁྱད་པར་སྦྱར་མ་ཤེས་ན་ད་ནི་བསླབ་ཀྱང་སུ་ཞིག་གིས་སྦྱོར་བར་ནུས།

དོན་དམ་བདེན་པ་ཡང་ཀུན་རྫོབ་ཏུ་ཡོད་པ་ཡིན་གྱི། དོན་དམ་པར་མེད། དོན་དམ་ཡིན་ལུགས་ཀྱི་གཞི་མ་གྲུབ། དོན་དམ་པ་ཡང་དོན་དམ་པ་མ་ཡིན་པའི་ཚུལ་དུ་གཞི་གྲུབ། དོན་ནི་ཀུན་རྫོབ་ཏུ་གྲུབ། དེ་ཡང་བློ་ངོར་གྲུབ་བྱ་བ་ཡིན་ཅིང་། འཕྲུལ་རྒྱུ་འཁྲུལ་རྒྱུས་མ་བསླད་པའི་བློ་སྐྱོན་མེད་འདི་ཙམ་ཞིག་གི་ངོར་གྲུབ་པ་ཙམ་ལས་ཤེས་བྱ་འཇོག་པའི་རྣམ་གཞག་གང་ཡང་མ་གཟིགས་པས་རྒྱ་བོད་སྔ་ཕྱིའི་མཁས་པ་ཐམས་ཅད་འདི་ཙམ་ཞིག་ཏུ་ཀུན་རྫོབ་འཇོག་པའི་གཞི་བཞེད་པ་ལ་མ་མཐུན་པ་སུ་ཡང་མེད། །

མདོར་ན་རིགས་པས་ཁེགས་ཀྱང་ད་དུང་ཁས་ལེན་དགོས་པ་ཞིག་ལ་ཡིད་མ་ཆེས་ན་ སྤྱིར་དབུ་མའི་ལུགས་དང་། ཡང་སྒོས་སུ་ཐལ་འགྱུར་བའི་ལུགས་སུ་མི་རུང་། རིགས་པས་དགག་པ་ཐམས་ཅད་ལ་དགག་བྱའི་ཚད་ཀྱང་རིགས་པ་རང་གིས་ཐུབ་པ་ཡིན་པས་རི་བོང་རྭ་མེད་དུ་རྟོགས་པའི་བློས་རི་བོང་གི་མགོ་ཁེགས་སུ་མི་རུང་སོགས་ཀྱི་ཞིབ་ཆ་རྣམས་དགོས་པ་ཤིན་ཏུ་ཆུང་བར་སྣང་། །

རང་གི་རང་ལུགས་ཀྱི་གྲུབ་མཐའ་ལ་འགལ་འདུ་སྒྲིག་པ་ཞིག་མེད་པར་འདོད་ན་ཡང་། རྒྱ་ལ་འབྲས་བུ་གནས་ཀྱང་མ་མཐོང་ཞེས་གྲངས་ཅན་པས་སྨྲ་བ་དང་། གཟུང་འཛིན་ངོ་བོ་གཅིག་ཀྱང་ཕྱི་རོལ་དོན་དུ་སྣང་ཞེས་སེམས་ཙམ་པས་བརྗོད་པ་དང་། དཔྱད་ན་མེད་ཀྱང་མ་བརྟགས་བློ་ངོར་ཡོད་ཅེས་དབུ་མ་པས་བཤད་པ་སོགས་ཀྱང་སྨྲས་བར་དུ་ཚོད་པའི་ཚིག་འདི་རྣམས་འགལ་བ་འདུ་བའི་ཕྱིར་དུ་གྲུབ་མཐའ་བརྗོད་པ་ཤ་སྟག་ཡིན་ལ། འགལ་འདུ་བྱ་བ་ལ་དོན་གཉིས་ལས། གཅིག་ནི་འགལ་བ་གཉིས

ཕྱོགས་གཅིག་ཏུ་མི་འགྲིགས་བཞིན་དུ་བསྒྲིགས་པ་དེ་ཡིན་ལ། གཅིག་ནི་འགལ་ངེས་པ་གཉིས་མི་འགལ་བར་ཕྱོགས་གཅིག་ཏུ་མཐུན་པར་བསྒྲིགས་པ་དེ་ཡིན་པས། དེ་ཡང་འགལ་འདུ་ཡིན་ལ། ཕྱི་མ་འདིའི་ལུགས་སུ་བྱས་ན་ས་མེད་པ་མིན་ཀྱང་ཡོད་པ་ཡིན་མི་དགོས་བྱ་བའི་འགལ་འདུ་དང་། ཡོད་པ་མིན་ཀྱང་མེད་པ་མ་ཡིན་སོགས་ཀྱི་འགལ་འདུ་འདི་ཀུན་དབུ་མ་བ་ལ་བྱུང་པ་ཡིན་ཞིང་། འགལ་འདུ་འདི་ཀུན་འཛིག་རྟེན་ཐལ་པའི་ངོར་འགལ་འདུ་ཡིན་པར་མ་ཟད། འགལ་འདུ་ཡིན་པར་དབུ་མ་པས་ཀྱང་ངེས་པར་ཁས་ལེན་དགོས་མོད་ཀྱི། དེ་དག་གི་ངོར་ཁས་བླངས་པ་ཙམ་ཡིན་ལ། གཞན་ལུགས་སུ་ཁས་བླངས་པ་ཙམ་ཡིན་ཞིང་། དེ་ཡང་ཀུན་རྫོབ་ཏུ་ཁས་བླངས་པ་བྱ་བ་དང་དོན་གཅིག་གོ། །

རྗེའི་དགོངས་ལུགས་ནི། གཟུགས་སོགས་དབང་ཤེས་ལ་ཡོད་པར་སྣང་ལ། ཇི་ལྟར་སྣང་བའི་ཡོད་པ་དེ་གཏན་ནས་མེད་པ་ནི་རང་མཚན་ཐ་སྙད་དུ་མི་བཞེད་པའི་དོན་ཡིན།

རིགས་ཤེས་ཀྱིས་བཀག་པས་མེད་པར་འཛིན་ལུགས་དང་། རིགས་པ་གཞན་གྱིས་བཀག་པས་མེད་པར་འཛིན་ལུགས་གཉིས་ཀ་ལ་འདྲ། རང་བཞིན་མེད་ན་གཏན་ནས་མེད་སྙམ་པའི་བློ་དེས་མེད་པ་ཡང་མེད་པར་ཤེས་པས་ཆད་ལྟར་ལྷུང་བའི་གནས་མེད་ལ། རྒྱུ་འབྲས་རྟེན་འབྲེལ་སོགས་མེད་སྙམ་པའི་བློ་དེ་མེད་པར་བསྒྲུབས་པའི་རིགས་པ་གཞན་ཞིག་ལ་བརྟེན་ནས་སྐྱེ་བ་ཡིན་པ་ཟླ་བ་གྲགས་པས་གསུངས་པ་ལྟར། ཀུན་རྫོབ་ཀྱི་ཕྱོགས་འགའ་ཞིག་ཡོད་པར་བཞག་ནས་ཕྱོགས་འགའ་ཞིག་མེད་པར་འདོད་པར་

སོང་བས་ཆད་ལྟ་ཡིན། མེད་པ་འདི་ཀུན་རྫོབ་ཀྱི་ངོས་སུ་འདུས་པ་ཤེས་ན་མཐའ་བཞི་སྤྲོས་བྲལ་གྱི་མེད་རྒྱུའི་ནང་དུ་མེད་པ་ཁོ་རང་འོང་བ་ཡིན་པས་ཡོད་མེད་ཀྱི་ཕྱོགས་གཉིས་དང་བྲལ་བ་བདེ་བར་གཤེགས་པའི་ལུང་བསྟན་ལས། དེ་མིང་ཀླུ་ཞེས་བོད་པ་དེ། །ཡོད་དང་མེད་པའི་ཕྱོགས་འཇིག་ནས། །བླ་བའི་སློབ་དཔོན་དེ་དང་། དེའི་ལུགས་ལ་མོས་པ་སྐྱེ་བའི་སྐོར་སྣང་ངོ་། །

ལར་ཆོས་ཀྱི་དབྱིངས་དང་བསམ་གྱིས་མི་ཁྱབ་པ་འདི་མ་རྙེད་པ་ནི་ཡོད་པ་ལ་ཡིད་ཆེས་དྲག་པའི་སྐྱོན་མ་ཡིན་གྱི། མེད་པ་ལ་ཡིད་མ་ཆེས་དྲག་པའི་སྐྱོན་ཡིན་འདུག རིས་མཐུན་སོ་སོ་སྐྱེ་བོ་རྣམས་ཀྱིས་ནམ་ཡང་མ་རྙེད་པ་དེ་ཀུན་ཡོད་པའི་ངོས་སུ་ཡོད་པར་འདུག དེས་ན་སྟོབས་བཅུ། མ་འདྲེས་པ་བཞི། སྐུ་ཐུགས་ཟུང་འཇུག་སོགས་ཀྱི་ཡོན་ཏན་དེ་ཀུན་ཀྱང་རང་ཅག་གི་མེད་པ་འདིའི་ངོས་སུ་ཡོད་པར་སྣང་ངོ་། །

ཡོད་པའི་འཇིག་རྟེན་འདིའི་ཕྱི་རོལ་མེད་པ་བྱ་བ་ཞིག་གིས་བསྐོར་ཡོད་པར་འདུག་ཅིང་། མི་མེད་ན་དུ་བ་མེད་པའི་ཁྱབ་པ་སོགས་ཀྱང་དོན་ལ་ཡོད་པ་མེད་པའི་ལྷུགས་སྒྲིག་གིས་བཅིངས་ཡོད་པར་འདུག་པས་མེད་མཐའ་འགོག་པ་འདི་རིགས་པ་ཐམས་ཅད་ཀྱི་ཕྲ་བའི་མཐར་ཐུག་ཏུ་སྣང་། དེའི་རྒྱུ་མཚན་ཡང་འཇིག་རྟེན་གྱི་སྣང་བའི་མཐར་ཐུག་དང་རིགས་པའི་མཐར་ཐུག་ཐམས་ཅད་མཐར་ཐུག་ས་དེ། དོན་ལ་མེད་པ་ཞིག་ལ་ཐུག་འདུག་ཅིང་། དེ་ཡང་དོན་ལ་མ་རྙེད་པ་ཞིག་ལ་ཐུག་འདུག་པས། དེ་ལས་བརྒལ་མ་ནུས། དེ་བཞིན་གཤེགས་པས་གྲངས་མེད་གསུམ་གྱི་རིང་ལ་ཕ་

རོལ་ཏུ་ཕྱིན་པའི་ཡུལ་དེ་མཐོང་བར་ག་ལ་ནུས།

དེ་ལ་ཀུན་མཁྱེན་གོ་རམས་པའི་བཞེད་པ་ནི་མདོར་བསྡུས་ན་བདེན་པར་མེད་པ་རྟོགས་པའི་དགྲ་བཅོམ་པ་དང་། བདེན་པར་མེད་པ་ཡང་མ་ཡིན་སོགས་མཚན་མེད་བཞི་རྟོགས་ན་ཐེག་ཆེན་གྱི་གོ་འཕང་ཐོབ་པར་གསུངས་སོད། གངས་རིའི་ཁྲོད་འདིར་ཚད་ལྡ་ལ་དབུ་མ་སླབ་གཅིག་བྱེད་པའི་ཚད་ལྡ་དེ། བདེན་མེད་དུ་འཛིན་པ་དེ་ག་རང་དུ་གསུངས་པས། ཚད་ལྡ་ལ་བརྟེན་ནས་དགྲ་བཅོམ་པའི་གོ་འཕང་ཐོབ་པ་ངོ་མཚར། །

ཕྱིར་མདོ་རྒྱུད་བསྟན་བཅོས་ཀྱི་གཞུང་གང་ལ་དཔྱད་ཀྱང་ཉོན་སྒྲིབ་འདི་ལྟ་བའི་སྒོ་ནས་སྤངས་པ་ཞིག་དང་། ཤེས་བྱའི་སྒྲིབ་པ་ནི་ཐབས་ཀྱི་སྒོ་ནས་སྤོང་དགོས་པ་ཞིག་ཏུ་སྣང་བས། ཉོན་ཤེས་ཀྱི་སྒྲིབ་པ་ལ་འཛིན་སྟངས་ཀྱིས་ཁྱད་པར་ཕྱེ་བ་ནི་ཚོངས་པའི་གཏམ་དུ་སྣང་ངོ་། །

མ་དག་པའི་སྣང་བ་ཐམས་ཅད་ཟད་པའི་སངས་རྒྱས་ཀྱིས་མ་དག་པ་ཐམས་ཅད་གཟིགས་ཞེས་མཁས་པ་ཀུན་གྱིས་ཁས་ལེན་པ་འདི་ལ་ཡང་རང་ངོར་གཟིགས་པ་དང་གཞན་ངོར་གཟིགས་པའི་རྣམ་གཞག་མ་ཕྱེད་ན་ག་ལ་འཐད།

གོ་སླ་བའི་དཔེ་ཙུང་ཟད་དགོད་པར་བྱ་སྟེ། མིང་བཏགས་པའི་སྤྱི་རྐྱལ་གྱིས་དུང་གི་ཁ་དོག་དཀར་པོ་ཡིན་གྱི་སེར་པོ་མིན་པར་ཁས་བླངས་པ་ལ། མཁྲིས་ནད་ཅན་གྱི་ཕྱི་རྐྱལ་གྱིས་རྐྱལ་བར་བྱས་ཆེ། མདུན་ན་མཐོང་བའི་ཁ་དོག་དེ་ཆོས་ཅན། དུང་གི་ཁ་དོག་མ་ཡིན་པར་ཐལ། སེར་པོ་མ་ཡིན་པའི་ཕྱིར་ཞེས་ཐལ་འགྱུར་འཕེན་པ་ཡིན་ཅིང་། གལ་ཏེ་ཁོ་ཡིས

བཀོད་པའི་ཁྱབ་ཕྱོགས་དང་། དེའི་ལྟོག་དོན་གྱི་བསྒྲུབ་བྱ་ཡང་ཁས་མ་བླངས་ན་མཁྲིས་ནད་ཡོད་མེད་ཀྱི་མི་དེ་གཉིས་དུང་གི་སྟེང་དུ་དཔྱད་པའི་གནས་མེད་ལ། ཁས་བླངས་ཚེ་གཞན་ལུགས་ཀྱི་དུང་སེར་པོ་དང་། དུང་གི་ཁ་དོག་ཡིན་ན་སེར་པོ་ཡིན་པས་ཁྱབ་པ་དང་། སེར་པོ་མིན་པ་དུང་གི་ཁ་དོག་མིན་པར་གྲུབ་པ་སོགས་ཕོ་རང་གི་རྣམ་གཞག་ཐམས་ཅད་ཁས་བླངས་ནས། གཟོད་དུང་མི་རྟག་པ་དང་། བདེན་མེད། སྒྱུ་མ་སོགས་ཀྱི་རྣམ་གཞག་ཀྱང་། མཁྲིས་ནད་ཅན་གྱི་མི་ལ་བཤད་དུ་ཡོད་པའི་ཚུལ་ལུགས་འདི་ཕོ་ན་བཞིན་དུ་བདེ་བར་གཤེགས་པས་སོ་སྐྱེ་བྱིས་པ་རྣམས་རྗེས་སུ་འཛིན་པ་ཡིན་ནོ་ཞེས་ཤེས་པར་བྱའོ། །

དེས་ན་མཁྲིས་ནད་ཡོད་མེད་ཀྱི་མི་དེ་གཉིས་ལ་ཆོས་དང་ཆོས་ཅན་མཐུན་སྣང་དུ་འགྲུབ་མི་སྲིད་མོད་ཀྱི། བསམ་བློ་རགས་པ་ཞིག་གི་ངང་ནས་དུང་བྱ་བ་ཙམ་ཕན་ཚུན་བརྗ་འཕྲོད་པ་ཡིན་ལ། རྗ་བ་དེའི་སྟེང་ནས་དུང་གི་ཁྱད་ཆོས་རྣམས་ཀྱང་བརྗ་སྤྲོད་དགོས་པ་ཡིན་ནོ། །གཞན་དུ་ན་མཁྲིས་ནད་ཅན་ལ་དུང་བྱ་བ་འདི་དོན་ལ་ཁ་དོག་དཀར་པོ་ཡིན་ཞེས་བརྗ་སྤྲོད་པ་ཡང་ཤིན་ཏུ་དཀའ་སྟེ། ཕོ་ལ་དུང་ཞེས་བརྗོད་པའི་ཚེ། ཕོའི་བློ་ངོར་ཤར་བའི་དུང་དེ་དུང་སེར་པོ་ཞིག་ལས་མེད། རྫུན་གྱི་དུང་སེར་པོ་དེ་ཁྱད་གཞི་བྱས་ནས། དུང་དཀར་པོ་མིག་གིས་མ་མཐོང་ཡང་ཡིད་ཀྱིས་མཐོང་བའི་རིགས་པ་རྣམས་ལ་ཉན་པ་ལས་ཐབས་གཞན་མི་སྲིད་པ་ཡིན་ནོ། །

ཐལ་འགྱུར་བ་ལ་རང་ལུགས་མེད་ཅེས་པའི་ལན་དུ་ཀླུ་སྒྲུབ་ལུང་དེ་

སྙིང་གླུ་སྒྲུབ་ཀྱི་ལུང་མིན་ན་སུ་ཡི་ལུང་ཡིན་ཞེས་གསུངས་པ་ནི་བདག་ཡོད་པ་སྟོན་པ་དང་། ཕྱི་དོན་དང་། མཐར་ཐུག་ཐེག་པ་གསུམ་བདེན་པར་གྲུབ་པ་སོགས་གསུངས་པའི་མདོ་འདི་ཙམ་ཞིག་བཅོམ་ལྡན་འདས་ཀྱི་ལུང་མིན་ན་སུ་ཞིག་གི་ལུང་ཡིན་ནོ་ཞེས་རྩོལ་བ་ལ་ཁྱད་ཟུང་ཟད་མེད། དོན་དམ་པར་བདེན་པ་འགོག་པ་ཡང་ཐ་སྙད་དུ་ཡིན་ཞེས་ཆེས་ཤིན་ཏུ་གསལ་བར་གསུངས་པས། མུ་བཞིའི་སྐྱེ་བ་འགོག་པ་ཡང་ཐ་སྙད་དུ་བྱ་དགོས་ལ། ལར་ཐ་སྙད་དུ་བདེན་པར་འཛིན་པའི་བསམ་མནོ་ཕྲ་ཞིང་ཕྲ་བ་འདི་ཀུན་མ་བཀག་གི་བར་དུ་དོན་དམ་པར་བདེན་པར་འཛིན་པའི་བསམ་བློ་སྣ་གཅིག་ཀྱང་ཁེགས་པར་ག་ལ་ནུས།

བདག་གཞན་ལས་མ་ཡིན་པའི་སྐྱེ་བ་ཙམ་ཞིག་ཁས་བླངས་པས་དབུ་མ་པར་འགྱུར་ན། གཅིག་དང་ཐ་དད་གང་ཡང་མ་ཡིན་པའི་བདེན་གྲུབ་ཙམ་ཞིག་ཁས་བླངས་པ་ཡང་དབུ་མ་པར་ཅིའི་ཕྱིར་མི་འགྱུར། དེས་ན་མཐའ་བཞིའི་རིགས་པའི་སྒོ་ནས་དཔྱད་དུ་མི་བཟོད་ཀྱང་སྐྱོན་མེད་པའི་བུམ་པ་དང་ཀ་བ་ཡོད་ན་རིགས་པ་དེའི་སྒོ་ནས་དཔྱད་དུ་མི་བཟོད་ཅིང་། སྐྱོན་མེད་པའི་བདེན་གྲུབ་ཀྱང་ཡོད་དགོས་པ་ལ་ཇི་ལྟར་བསྐྱོན།

དེས་ན་དཔྱད་བཟོད་པ་དང་མི་བཟོད་པའི་ས་མཚམས་ཞིག་བློ་གཟུ་བོར་གནས་པའི་སྒོ་ནས་དཔྱད་ན་སྤྱི་གཙོ་བོ་དང་། ཤེས་རིག་གི་སྐྱེས་བུ་སོགས་གྲངས་ཅན་པའི་རིགས་པས་དཔྱད་བཟོད་པ་ཡིན། བུམ་པ་བདེན་གྲུབ་སོགས་མདོ་སྡེ་པ་དང་། ཕྱི་དོན་མེད་པ་སོགས་སེམས་ཙམ་པའི་རིགས་པས་དཔྱད་བཟོད་པ་ཡིན་པས། དེ་དག་གིས་དཔྱད་བཟོད་ལ་

དཔྱད་བཟོད་ཀྱི་རྫི་འཛོག་མེད་པར་ཀུན་གཞི་མེད་པ་དང་། ཕྱི་དོན་ཡོད་པ་སོགས་ཀྱི་རྣམ་གཞག་འདི་ཀུན་ཚོགས་ཆེ་བའི་སློ་ནས་སྒྲུབ་པ་དང་། དེས་ན་ཐ་སྙད་དུ་གྲུབ་བྱ་བ་འཇིག་རྟེན་གྲགས་པོ་གྲུབ་མཐས་བློ་མ་བསྒྱུར་བའི་ངོར་མ་བྱས་ན། དེ་རྣམས་ལས་སྒྲུངས་པ་དང་ཤེས་རབ་ཆེ་བའི་བྱེ་སྒྲ། མདོ་སྡེ་པ། སེམས་ཙམ་པ་སོགས་ལ་གྲགས་པ་དེ་ལ་མི་བྱེད་ན་སུ་ཞིག་གི་ངོར་བྱེད་པ་ཡིན། འཇིག་རྟེན་འདིར་རྣམ་དཔྱོད་ལྡན་པ་སུ་ལ་ཡང་མ་བསླབ་པར་ཤེས་པ་མེད་ལ། བསླབས་ནས་ཤེས་པ་ཐམས་ཅད་གྲུབ་མཐས་བློ་བསྒྱུར་བ་ཤ་སྟག་ཡིན་པས་གྲུབ་མཐས་མ་བསྒྱུར་བའི་བློ་དེ་ཁྱི་དང་བྱི་ལ་སོགས་ཀྱི་རྒྱུད་ལ་ཙུང་ཟད་ཙམ་ཡོད་ན་མ་གཏོགས་གཞན་གར་ཡང་མི་རྙེད་པར་ངེས་སོ། །

སྐྱེ་བ་སྔ་ཕྱི་མེད་སྙམ་པ་རྒྱང་འཕེན་པས་བློ་བསྒྱུར་བ་ཡིན་ཅིང་། ཤི་ནས་སླར་ཡང་སྐྱེ་རྒྱུ་ཡོད་སྙམ་པ་དེ་ལས་གཞན་པའི་གྲུབ་མཐའ་དག་གིས་བློ་བསྒྱུར་བ་ཡིན་པས། ད་ནི་ང་སྐྱེས་སོ། །མཐར་ནི་ཤི་བར་འགྱུར་ཞེས་བསམ་པ་འདི་ཙམ་ཞིག་ལས་གྲུབ་མཐས་མ་བསྒྱུར་བའི་བློ་གང་ཞིག་ཡོད།

མུ་བཞིའི་སྐྱེ་བ་ཁེགས་པས་སྐྱེ་བ་ཙམ་ད་དུང་མ་ཁེགས་ན་མུ་བཞིའི་སྐྱེ་བར་འགོག་ཚུལ་དེ་ཀུན་རྫོབ་ཏུ་ཡིན་པས་སྐྱེ་བ་བཞི་ལས་ད་དུང་སྐྱེ་བ་ལྔ་པ་ཡོད་ན་སྐྱེ་བ་བཞིའི་ཁ་ཚོད་བཅད་ནས་འགོག་དགོས་པའི་དོན་མེད་པའི་ཕྱིར་རོ། །

སྐྱེ་བ་བདེན་གྲུབ་དང་། སྐྱེ་བ་ཙམ། བུམ་པ་བདེན་གྲུབ་དང་། བུམ་པ་ཙམ་སོགས་ཀྱི་བར་དུ་ཡོད་མེད་ཀྱི་ཁྱད་པར་འབྱེད་པའི་ལུགས་ལ་

བདེན་གྲུབ་དང་བདེན་གྲུབ་ཙམ་གྱི་བར་དུ་ཡང་ཡོད་མེད་ཀྱི་ཁྱད་པར་ཕྱེ་ན་ཅི་ལ་མི་ཆོག སྐྱེ་བ་ཙམ་དང་། ཡོད་པ་ཙམ་གཏན་ནས་མི་འགོག་ན། ཤེས་སྒྲིབ་ཙམ། ཉོན་སྒྲིབ་ཙམ་ཡང་གཏན་ནས་མི་འགོག་པར་ངེས་པས། འཇིག་རྟེན་རང་ག་བའི་བསམ་མནོ་དག་གི་ནང་ན་འགོག་རྒྱུ་ཙུང་ཟད་ཀྱང་མ་རྙེད་པར་མཐོང་འདུག་པའི་ཕྱིར་རོ། ཁྱོད་ཀྱི་སྐྱེ་བ་གང་གི་ཡིན་པར་འགྱུར། བྱ་བ། སྐྱེ་བ་ཙམ་ལ་བྱེད་པར་དངོས་སྨྲ་བ་ཁྱོད་ཀྱི་འདོད་པའི་སྐྱེ་བ་དེ་མཐའ་བཞིའི་སྐྱེ་བ་གང་གི་ཡིན་པར་འགྱུར་བྱ་བའི་དོན་དུ་འགྲེལ་སོད། དེ་ཉིད་སྐབས་ཀྱི་རིགས་པས་འཇིག་རྟེན་བླུན་པོའི་བློ་ལ་མི་གནོད་ཅིང་། མཁས་པ་གྲུབ་མཐའ་སྨྲ་བའི་རིགས་པ་ལ་གནོད་བྱ་བ་འདི། ཉིན་མོ་སྣང་བ་མཐོང་ཞིང་མཚན་མོ་མུན་པར་མི་མཐོང་བས་མིའི་མིག་ཤེས་ལ་རིགས་པས་གནོད་ཀྱང་། དེ་ལས་གོ་ལྡོག་པར་མཐོང་བའི་འུག་པའི་མིག་ཤེས་ལ་མི་གནོད་བྱ་བ་དང་ཁྱད་ཅི་ཡང་མི་འདུག །

མདོར་ན་བློའི་ཁྱད་པར་གོང་མ་རྣམས་ཀྱིས་འོག་མ་རྣམས་ལ་མི་གནོད་པར་བཤད་པའི་ལུགས་འདི་ལྟར་ན་མཐོང་སྤང་ཉོན་མོངས་རྣམས་མཐོང་ལམ་གྱིས་གཞོམ་ནུས་པ་དང་། སྒོམ་སྤང་ས་དགུའི་སྤང་བྱ་རྣམས་གཉེན་པོས་འཇོམས་ནུས་པ་འདི་དག་ལ་ཡང་གོ་བ་རྣལ་མ་སྐྱེ་བའི་སྐབས་མེད་ལ། བྱེ་བྲག་སྨྲ་བའི་ལྟ་གྲུབ་ཐུན་མོང་མ་ཡིན་པ་རྣམས་ཀྱང་མདོ་སྡེ་པས་མ་རྙེད་པ་ཙམ་ཡིན་གྱི་མེད་པར་རྙེད་པ་མིན། སེམས་ཙམ་པའི་ཀུན་གཞི་དེ་ཡང་དབུ་མ་པས་མ་རྙེད་པ་ཙམ་ཡིན་གྱི། མེད་པར་རྙེད་པ་མིན་སོགས་ཀྱི་རྣམ་གཞག་ཅི་འདོད་འདོད་དུ་བཞག་ཆོག་པར་ཟད་དོ། །

མ་རྙེད་པ་དང་མེད་པར་རྙེད་པ་གཉིས་ཀྱི་ཁྱད་པར་ཤིན་ཏུ་ཕྱེ་བའི་སྣང་བྱེད་པ་ལ་ནི། མིག་ཤེས་ཀྱིས་སྒྲ་ནམ་ཡང་ཚོར་བ་མ་ཡིན་པས་དེས་སྒྲ་རྙེད་མ་རྙེད་ཀྱི་ཐ་སྙད་ཀྱང་ནམ་ཡང་བྱར་མེད་ལ། དེ་བཞིན་རྣ་ཤེས་སོགས་ལ་ཡང་མཚུངས་ཤིང་། མིག་ཤེས་ཀྱིས་སྒྲ་མ་ཐོས་ཙམ་གྱིས་སྒྲ་མ་རྙེད་པའི་དོན་ཡིན་ན། ས་དང་རྡོ་སོགས་ཀྱིས་ཀྱང་གཟུགས་སྒྲ་ལ་སོགས་པ་དང་བདེན་གྲུབ་སོགས་ཅི་ཡང་མ་རྙེད་པས་དེ་དག་བྱང་ཆུབ་མཆོག་གི་མཐར་ཐུག་ལ་སླེབས་ཟིན་པར་འགྱུར་རོ། །

གཞན་ཡང་ལུགས་འདི་ལྟར་བྱེད་ཚེ་ལོག་ཤེས་ཀྱིས་ཚད་མ་ལ་མི་གནོད། ཚད་མས་ལོག་ཤེས་ལ་མི་གནོད་བྱ་བ་ཞིག་ཀྱང་སྨྲ་ནུས་ཏེ། དུ་ལྡན་ལ་ལ་མེ་མེད་པར་འཛིན་པ་དེ་སྲིད་དུ་ལོག་ཤེས་དེ་ཉིད་ཀྱིས་མེ་མ་རྙེད་པ་ཡིན་གྱི་མེ་མེད་པར་རྙེད་པ་མིན་སོགས་ཀྱི་ཞིབ་ཆ་སྨྲ་ནུས་པའི་ཕྱིར་རོ། །

བློས་ཁྱད་པར་ཕྱེ་ན་འདི་འདྲ་ཞིག་ཡོད་ན་དོན་དམ་དཔྱོད་པའི་རིགས་པས་རྙེད་དགོས། འདི་འདྲ་ཞིག་ཡོད་ན་ཀུན་རྫོབ་དཔྱོད་པའི་རིགས་པས་རྙེད་དགོས། དེ་གཉིས་ཡུལ་ཐ་དད་ཡིན། གཅིག་གིས་མ་རྙེད་པས་གཅིག་གིས་རྙེད་པ་ལ་མི་གནོད་ཟེར་ན། བདེན་གྲུབ་ཀྱང་ཡོད་ན་མ་རིག་པས་རྙེད་དགོས་ལ། དེས་རྙེད་ཀྱང་རྙེད་པས། དེས་རྙེད་པ་ལ་རིགས་པ་གཞན་སུ་ཞིག་གིས་གནོད་པར་ནུས། ཕུགས་ཀྱི་འཁྲུལ་རྒྱུས་བསླད་པའི་རྣམ་ཤེས་ཚོགས་དྲུག་གིས་རྙེད་པ་རྣམས་ཡོད་པ་ཁོངས་སུ་བཞག་ནས་ཕུགས་ཀྱི་འཁྲུལ་རྒྱུའི་མཐར་ཐུག་མ་རིག་པ་རང་གིས་རྙེད་པ

རྣམས་མེད་པའི་ཡོངས་སུ་བཞག་པ་ཡ་མཚན། མ་རྙེད་པ་དང་མེད་པར་རྙེད་པའི་ཁྱད་པར་ཕྱེ་ནས་ད་དུང་མེད་དགག་ལ་རྩིས་སུ་བྱེད་པ་རྣམས་དགག་བྱ་བཀག་པ་ཙམ་མེད་དགག་ཏུ་བྱེད་ནུས་པའི་སྐབས་མེད་ལ། དགག་བྱ་བཀག་པ་ཙམ་དེ་མ་རྙེད་པ་དང་མེད་པར་རྙེད་པ་གཉིས་གང་ཡིན་ཞིབ་ཏུ་བསམ་པར་བྱའོ། །

ཡོད་ན་རྙེད་མཁན་གྱི་བློ་འདི་འདྲ་ཞིག་གིས་རྙེད་དགོས་ཞེས། ཡུལ་མི་འདྲ་བ་རེ་རེས་བློ་མི་འདྲ་བ་རེ་རེར་ཁ་སྒྲོད་དུ་བྱས་ནས་གཅིག་གིས་གཅིག་ལ་མི་གནོད་པའི་རྣམ་གཞག་འདིའི་ལུགས་ལྟར་ན། བདེན་གྲུབ་ཡོད་ན་བདེན་འཛིན་གྱིས་རྙེད་དགོས་ཤིང་། དེས་རྙེད་པ་ཡང་ཡིན་པས། དེ་ལ་དོན་དམ་དཔྱོད་པའི་རིགས་པས་སུན་འབྱིན་པར་ག་ལ་ནུས། མིག་ཤེས་ཀྱིས་རྙེད་པ་རྣམས་ལ་རྣམ་ཤེས་ཀྱིས་རྙེད་པ་རྣམས་ཀྱིས་གནོད་པ་མེད་པར་བཤད་མོད། བདེན་འཛིན་གྱིས་རྙེད་པ་རྣམས་ལ་རིགས་ཤེས་ཀྱིས་གནོད་པ་འོང་བའི་དོན་ཅི་ལ་ཡོད། དེ་གཉིས་ཡུལ་ཡང་ཐ་དད། རྙེད་མཁན་ཡང་ཐ་དད་པས། གཅིག་གིས་རྙེད་པ་དེ་གཅིག་གིས་མ་རྙེད་པ་ཡིན་གྱི། གཅིག་གིས་གཅིག་ལ་གནོད་པའི་ནུས་པ་རྩུང་ཟད་ཀྱང་ག་ལ་སྲིད།

ཀུན་རྫོབ་པའི་རིགས་པ་དང་། དོན་དམ་པའི་རིགས་པ་ནི་ཤིན་ཏུ་ཐ་དད་པས་གཅིག་གི་ཡུལ་གཅིག་གིས་མི་གནོད་པ་ཡིན་སྙམ་ན། བདེན་འཛིན་དང་། དོན་དམ་དཔྱོད་པའི་རིགས་ཤེས་གཉིས་དེ་ལས་ཀྱང་ཤིན་ཏུ་ཐ་དད་པས། གཅིག་གི་ཡུལ་ལ་གཅིག་གིས་མི་གནོད་པར་སྣང་། དོན་ལ་

ཀུན་རྫོབ་ཏུ་ཡང་མ་རྙེད། དོན་དམ་དུ་ཡང་མ་རྙེད་ན་མེད་པས་ཁྱབ་ཅིང་། དེ་གཉིས་གང་རུང་ཞིག་ཏུ་རྙེད་ན་ཡོད་པའི་ཁོངས་སུ་འདུ་བར་འདོད་པ་ནི་ཚོགས་དྲུག་གི་རྣམ་ཤེས་གང་གིས་ཀྱང་མ་རྙེད་ན་མེད་པ་དང་། དེ་དག་གིས་རྙེད་ཚད་ཀུན་ཡོད་པར་འདོད་པའི་བསམ་མནོ་དེ་ཡིན་ལ། བསམ་མནོ་འདི་དགག་པར་དགོངས་ནས་སངས་རྒྱས་བཅོམ་ལྡན་འདས་ཀྱིས། མིག་དང་རྣ་བ་སོགས་ཕར་ཞོག ཡིད་ཀྱང་ཚད་མ་མིན་ཞེས་གསུངས་སོ། ། དོན་ལ་ཀུན་རྫོབ་བདེན་པ་སྙིང་ཐག་པ་དང་བདེན་གྲུབ་ལ་སྙིང་ཐག་པ་ནས་ཡིད་ཆེས་པ་གཉིས་ལ་ཁྱད་པར་ཡོད་མེད་སློབ་དཔོན་ཀླུ་སྒྲུབ་ད་དུང་བཞུགས་ཡོད་ན་དྲིས་ནས་ཤེས་པར་ནུས།

བཟའ་བཏུང་ལ་བརྟེན་ནས་ཆགས་སྡང་སྐྱེ་བ་དག་བཟའ་བཏུང་བདེན་གྲུབ་ཏུ་ཞེན་པའི་བློ་ལ་བརྟེན་ནས་ཆགས་སྡང་སྐྱེ་བ་མ་གཏོགས་ཆགས་སྡང་འབྱུང་བའི་གནས་མེད་ལ། ཀུན་རྫོབ་ཏུ་ཡོད་བྱ་བ་དེ་བདེན་འཛིན་གྱི་ངོར་ཡོད་པ་བྱ་བ་ཙམ་ལ་མི་བྱ་བར། དེ་ལས་གཞན་པའི་བློ་གཙང་མ། ཡང་དག་པ། ཐ་སྙད་པའི་ཤེས་པ་ཀུན་རྫོབ་པའི་རིགས་པ་བྱ་བ་སངས་རྒྱས་བཅོམ་ལྡན་འདས་ཀྱི་ཐུགས་རྒྱུད་ནའང་ཡོད་པ་ཞིག་ཏུ་བྱེད་པ་འདི་ཐོག་མ་མེད་པའི་མ་རིག་པས་གང་འཐད་པར་བཟུང་བ་འདི་དག་འཐད་པ་དང་། མི་འཐད་པར་བཟུང་བ་འདི་དག་མི་འཐད་པ་ཞིག་ལྟ་བའི་སྙིང་པོ་དེ་ལ་བཙོལ་བར་སྣང་ངོ་། །

འབྱུང་བ་བཞི་ཙམ་ཞིག་ལམ་བགྲོད་པའི་རྟེན་ཡིན་པར་ཁས་ལེན་པ་དེ་དག་གི་ལུགས་ལ་དེ་དག་ཆགས་སྡང་ཉོན་སོགས་སྐྱེད་པའི་རྒྱུ་ཡིན་པ་

ཡང་སྟོག་ཏུ་མེད་པས། ས་ལ་མ་བརྟེན་པར་ཡེ་ཤེས་སྐྱེ་བའི་ཐབས་མེད་པ་དང་། དེ་ལ་མ་བརྟེན་པར་ཉོན་མོངས་སྐྱེ་བའི་ཐབས་མེད་པ་གཉིས་གང་ལ་མ་བརྟེན་པར་སངས་རྒྱས་པའི་དབུ་མ་པའི་ལུགས་ལས་ཆེས་ཤིན་ཏུ་ཕྱི་རོལ་ཏུ་གྱུར་པ་ཡིན་ནོ། །

ཡོད་དམ་མེད་པའི་ཕྱོགས་འཛིན་པ་ཞེས། བཅོམ་ལྡན་འདས་ཀྱིས་ལུང་དུ་བསྟན་པའི་ཀླུ་སྒྲུབ་ཀྱི་ལྟ་བ་དེ་ཡོད་པ་བདེན་པར་ཡོད་པ་དང་། མེད་པ་དོན་དམ་པར་མེད་པར་བྱས་ནས་དོན་ལ་འཛིག་རྟེན་གྱི་ཡོད་པ་དང་མེད་པ་གཉིས་ཀྱི་ཁོངས་སུ་སླར་ཡང་འདུ་བར་བྱེད་པ་འདིས་ཀླུ་སྒྲུབ་ཀྱི་བསྟན་པའི་སྙིང་པོ་བཤིག་པ་ཡིན་ནམ་བཟུང་བ་ཡིན་པ་ཁོ་བོས་ཚ་མ་འཚལ་ཏོ། །

ཤིན་ཏུ་མདོར་བསྡུས་ན། རང་བློ་འདིའི་རྣམ་གཞག་འཛོག་ཚུལ་ལ་ཙུང་ཟད་ཡིད་ཆེས་པའི་ལྟ་བ་དེ་རང་རྒྱུད་དང་། འདིས་འཇོག་ཚུལ་ཐམས་ཅད་བཤིག་པ་དེ་ཐལ་འགྱུར་བ་ཡིན།

གཞན་དུ་ན་བཅོམ་ལྡན་འདས་ཀྱིས་གཟུགས་མེད་དོ། །ཚོར་བ་མེད་དོ་ཞེས་པ་ནས་རྣམ་མཁྱེན་མེད་དོ་ཞེས་པའི་བར་གྱི་ཚིག་དེ་དག་གསུངས་པའི་དགོས་པ་ག་ལ་ཡོད།

ཐལ་རང་གི་ལྟ་བའི་ཁྱད་པར་གྱི་རྩ་བ་ཡང་རང་རྒྱུད་ལ་རང་ལུགས་སུ་ཁས་ལེན་ཡོད། དོན་དམ་པར་ཡོད། བདེན་མེད་ཀྱང་ཡོད་པར་འདོད་པས་བདེན་གཉིས་ཟུང་འཇུག་གི་ཁས་ལེན་དུ་གྱུར་པ་ཡིན་ལ། ཐལ་འགྱུར་བ་ལ་ནི་ཇི་ཙམ་བདེན་མེད་དུ་མཐོང་བ་དེ་ཙམ་དུ་ཀུན་རྫོབ་ཀྱི་ཕྱོགས

རྣམས་སྒྱུ་མ་བཞིན་དུ་གྱུར་པས་བྱང་ཆུབ་སེམས་དཔའི་ས་བཅུའི་རྣམ་གཞག་དང་། ངེས་པ་ལྔ་ལྡན་གྱི་ལོངས་སྤྱོད་རྫོགས་སྐུ་སོགས་ཚད་མས་དཔྱད་ན་ཤིན་ཏུ་མ་གྲུབ་པ་འདི་དག་ཀྱང་ཁས་ལེན་པའི་སྐབས་ཡོད་པ་ཡིན་ནོ། །

དེས་ན་ཇི་སྲིད་འཇིག་རྟེན་གྱི་རིགས་པ་ལ་སྙིང་ཐག་པ་ནས་ཡིད་ཆེས་ཡོད་པ་དེ་སྲིད་དུ་འཇིག་རྟེན་ལས་འདས་པའི་དོན་ལ་ཡིད་ཆེས་ཡོད་པ་ནམ་ཡང་མི་སྲིད་དེ། ཟླ་བ་གྲགས་པས། འཇིག་རྟེན་ལས་འདས་པའི་ཆོས་ནི་འཇིག་རྟེན་པ་དང་ནམ་ཡང་མཚུངས་པར་མི་རིགས་སོ། །ཞེས་གསུངས་པ་ལྟར་རོ། །

འཇིག་རྟེན་གྱི་རིགས་པ་ལ་ཡིད་ཆེས་དགོས་ན་ལམ་བསྒོམ་པ་དོན་མེད་པར་འགྱུར་བའི་རྒྱུ་མཚན་དུ་བཅོམ་ལྡན་འདས་ཀྱིས་མིག་དང་རྣ་བ་སོགས་ནས་འཕགས་པའི་ལམ་བྱ་བའི་དབང་པོ་གཞན་ཞིག་ཡོད་པར་གསུངས་པས་ཚོགས་དྲུག་གི་རྣམ་ཤེས་འདི་དག་གི་སྟེང་ནས་འཁོར་བ་ཐོག་མ་མེད་པ་ནས་རྣམ་གཞག་ཐམས་ཅད་གཏན་ལ་ཕབ་ཟིན་པས་ད་དུང་རྣམ་གཞག་འདི་ལ་རྗེས་སུ་བྱེད་དགོས་ན་སྟོང་པ་ཉིད་ལ་མོས་པའི་དགོས་པ་ཅི་ཞིག་ཡོད།

གཟུགས་སོགས་སྣང་བའི་ཆ་ལ་རིགས་པས་མི་གནོད་པ་དང་། དེའི་རྒྱུ་མཐར་ཐུག་ཏུ་གྱུར་པའི་བདེན་འཛིན་མ་རིག་པའི་ཞེན་ཡུལ་ལ་རིགས་པས་གནོད་པ་ཡོད་པའི་ཁྱད་ཕྱེ་བ་ནི་ཞིབ་ཏུ་རྩད་བཅད་ན་མ་རིག་པའི་ཞེན་ཡུལ་རྣམས་འཐད་ལྡན་དུ་ཡོད་པའི་ལུགས་ལས་འདའ་བ་མེད་ཅིང་།

སྟོང་ཉིད་རྟོགས་ཟིན་པ་དག་ལ་དགག་བྱའི་གཟུགས་དང་། དགག་མི་དགོས་པའི་གཟུགས་གཉིས་ཀྱི་ཁྱད་པར་བརྟན་ཀྱང་འོས། གོ་ཡང་ངེས་པ་ཡིན་མོད། གཟུགས་བདེན་གྲུབ་དང་། གཟུགས་ཡོད་པ་གཉིས་བློ་རེ་རེ་མཉམ་དུ་འདྲེས་པས་ཐ་མལ་པ་རྣམས་ལ་འདི་ཙམ་བཀག་ནས་འདི་ཙམ་ཤུལ་དུ་བཞག་རྒྱུ་ཡིན་སོགས་ཀྱི་རྣམ་གཞག་བྱས་པ་ནི་སྒྱུ་མའི་གླང་ཆེན་གྱི་རྣ་ཤུལ་དུ་བཞག་ཁང་ལག་དགག་པར་བྱེད་པ་དང་ཁྱད་ཅི་ལ་ཡོད། དོན་དམ་པར་ཡོད་མེད་དཔྱོད་པ་ཀུན་རྫོབ་ཏུ་ཡིན་གྱི་དོན་དམ་དུ་མིན་ཞེས་གསུངས་པའི་ལུགས་ལྟར་ན། མཐའ་བཞིའི་སྐྱེ་བ་ཡོད་མེད་དཔྱོད་པ་ཡང་ཀུན་རྫོབ་ཏུ་ཡིན་གྱི། དོན་དམ་དུ་མ་ཡིན་པས། དེ་བཞིའི་ཁོངས་སུ་མ་འདུས་པའི་སྐྱེ་བ་ཙམ་ཞིག་ཀུན་རྫོབ་ཏུ་རྙེད། དོན་དམ་དུ་མ་རྙེད་པས། ཀུན་རྫོབ་ཏུ་ཇི་ཙམ་དཔྱད་ཀྱང་མ་རྙེད་པས་མ་རྙེད་པའི་གོ་མ་ཆོད་ཅིང་། དོན་དམ་པར་མ་རྙེད་པས་མ་རྙེད་པའི་གོ་ཆོད་པ་འདི་དག་གི་བསམ་མནོ་ནི། དོན་དམ་པའི་རྣམ་གཞག་གི་ཕྱི་མོ་རྣམས་ནི་ཀུན་རྫོབ་ཀྱི་བདེན་པ་ཁོ་ན་ལ་ཡིད་ཆེས་པ་ཡིན་ནོ། །

མུ་བཞིའི་སྐྱེ་བ་འགོག་པ་ཀུན་རྫོབ་ཀྱི་ལུགས་སུ་བྱ་དགོས་ཚེ། སྐྱེ་བྱ་བ་ལ་མུ་བཞིའི་སྐྱེ་བ་ཁ་ཆོན་མ་ཆོད་ན་མུ་བཞིའམ་མཐའ་བཞིར་བྱས་ནས་འགོག་པའི་དོན་མེད། གནས་ལུགས་ལ་ཡོད་པ་མ་ཡིན་མེད་པ་མ་ཡིན་སོགས་མཐའ་བཞིའི་སྤྲོས་བྲལ་དུ་བཤད་པ་དང་། རང་བཞིན་མེད་བྱ་བའི་ཚིག་གཅིག་གི་ནང་དུ་བསྡུས་ནས་བཤད་པ་གཉིས་དོན་ལ་ལྟ་བ་རྟོགས་ཟིན་པའི་མི་ཞིག་ལ་ཁྱད་པར་མེད་པར་མི་སྣང་ནའང་། ལས་དང་པོ་བ

རྣམས་ཀྱིས་བདེན་པར་མེད་བྱ་བའི་གོ་ལུགས་དེ་བུམ་པ་མེད་བྱ་བའི་གོ་ལུགས་དང་ཁྱད་པར་མེད་ཅིང་། གོ་ལུགས་དེའི་དབང་དུ་བྱས་ཚེ་བུམ་མེད་རྟོགས་པའི་བློ་དེས་སྐད་ཅིག་གཉིས་པར་བུམ་པའི་དགག་གཞི་བློ་ལ་འཆར་བ་ལས་འོས་མེད་པས། མཉམ་གཞག་གི་སྐབས་ན་ཀུན་རྫོབ་ཀྱི་སྣང་བ་མ་བྲལ་བར་བྱེད་དགོས་པ་འདི་བདེན་གཉིས་ཟུང་འཇུག་གི་དོན་ཡིན་ན་ཡ་ཆ།

སོ་སྐྱེའི་བློ་ངོར་སྣང་བའི་བདེན་པ་འདི་ལས་གཞན་པའི་བདེན་གྲུབ་ཞིག་གསར་དུ་འཚོལ་དགོས་ན་མ་རིག་པ་འདི་ལས་གཞན་པའི་མ་རིག་པ་དང་། ཞེ་སྡང་འདོད་ཆགས་འདི་ལས་གཞན་པའི་དགག་བྱའི་ཆགས་སྡང་ཞིག་ཀྱང་འབད་པའི་སྒོ་ནས་བཙལ་དགོས་པར་ངེས།

བུམ་པ་ཡོད་དོ་སྙམ་པའི་བློ་བདེན་འཛིན་མ་ཡིན་ཀྱི། ཚད་མ་ཡིན་སྙམ་པའི་ལུགས་ལ་རང་བཞིན་མེད་པ་ཡོད་དོ་སྙམ་པའི་བློའི་ཡུལ་ཡང་སྐྱོན་མེད་དུ་གྲུབ་པར་ངེས་སོ། བུམ་ཡོད་འཛིན་པ་དང་། བདེན་པར་ཡོད་འཛིན་པ་གཉིས་ཁྱད་པར་ཕྱེ་དགོས་པ་བཞིན་དུ། སྟོང་ཉིད་བདེན་འཛིན་དང་། སྟོང་ཉིད་ཡོད་ཙམ་གཉིས་ལ་ཁྱད་པར་ཕྱེ་དགོས་པ་ལ། སྟོང་ཉིད་མ་རྟོགས་པའི་གང་ཟག་གིས་ནི་སྟོང་ཉིད་ལ་རྒྱུས་མེད་ལ། དེ་བདེན་གྲུབ་ཡིན་མིན་ཀྱང་ཁྱད་པར་ཕྱེ་མི་ནུས། རྟོགས་པའི་གང་ཟག་གིས་ནི་སྟོང་ཉིད་བློ་ལ་ནམ་ཤར་བ་ན་མེད་དགག་གི་ཚུལ་དུ་ཤར་བས་ཁྱད་པར་འབྱེད་མི་ནུས་པས་ཁྱད་པར་འབྱེད་མཁན་སུ་ཞིག་ཡོང་།

རང་བཞིན་གྱིས་སྟོང་པ་ཙུང་ཟད་ཀྱང་མེད་པས་རང་བཞིན་གྱིས་མི་

སྟོང་པ་ཙམ་ཅིག་ཀྱང་ཡོད་པ་མིན་ནོ་ཞེས་པ་འདི་འཇིག་རྟེན་གྱི་བཞེད་གད་ཆེ་བའི་རྒྱུ་ཡིན་པར་ངེས་སོ། །གོང་མ་ཆེན་པོ་འཇིག་རྟེན་གྱི་རྒྱལ་པོ་མིན་བྱ་བ་དང་། བཙུན་མོ་མི་གཙང་བ་ཡིན་བྱ་བ་ལ་དེ་ལས་ཀྱང་བཞད་གད་ཆེ་ཞིང་། དོན་གྱི་དབང་དུ་གཟིགས་ནས་ཞི་བ་ལྷས། གཞན་དུ་བུད་མེད་མི་གཙང་བར། །ངེས་རྟོགས་འཇིག་རྟེན་གྱིས་གནོད་འགྱུར། །ཞེས་གསུངས་སོ། །

དེས་ན་འཇིག་རྟེན་གྱིས་མི་གནོད་པ་ཤ་སྟག་ཁས་ལེན་དགོས་ན་འཇིག་རྟེན་གྱི་བསམ་པའི་མཐར་ཐུག་བདེན་འཛིན་ཡིན་པས། དེས་མི་གནོད་པ་ཞིག་ཁས་ལེན་དགོས་ཀྱི། གཟུགས་སྒྲ་སོགས་དབང་ཤེས་ཐ་མལ་པ་རྣམས་ཀྱི་ཡུལ་ཙམ་ཞིག་ཡོད་པར་ཁས་བླངས་པས་ཅི་ལ་ཕན། རིགས་ཤེས་ཀྱིས་ཀུན་རྫོབ་བདེན་པ་ལ་མི་གནོད། ཀུན་རྫོབ་པའི་རིགས་པས་དོན་དམ་བདེན་པ་ལ་མི་གནོད། དེ་གཉིས་ཀྱི་ཡུལ་ཐ་དད་པ། བསམ་ཚུལ་ཐ་དད་པ་ཡིན་སོགས་ཀྱི་ལུགས་འདི་ལྟར་བསམས་ཆོ་སྨིག་རྒྱུ་ཆུ་ཡིན་པར་མཐོང་བའི་བླུན་པོའི་རིགས་པ་དེས། སྨིག་རྒྱུ་སྨིག་རྒྱུ་ཡིན་པར་མཐོང་བའི་མཁས་པའི་རིགས་པ་ལ་མི་གནོད་པ་ཞིག་འོང་ངེས་ལ། མིག་ལྡན་མིག་ལྡན་གྱི་ས་ན་ལྡན། ལོང་བ་ལོང་བའི་ས་ན་ལྡན་བྱ་བ་འདི་ཡུལ་གྱི་གནས་ལུགས་འཚོལ་བའི་རིགས་པ་མ་ཡིན་གྱི་རང་གི་སྣང་ཚུལ་ཙམ་འཚོལ་བའི་རིགས་པ་ཡིན་ནོ། །

སློབ་དཔོན་ཟླ་བ་ནི་དོན་དམ་པ་འཆད་པ་ན་ཀུན་རྫོབ་ཀྱི་རྣམ་གཞག་ཐམས་ཅད་བཤིག ཀུན་རྫོབ་བཤད་པའི་ཚེ་དོན་དམ་པའི་བདེན

པ་བཏང་སྙོམས་སུ་བཞག་ནས་འཇིག་རྟེན་གྱི་རིགས་པ་སྤོབས་གང་ཆེ་བ་རྣམས་ཀྱི་རྗེས་སུ་འབྲང་བ་ཙམ་ཡིན་ལ། འཇིག་རྟེན་ལས་འདས་པའི་ཡུལ་དང་ཡུལ་ཅན་གྱི་རྣམ་གཞག་ཐམས་ཅད་འཇིག་རྟེན་པའི་རིགས་པའི་ཁོངས་སུ་བསྡུས་ནས་གཏན་ལ་ཕབ་ནུས་ན་དབུ་མའི་ལམ་འཚོལ་དགོས་པའི་དོན་ཅི་ཞིག་ཡོད།

ཀུན་རྫོབ་ཏུ་ཡོད་པ་མ་ཡིན། དོན་དམ་པར་མེད་པ་མ་ཡིན་བྱ་བ་གཉིས་ཀྱི་དབུས་ནས་དབུ་མའི་ལམ་འཚོལ་བ་ནི། རྫ་མ་མ་ཆག་པ་མ་ཡིན། འོན་ཀྱང་མེད་པ་མ་ཡིན་བྱ་བའི་གོ་བ་དང་ཤིན་ཏུ་འདྲ་ལ། འཇིག་རྟེན་གྱི་སྣང་བ་ལ་ཡང་ཤིན་ཏུ་མཐུན་ཚབས་ཆེ་བ་ཡིན།

བདེན་གཉིས་ཟུང་འཇུག་བྱ་བ་འདི་འཕགས་པའི་ཡེ་ཤེས་དང་འཇིག་རྟེན་ཕལ་པའི་རྣམ་རྟོག་གཉིས་འགལ་མེད་ཟུང་དུ་འཇུག་པའི་དུས་གཅིག་སྲིད་ན་དེ་དུས་འོང་བར་ངེས་ཀྱི་གཞན་དུ་ནམ་ཡང་སྲིད་པའི་སྐབས་མེད་དོ།།

མཁས་པ་རྣམ་རིག་པ་རྣམས་ཀྱིས་ཕྱི་རོལ་གྱི་དོན་མ་རྙེད་པ་ཡིན་གྱི་མེད་པར་རྙེད་པ་མིན་ན། དེ་ལས་མཁས་པའི་དབུ་མ་བ་རྣམས་ཀྱིས་ཀྱང་བདེན་གྲུབ་མ་རྙེད་པ་ཡིན་གྱི་མེད་པར་རྙེད་པ་ག་ལ་ཡིན། རྒྱུ་ཁབ་བོར་བའི་ཚེ་བཙལ་བ་ན། གར་ཡང་མ་རྙེད་པའི་བློ་དེས་རྒྱུ་ཁབ་མེད་པར་འཛིན་པ་དང་། སླར་རྒྱུ་ཁབ་རྙེད་པའི་ཚེ་རྒྱུ་ཁབ་ཡོད་པར་འཛིན་པའི་བློ་དེས་སྔར་གྱི་མེད་པར་འཛིན་པའི་བློ་དེ་ལ་ཡུལ་ཐ་དད་ཡིན་ཕྱིར་གནོད་པའི་སྐབས་མེད་ན། རྒྱུ་ཁབ་ཀྱི་རང་བཞིན་དེ་རེས་འགའ་ཡོད་པའི་ཁོངས་

སུ་སོང་། རེས་འགའ་མེད་པའི་ཕོངས་སུ་སོང་། དེ་གཉིས་ལས་གཞན་པ་གང་ཡང་མེད་པས། མཐའ་བཞི། མུ་བཞི་སོགས་སུ་ཁ་ཆོན་བཅད་ནས་འགོག་པའི་དོན་ཅི་ཡང་མེད།

བདེན་གྲུབ་ཏུ་འཛིན་པའི་བློ་དང་། བདེན་མེད་དུ་འཛིན་པའི་བློ་གཉིས་དེ་ལས་ཀྱང་ཡུལ་ཤིན་ཏུ་ཐ་དད་པས་གཅིག་གི་ཡུལ་ལ་གཅིག་གིས་གནོད་དགོས་པའི་དོན་ག་ལ་ཡོད། གལ་ཏེ་སྟོབས་ཆེ་ཆེང་གི་ཁྱད་པར་གྱིས་གནོད་དོ་ཞེ་ན། ཆགས་ལྡན་གྱི་སྐྱེས་བུས་བུད་མེད་གཙང་བར་འཛིན་པའི་བློ་དེས་དགྲ་བཅོམ་པས་བུད་མེད་མི་གཙང་བར་མཐོང་བའི་བློ་དེ་ལ་ཡང་ཅིའི་ཕྱིར་མི་གནོད། སྟོབས་ཆེ་ཆུང་བྱ་བ་ནི་ཐ་མལ་པའི་རྣམ་རྟོག་ཁོ་ན་ལ་བརྟེན་ནས་འཇོག་པ་ཡིན་ལ། དེ་ཡང་ཀུན་རྫོབ་ལ་བརྟེན་ནས་འཇོག་དགོས་པས། སློབ་དཔོན་ཟླ་བ་གྲགས་པའི་ལུགས་ལྟར་ན། སྟོབས་ཆེ་བའི་འདོད་ཆགས་ཀྱི་ཡུལ་དུ་གྱུར་པའི་ཡིད་དུ་འོང་བ་དང་། སྟོབས་ཆེ་བའི་ཞེ་སྡང་གི་ཡུལ་དུ་གྱུར་པའི་ཡིད་དུ་མི་འོང་བ། ཤིན་ཏུ་སྟོབས་ཆེ་བའི་བདེན་འཛིན་གྱི་ཡུལ་དུ་གྱུར་པའི་ས་རྗེ་རི་བྲག་སོགས་སངས་རྒྱས་མན་ཆད་དུད་འགྲོ་ཡན་ཆད་ཀྱིས་རང་ལུགས་སུ་ཁས་ལེན་པའམ་གཞན་ལུགས་སུ་ཁས་ལེན་པ་གང་རུང་ལས་ཁས་ལེན་པའི་ཐབས་མ་མཆིས་པས། མར་མེ་ཇི་ཙམ་གསལ་བ་དེ་ཤི་བ་ན་མུན་པ་དེ་ཙམ་ནག་པའི་རྣམ་གཞག་འདི་ཤིན་ཏུ་བདེན་སྙོད། ཤེས་བྱའི་གནས་ལུགས་འདི་ལ་མེ་དང་ཆུ་འགལ། ཚ་བ་དང་གྲང་བ་འགལ། ལྷི་བ་དང་ཡང་བ་འགལ་སོགས་ཀྱི་འགལ་བའི་རྣམ་གཞག་འདི་ཙམ་ཞིག་ཡོད་བཞིན་པའི་སྟེང་དུ་ཀུན་རྫོབ་དང་དོན་དམ་མི་

འགལ་བ྄་བ་འདི་བདེན་གཉིས་གང་གི་དབྱོད་ལུགས་བྱེད་ན་ཡང་ཐར་པའི་གོ་སྐབས་ག་ལ་ཡོད།

བྱིས་པའི་དུས་ཀྱི་རྣམ་ཤེས་དང་། རྒན་པོའི་དུས་ཀྱི་རྣམ་ཤེས་གཉིས་ཀྱིས་བཞེད་ལུགས་ཀྱང་ཤིན་ཏུ་འགལ་བར། ཐམས་ཅད་ལ་རྒྱུས་ཡོད་ན། འཕགས་པའི་གཞལ་བྱ་དང་སོ་སྐྱེའི་བསམ་ཚུལ་གཉིས་ཕན་ཚུན་འགལ་བ་མེད་པ་ཤིན་ཏུ་ངོ་མཚར་ཆེ།

མདོར་ན་བདེན་གཉིས་བྱ་བ་དེ་ཐལ་པའི་ངོར་བདེན་པ་ཞིག་དང་། འཕགས་པའི་ངོར་བདེན་པ་བྱ་བ་ཞིག་ཏུ་མ་གོ་བར། ཐལ་པའི་གང་བདེན་པ་དེའི་ནང་དུ་འཕགས་པའི་གཟིགས་ཚུལ་ཐམས་ཅད་བསྲེས་པ་ན། བསམ་གྱིས་མི་ཁྱབ་པའི་གནས་ལ་ཡིད་ཆེས་ཙུང་ཟད་ཙམ་ཡོང་བའི་སྐལ་བ་མེད་ལ། བསམ་གྱིས་ཁྱབ་པའི་གནས་ལ་ཇི་སྲིད་སྣོད་པ་དེ་སྲིད་དུ་འཇིག་རྟེན་ལས་ཙུང་ཟད་ཀྱང་མ་འདས་པར་ཤེས་པར་བྱའོ། །

མདོར་ན་ཕྱི་ནང་གི་གྲུབ་མཐའ་སྨྲ་བ་ཐམས་ཅད་ཀྱིས་གྲུབ་མཐའི་བསམ་མནོ་དེ་འཇིག་རྟེན་ཕལ་པའི་བསམ་མནོ་དང་མི་མཐུན་པ་ཤ་སྟག་ཞིག་ཡིན་པ་ལ། གྲུབ་མཐའ་མཐོ་གོས་ཐལ་འགྱུར་བའི་བསམ་མནོ་མཐར་ཐུག་དེ་འཇིག་རྟེན་ཕལ་པའི་བསམ་ཚུལ་དང་ཁྱད་པར་མེད་པ་ཨེ་ཡོང་། དོན་དམ་དོན་དམ་གྱི་ས་ན་ལྷན། ཀུན་རྫོབ་ཀུན་རྫོབ་ཀྱི་ས་ན་ལྷན་བྱ་བ་འདིའི་གོ་བ་མཐར་ཐུག་ནི་ཆུ་ཆུའི་ས་ན་ལྷན་ཞིང་གསེར་བ་ཡིན། རྡོ་རྡོའི་ས་ན་སྲ་ཞིང་མཁྲེགས་པ་ཡིན་བྱ་བ་དང་ཁྱད་ཅི་ཡང་མེད་ཅིང་། སྲ་མཁྲེགས་དང་ལྷན་གསེར་འགལ་མེད་ཟུང་འཇུག་ཏུ་འདོད་པ་འདིའི་

ལུགས་ལྟར་ན། རྡོ་ཆུའི་ནང་དུ་སྐམ་པོ་དང་། ཆུ་རྡོ་ཡི་སྟེང་དུ་རྟག་ཏུ་བཞུགས་པ་ཡོད་བྱ་བ་འགལ་མེད་ཀྱི་རྣམ་གཞག་དེ་ག་རང་དུ་འདུག་ལ། དེ་ལྟར་བྱས་ཚེ་འཇིག་རྟེན་ཐམས་ཅད་ལ་ཁྱབ་པའི་མ་རིག་པ་དེ་ཐམས་ཅད་ལ་ཁྱབ་པའི་སངས་རྒྱས་ཀྱི་ཡེ་ཤེས་དང་མཉམ་དུ་འགྲོགས་པས་དེ་གཉིས་ཀྱང་འགལ་བ་མེད།

ཐལ་འགྱུར་བའི་རིགས་པའི་རྩ་བ་གཅིག་ནི། མིག་དང་རྣ་བས་སྣང་ཚུལ་མ་མཐུན་པ་དང་། སྣ་དང་ལྕེ་ཡིས་སྣང་ཚུལ་མ་མཐུན་པ་དང་། མཐར་ཐུག་ཡིད་ཀྱིས་བསམ་ཚུལ་ཀྱང་ཕན་ཚུན་འགོ་མ་འཕྲོད་པ་ཞིག་གི་སྟེང་ནས་རྣམ་ཤེས་ཐམས་ཅད་ལས་འདས་པའི་ལམ་གཞན་ཞིག་ཏུ་འཁྲིད་པར་སྣང་ལ། བསམ་ཚུལ་དྲན་ཚུལ་འདི་ཀུན་གཅིག་གིས་གཅིག་ལ་མི་གནོད་པས་ཐ་སྙད་པའི་ཤེས་པ་ཚད་མར་བྱས་ཚེ། ཤིག་དང་། བྱི་བ། བྱི་ལ། ཁྱི་དང་མི་སོགས་ཀྱི་བསམ་ཚུལ་ཐམས་ཅད་ལ་ཁྱད་པར་ཕྱེ་བའི་དོན་ཚུང་ཟད་ཀྱང་མེད་པས། དེ་ཐམས་ཅད་ཀྱང་ཀུན་རྫོབ་ཀྱི་བདེན་པ་ཤ་སྟག་ཡིན་ལ། དེ་དག་གིས་སྣང་ཚུལ་ཀུན་རྫོབ་ཀྱི་བདེན་པ་ཡིན་ཡང་། གཅིག་གི་སྣང་བ་ལ་གཅིག་གིས་གནོད་པ་ཤ་སྟག་ཡིན་པས་ཀུན་རྫོབ་བདེན་པ་བྱ་བ་ཞིག་མི་སྲིད་པར་འགྱུར་རོ། །མི་ཡི་སྣང་བས་ཡི་དྭགས་ཀྱི་སྣང་བར་མི་གནོད་པ་དང་། དེ་བཞིན་ཡི་དྭགས་ཀྱི་སྣང་བས་ལྷ་ཡི་སྣང་བ་ལ་མི་གནོད་ན་ནི་སངས་རྒྱས་ཀྱི་སྣང་བས་སེམས་ཅན་གྱི་སྣང་བ་ལ་ཡང་གནོད་པའི་སྐབས་ཚུང་ཟད་ཀྱང་མེད་པས་མ་དག་པའི་སྣང་བ་འདི་ཀུན་རྟག་ཏུ་རང་སོར་གནས་པ་ཡིན་ནོ། །

ཆོག་རང་བཞིན་མེད་པ་ཉིད་ཀྱིས་དངོས་པོ་རང་བཞིན་མེད་པ་འགོག་མི་ནུས་པར་གསུངས་པ་འདི་ཡང་། དོན་ལ་རང་ལུགས་སུ་ཁས་ལེན་དང་བྲལ་བའི་ལྟ་བ་ཡིན་ལ། རང་བཞིན་མེད་པ་ཉིད་ལོག་ན། །རང་བཞིན་ཉིད་དུ་གྲུབ་པར་འགྱུར། །བྱ་བ་ཡང་ཐལ་འགྱུར་ཡིན་གྱི་རང་རྒྱུད་དུ་ཁས་ལེན་པ་མིན་ལ། འདི་དང་། གཞན་ཡང་། གལ་ཏེ་སྟོང་མིན་ཅུང་ཟད་ཡོད། །སྟོང་པའང་ཅུང་ཟད་ཡོད་པར་འགྱུར། །བྱ་བ་སོགས་ཀྱང་དགག་བྱ་ཅུང་ཟད་ཅིག་ཡོད་ན་དེ་དགག་པས་སྟོང་པ་དང་། དེ་འགོག་བྱེད་ཀྱི་རིགས་པ་སོགས་ཀྱང་ཅུང་ཟད་ཅིག་ཡོད་པར་གསུངས་པའི་ཐལ་འགྱུར་ཡིན་ལ། རིགས་པ་འདིའི་དབང་དུ་བྱས་ཆེ། དགག་བྱ་བདེན་གྲུབ་ཅིག་ཡོད་ན་འགོག་བྱེད་བདེན་གྲུབ་ཅིག་དགོས་པ་དང་། དགག་བྱ་ཡོད་ཙམ་ཞིག་ཡིན་ན། འགོག་བྱེད་ཀྱང་ཡོད་ཙམ་ཞིག་དགོས་པ་དང་། དགག་བྱ་གཏན་ནས་མེད་ན། འགོག་བྱེད་ཀྱང་གཏན་ནས་མེད་དགོས་པའི་དབུ་མའི་ལུགས་ཀྱི་གྲུབ་མཐའི་གཞུང་འཛུགས་པར་སྣང་ངོ་། །

མདོར་ན་གཞན་གྱི་ཕྱོགས་སམ་འཛིན་རྟེན་པའི་ཕྱོགས་བཞག་པ་ལ་ཡོད་མེད་ཀྱི་ཕྱོགས་གཉིས་པོ་འདི་བཞག་པ་ལས་གཞན་མེད་ཅིང་། སངས་རྒྱས་ཀྱིས་ཀྱང་། །དེ་མིང་ཀླུ་ཞེས་འབོད་པ་སྟེ། །ཡོད་དང་མེད་པའི་ཕྱོགས་འཛིན་པ། ། ཞེས་གསུངས་པ། ས་གསེར་དུ་མེད་པའི་མེད་ཕྱོགས་དང་། ས་ས་རུ་ཡོད་པའི་ཡོད་ཕྱོགས་གཉིས་ཀའི་གོ་ཆོད་པའི་བདེན་གཉིས་ཟུང་འཇུག་གི་གོ་ལུགས་འདི་འདྲ་འདོད་པ་ནི། དོན་ལ་བླུན་པོའི་མཐུར་ཐུག་པའི་འཛིག་རྟེན་ཕལ་པའི་བསམ་མནོ་དང་། མཁས་པའི་

མཐར་ཐུག་པའི་སངས་རྒྱས་ཀྱི་མཁྱེན་ལུགས་གཉིས་འགལ་མེད་ཟུང་འཇུག་ཏུ་ཁས་བླངས་པ་ཡིན་ལ། དེ་འདྲ་བྱེད་ཚེ་མ་རིག་པ་དང་རིགས་ཤེས་གཉིས་ཀྱི་ཡུལ་ཡང་འགལ་མེད་ཟུང་འཇུག་ཏུ་ཁས་བླངས་ན་ཅི་ལ་མི་ཆོག

སྣང་བའི་དོན་གོ་བས་མུན་པ་ཤིན་ཏུ་ཁ་དོག་ནག་པར་ཤེས། དགེ་བའི་དོན་གོ་བས་སྡིག་པ་ཤིན་ཏུ་ཉེས་པར་ཤེས་པས། འདི་དག་སྣང་མུན་ཟུང་འཇུག་དང་། དགེ་སྡིག་ཟུང་འཇུག་གི་རྣམ་གཞག་ཏུ་བྱེད་དགོས་ན་འགལ་བ་ཐམས་ཅད་ལ་ཟུང་དུ་མི་འཇུག་པ་གཅིག་ཀྱང་ཡོད་པར་མི་སྣང་།

བདེན་པ་ཡོད་པ་དངོས་པོ་སོགས་ཀྱི་སྒྲ་འདི་ཀུན་འཛིག་རྟེན་ཕལ་བ་གཅིག་གིས་གཅིག་ལ་སྨྲས་པ་ན་ཚིག་མཐུན་པ་ཙམ་གྱིས་དོན་གོ་བར་སྣོམ་ལ། དོན་དམ་དུ་མེད་ཀྱང་ཡོད་བྱ་བ་འདི་སངས་རྒྱས་ཀྱིས་སེམས་ཅན་ལ་གསུངས་ན་དོན་གོ་རྒྱུ་ཕར་ཞོག ཐལ་འགྱུར་བའི་ལྟ་བ་ལ་གོ་བ་ཙུང་ཟད་རྙེད་པ་ཞིག་གིས་ཀྱང་བརྗོད་ན་རང་ལུགས་བཞིན་གྱི་ངེས་པ་སྐྱེ་བའི་སྐབས་མེད། ཀུན་རྫོབ་ཀྱི་རྣམ་གཞག་ཐམས་ཅད་འཐད་པར་འཛོག་པའི་ལུགས་འདིས། ཁ་གྲག་མི་ཤེས་པའི་བྱི་ལ་དང་། བྱི་བ་སོགས་སྣང་ཆུང་དུ་བསྐྱུར། དེ་དག་ལས་ཙུང་ཟད་ཁྱད་དུ་འཕགས་པའི་བྱིས་པ་དང་གླེན་པོ་སོགས་ཀྱང་སྣང་ཆུང་དུ་ཕོར་ནས། བར་ན་སྡོད་པའི་ཏ་ཅང་མཁས་པ་ཐལ་འགྱུར་བ་བཞིན་གྲུང་པོ་ཡང་མ་ཡིན་པ། ཕལ་པ་བཞིན་གླེན་པོ་ཡང་མ་ཡིན་པ། དེ་དག་གི་བསམ་ཚུལ་རྣམས་ལ་འཛོག་པར་སྣང་ངོ་། །

རང་བཞིན་གྱི་རྣམ་པར་སྟོང་པ་མཉམ་གཞག་གི་སྐབས་སུ་སུན་

འཕྲིན་པ་སུ་ཡང་མེད་ཀྱི། སྲུན་འཕྲིན་ན་ཡང་རྗེས་ཐོབ་ཀྱི་སྐབས་སུ་སྲུན་འཕྲིན་དགོས་པ་ཡིན་ལ། བདེན་གཉིས་ཟུང་འཇུག་ཏུ་འདོད་པའི་ལུགས་འདི་ལྟར་ན། རྣམ་གཞག་འདི་བྱ་བ་ཤིན་ཏུ་དཀའ་མོད། བདེན་མེད་སྟོན་དུ་རྟོགས་ནས། བདེན་མེད་དེ་ཉིད་བདེན་གྲུབ་ཡིན་ནོ་བྱ་བའི་བསམ་མནོ་ཞིག་ད་དུང་བསྐྱེད་རྒྱུ་ཡོད་ན་སྟོང་ཉིད་རྟོགས་པའི་ཕན་ཡོན་ཅི་ཞིག་ཡོད།

གལ་སྲིད་བཟང་རྟོག་ངན་རྟོག་གི་ཁྱད་པར་ཕྱེ་བ་ནི་མཛེས་པ་ལ་མཛེས་པར་འཛིན་པ་བཟང་རྟོག་དང་། མཛེས་པ་ལ་མི་མཛེས་པར་འཛིན་པ་ངན་རྟོག་ཡིན་པ་ལས་འོས་མེད་ལ། བདེན་པ་བདེན་གྲུབ་ཏུ་འཛིན་པ་བཟང་རྟོག་དང་། བདེན་གྲུབ་སྒྲུ་མར་འཛིན་པ་ངན་རྟོག་ཏུ་བྱེད་མ་དགོས་པ་དེ་ཡ་ཆ། མདོར་ན་བདེན་གཉིས་འགལ་མེད་དུ་འདོད་པ་འདི་སངས་རྒྱས་ནས་སེམས་ཅན་གྱི་བར་གྱི་བསམ་མནོ་ཐམས་ཅད་འགལ་མེད་དུ་འདོད་པའི་ལུགས་ཡིན་ནོ། །

རྗེ་ཡི་བཞེད་པ་མཐར་ཐུག་ནི། རང་ལུགས་སུ་ཁས་ལེན་བྱ་བའི་ཐ་སྙད་ལ་སྣང་ཚུང་དུ་མཛད་ནས། རང་རྒྱུད་དུ་ཁས་ལེན་བྱ་བ་དང་། རང་དབང་དུ་ཁས་ལེན་བྱ་བ་གཉིས་དོན་གཅིག་པར་མཛད་ཅིང་། དེའི་དོན་མཐར་ཐུག་རང་དང་གཞན་བྱ་བ་དེ་གང་ཟག་ལ་མི་བྱེད་པར། དེའི་བཞེད་པ་ནི་དངོས་པོ་རང་གི་གནས་ཚུལ་ཞིག་ལ་བྱེད་པར་འདུག་པས། དངོས་པོ་རང་གི་སྡོད་ལུགས་ཀྱི་གྲུབ་པར་ཁས་ལེན་པ་དེ་རང་རྒྱུད་དང་། སྡོད་ལུགས་ཀྱིས་མ་གྲུབ་པར་ཁས་ལེན་པ་དེ་ཐལ་འགྱུར་དུ་བྱེད་པར་འདུག

རང་ལུགས་དང་གཞན་ལུགས་བྱ་བ་དེ་འཇིག་རྟེན་ཕལ་པའི་རྒྱབ་འདྲེ་དང་འདྲ་བར་བྱས་ནས་རྒྱབ་འདྲེ་བྱེད་མཁན་གྱི་མི་གཉིས་ཁ་མཐུན་པ་ཙམ་ཞིག་ལ་རྣམ་གཞག་ཀུན་གྱི་རྩ་བ་བརྟེན་པར་སྣང་སོད། ལར་འཇིག་རྟེན་ལས་འདས་པའི་ས་ལ་བགྲོད་པ་བྱ་བ་དེ་འཇིག་རྟེན་པའི་བསམ་པ་དང་བརྗོད་པ་ལས་འདས་པ་ཞིག་ཡིན་ངེས་ལ། དེ་ལྟར་ན་འཇིག་རྟེན་ཐམས་ཅད་དང་ཁ་མི་མཐུན་པ། བསམ་པ་མི་མཐུན་པའི་ཕྱོགས་གཅིག་ནས་འཕགས་པའི་ས་ལ་བགྲོད་དགོས་པ་ཡིན་པས། འཕགས་པའི་དགོངས་པ་མཐོ། སེམས་ཅན་གྱི་བསམ་པ་དམན་བྱ་བའི་རྣམ་གཞག་འདི་ཀུན་ཁས་མ་བླངས་ན་མ་གཏོགས་རང་ལུགས་སུ་ཁས་ལེན་པ་དང་། གཞན་ལུགས་སུ་ཁས་ལེན་པ་འདི་ཡང་མི་འོང་བར་སྣང་།

སྤྱིར་རྨོངས་པ་རྣམས་ལ་རྨོངས་པའི་བསམ་པ་དང་མཐུན་པའི་གཏམ་ཞིག་མ་བརྗོད་པར་ཕན་ཚུན་བརྡ་འཕྲོད་པའི་སྐབས་མེད་ལ། དེ་ལྟར་བརྡ་འཕྲོད་པའི་རྒྱུན་དེ་ཉིད་ཤེས་བྱ་ཐམས་ཅད་ཀྱི་རྩ་བར་བཟུང་བ་ཤིན་ཏུ་ངོ་མཚར།

དོན་གྱི་དབང་དུ་གཟིགས་ནས་ཟླ་བ་གྲགས་པས། ཇི་ལྟར་ཀླ་ཀློ་སྐད་གཞན་གྱིས། ། བཟུང་བར་མི་ནུས་དེ་བཞིན་དུ། ། འཇིག་རྟེན་པ་ཡིས་མ་གཏོགས་པར། །འཇིག་རྟེན་བཟུང་བར་ནུས་མ་ཡིན། ། ཞེས་ཀླ་ཀློ་ལ་ཀླ་ཀློའི་སྐད་ཀྱིས་བརྡ་སྤྲོད་པ་མ་གཏོགས་ཐབས་གཞན་མེད་པ་དེ་བཞིན་དུ་བཅོམ་ལྡན་འདས་འཇིག་རྟེན་ལས་ཇི་ལྟར་འདས་ཀྱང་འཇིག་རྟེན་པ་དང་ལྷན་ཅིག་ཏུ་དམ་པའི་ཆོས་ཀྱི་བཀའ་བགྲོ་མཛད་པ་ན་འཇིག

རྟེན་པའི་རྣམ་གཞག་དེ་ག་རང་སོར་བཞག་པར་མཛད་ནས་གསུངས་པ་མ་གཏོགས་ཐབས་གཞན་མེད་དོ། །

རྗེས་སུ་དཔག་པ་འབྱུང་བ་མི་རིགས་སོ་སོགས་ཀྱི་རྗེས་སུ་དཔག་པ་བྱ་བ་དེ། ད་ལྟ་བོད་ན་ཡོངས་སུ་གྲགས་པའི་སྦྱོར་བ་བྱ་བ་དེ་ཡིན་ལ། སྦྱོར་ངག་བཀོད་ཚེ་ཐམས་ཅད་རང་རྒྱུད་དམ་རང་ལུགས་སུ་ཁས་ལེན་དགོས་པ་ཡིན་པས་རྟགས་ཆོས་དོན་གསུམ་རང་ལུགས་སུ་ཁས་ལེན་དགོས་ལ། གཞན་གྲགས་ཀྱི་གཏན་ཚིགས་བྱ་བ་དང་ཐལ་འགྱུར་བྱ་བ་གཉིས་ལ་ཁྱད་ཅི་ཡང་མེད་པས། གཞན་ལ་གྲགས་པའི་རྣམ་གཞག་ཙམ་གྱིས་གཞན་གྱི་འདོད་པ་སུན་འབྱིན་པ་ཙམ་ཡིན་པས། ཆོས་ཅན་མཐུན་སྣང་བ་མེད་ན་རང་རྒྱུད་ཀྱི་སྦྱོར་བ་མི་འབྱུང་ངོ་བྱ་བ་དང་ཁྱད་མེད་པས། རང་ལུགས་རང་རྒྱུད་དུ་ཞལ་གྱིས་མི་བཞེས་པའི་ཟླ་བའི་ལུགས་ལ་སུན་འབྱིན་དུས་པའི་སྐབས་མེད་ལ། སློབ་དཔོན་ཟླ་བ་ནི། རྒོལ་ཕྱི་རྒོལ་གཉིས་ཀྱིས་བུམ་པ་བྱ་བ་ཡང་མཐུན་གྲུབ་ཏུ་མི་རུང་། དེ་བཞིན་ཆོས་དང་གཏན་ཚིགས་ཀྱང་མཐུན་གྲུབ་ཡོད་པ་མེད་སོད། ཕ་རོལ་པོའི་འདོད་པ་སུན་འབྱིན་ནུས་པའི་ཐལ་འགྱུར་ཙམ་འགོད་ནུས་པར་དགོངས་སོ། །

ཕ་རོལ་པོའི་ཡོད་པ་ཁས་བླངས་ན་རང་ལུགས་ལ་མེད་པར་ཁས་ལེན་དགོས། མེད་པ་ཁས་བླངས་ན། རང་ལུགས་ལ་ཡོད་པ་ཁས་ལེན་དགོས་ལ། དེ་གཉིས་ཀ་ཡང་མཐའ་གཉིས་ཀྱི་ཁས་ལེན་ཡིན་པས་དབུ་མ་བ་ཡིན་ན་རང་རྒྱུད་བྱ་མི་རིགས་པར་གསུངས་སོ། །

ཀུན་རྫོབ་ཀྱི་རྣམ་གཞག་རང་ལུགས་སུ་ཁས་ལེན་པ་རང་རྒྱུད་པ་

དང་། གཞན་ལུགས་སུ་ཁས་ལེན་པ་ཐལ་འགྱུར་པ་ཡིན་པས། ལུགས་ཕྱི་མ་དེ་ལ་འཇིག་རྟེན་དང་ཐུན་མོང་དུ་ཁས་ལེན་པ་བྱ་བའི་ཆོས་ཅི་ཡང་མེད་པ་དེ་ཉིད་ཆོས་ཅན་མཐུན་སྣང་བ་མེད་པའི་དོན་ཡིན། ནོར་ཐམས་ཅད་ཀྱི་རྩ་བ་སྣང་བ་ཙམ་ཞིག་ལ་ཀུན་རྫོབ་བདེན་པ་ཡིན་བྱ་བ་འདི་ཡིན་ལ། ལུགས་འདི་ལྟར་བྱས་ཚེ་ཐལ་འགྱུར་བ་ལ་གང་སྣང་བ་ཙམ་དེ་ཕལ་པ་ལ་ཡང་སྣང་བ་ཡིན་པས་ཆོས་ཅན་མཐུན་སྣང་བ་མེད་པའི་དོན་མེད་ཀྱང་། སྣང་བ་ཐམས་ཅད་དང་རྟོག་པ་ཐམས་ཅད་བདེན་སྣང་དང་བདེན་འཛིན་ཡིན་པས་ཆོས་ཅན་མཐུན་སྣང་བ་ཡང་འོང་བའི་སྐབས་མེད་པ་ཡིན། དགག་བྱ་ནི་འགོག་བྱེད་ཀྱི་རིགས་པ་རང་གི་ངོས་ཟིན་པ་ཡིན་གྱི། བློ་གཞན་ཞིག་གི་ངོས་ཟིན་པ་ག་ལ་ཡིན། ཀ་བ་གཏན་མེད་དུ་འཛིན་པའི་ཚད་ལྟའམ་དཔྱད་མའི་ཏིང་ངེ་འཛིན་དེ་ལས་སླར་ལངས་ཚེ་ཀ་བ་མིག་གིས་མཐོང་རྒྱུ་ཡང་ཡོད། ལག་པས་ རེག་རྒྱུ་ཡང་ཡོད། དེར་མ་ཟད་གདུང་མ་འདེགས་པའི་དོན་བྱེད་ནུས་པ་ཡང་ཡིན་པ་སོགས་ཤེས་བྱའི་སྒྲིབ་པས་བསླད་པའི་སྣང་བ་ཀུན་སྒྱུ་མ་བཞིན་དུ་རང་སོར་གནས་པ་དེ་ལ་ཡིད་མ་ཆེས་ཀྱང་ཁས་ལེན་དགོས་པ་ཐལ་འགྱུར་བའི་ཀུན་རྫོབ་པའི་ལུགས་ཡིན་ནོ། །

འཁོར་བའི་རྩ་བར་འགྱུར་བའི་མ་རིག་པས་དགག་བྱ་ལ་དོན་དམ་གྱི་ཁྱད་པར་ད་དུང་མ་སྦྱར་བར། དགག་བྱ་ཙམ་བཟུང་བ་ཡིན་ན་འཇིག་རྟེན་འཁོར་བར་འཁྱམས་པའི་དོན་མེད་ལ། མ་རིག་པས་མ་སྦྱར་བའི་ཁྱད་པར་ཞིག་གསར་དུ་སྦྱོར་དགོས་ན་ཀུན་བཏགས་ཀྱི་དགག་བྱ་ལས་གཞན་ཅི་

ཞིག་འོང་།

འཇིག་རྟེན་པའི་བློས་འཛིན་ལུགས་ནི། གཟུགས་ཡོད། གཟུགས་བདེན་པ་ཡོད། གཟུགས་བདེན་གྲུབ་ཡོད། གཟུགས་ངོ་ཐོག་ཡོད་བྱ་བ་འདི་ཙམ་ཡིན་ལ་བློས་ཞུགས་ཀྱི་གཏད་སོ་དེ་མ་དགག་པར། གཞན་ཞིག་བཙལ་ནས་དགག་པ་དེ། མ་རིག་པ་དང་། དེས་སྐྱེ་བའི་གཉིས་སྣང་འཁྲུལ་བའི་སྣང་བ་ལ་སླེང་ནས་ཡིད་ཆེས་པའི་ལུགས་སུ་སྣང་།

ཡིན་ཚུལ་དཔྱོད་པའི་རིགས་པ་བྱ་བ་དེ་ཡང་། འདིའི་ཁ་དོག་སེར་པོ་ཡིན་ནམ། འདི་གསེར་ཡིན་ནམ། གསེར་ཡག་པོ་ཡིན་ནམ། འདི་གང་ནས་བྱུང་། ངས་མཐོང་བ་ཙམ་མ་གཏོགས་ཁོ་རང་གསེར་ཡིན་ནམ། བདེན་པ་ཡིན་ནམ། བདེན་གྲུབ་ཡིན་ནམ་སོགས་ཀྱི་དཔྱད་པ་འདི་དག་ཙམ་ལས་གཞན་ཅི་ཡང་རྙེད་རྒྱུ་མེད་ལ། འདི་ཀུན་སོ་སོའི་སྐྱེ་བོའི་ཡོན་ཏན་གྱི་སྦྱངས་པ་ཆེ་ཆུང་གི་ཁྱད་པར་ཙམ་ལས་དོན་ལ་འཇིག་རྟེན་པལ་པའི་བློ་ཤ་སྟག་ཡིན་པས་ཞིབ་ཏུ་བསམས་ན་ཤེས་པར་ནུས།

བུམ་པ་བུམ་པ་ཡིན་ལུགས་དཔྱོད་པའི་རིགས་པས་མ་རྙེད་ན། བུམ་པ་བུམ་པ་ཡིན་པར་རྙེད་པའི་བློ་ཞིག་འཇིག་རྟེན་འདིར་ག་ལ་རྙེད། ཡིན་ལུགས་མེད་པའི་ཡིན་ཚུལ་ཞིག་རིགས་པ་སྨྲ་བ་སུས་ཀྱང་འདོད་པའི་གོ་སྐབས་མེད་ལ། མདོར་ན་ཡིན་ལུགས་བཙལ་བྱ་བ་དེ་ཁོ་རང་ཁོ་རང་ཡིན་ཚུལ་ཞིག་བཙལ་བ་ཡིན་ལ། ཡིན་ཚུལ་གཏན་ནས་མ་རྙེད་པར། ད་དུང་ཡིན་ཡིན་ཞེས་ཨུ་ཚུགས་བྱེད་པ་འདི་འདྲ་ལ་དབུ་མའི་ལྟ་བས་དགོས་པ་ཅི་ཞིག་ཡོད།

ཡིན་ན་ཡིན་ཚུལ་ཞིག་དགོས། མིན་ན་མིན་ཚུལ་ཞིག་དགོས་པ་ལ་ཡིན་ཚུལ་མིན་ཚུལ་རྙེད་རྒྱུ་མེད་པར་ཐག་བཅད་ནས། མིན་མིན་གྱི་རྣམ་གཞག་ཐམས་ཅད་འཐད་ལྡན་དུ་ཁས་ལེན་པ་དེ་དབུ་མའི་རིགས་པ་ཐམས་ཅད་ཀྱི་ནུས་པ་འཛོམས་པར་བྱེད་པ་སྟེ། རེ་ཞིག་སོང་ལ་འགྲོ་བ་མིན། །མ་སོང་བ་ལའང་འགྲོ་བ་མིན། །སོང་དང་མ་སོང་མ་གཏོགས་པར། །གོམ་པ་ཤེས་པར་མི་འགྱུར་རོ། །ཞེས་གསུངས་པར། མཐའ་བཞི་པོ་དེ་གང་གི་ཡང་ཁོངས་སུ་མ་འདུས་པའི་ཡིན་ཚུལ་མེད་པའི་གོམ་པ་འདོད་ཅིང་། དེ་ནི་དོན་ལ་འགྲོ་ཚུལ་མེད་པའི་འགྲོ་བ་ཁས་ལེན་པ་དེ་ཀླུ་སྒྲུབ་ཡབ་སྲས་ཀྱི་རིགས་པ་ཐམས་ཅད་ཆུད་ཟོས་སུ་བཏང་བའི་ལུགས་ཡིན་ནོ། །

ཡིན་ཚུལ་མིན་ཚུལ་འགོག་པའི་དོན་ཡིན་པ་ཡང་བློ་དམན་དག་གིས་ཀྱང་ཤེས་པར་ནུས། བཅོམ་ལྡན་འདས་ལ་སྣང་བའི་འབྲུམ་ཆ་གཅིག་ཙམ་ཡང་རང་ཅག་ལ་མི་སྣང་། བཅོམ་ལྡན་འདས་ཀྱིས་གཟིགས་པའི་འབྲུམ་ཆ་གཅིག་རང་ཅག་གིས་མི་ཤེས་པས། ཤིན་ཏུ་བླུན་པོ་ལམ་ཆུང་བ་དང་། བཅོམ་ལྡན་འདས་གཉིས་དམ་པའི་ཆོས་ཀྱི་བཀའ་མཆིད་མཛད་པ་ན་བཅོམ་ལྡན་འདས་ཀྱིས་ཐལ་འགྱུར་བའི་ལུགས་མཛད་པ་ལས་རང་རྒྱུད་དུ་ཞལ་གྱིས་བཞེས་པའི་གོ་སྐབས་མེད་པ་ཡིན་ནོ། །

བདེན་གཉིས་འགལ་མེད་ཟུང་འཇུག་གི་ལམ་འདིར་མདོར་བསྡུས་ན། སངས་རྒྱས་དང་སེམས་ཅན་གཉིས་རྟོགས་པ་གཉིས་འགལ་མེད་གཅིག་ཏུ་འདྲེས་པའི་ལུགས་སུ་སྣང་ལ། འདི་འདྲ་ལ་ཡིད་ཆེས་ན་འཁོར་འདས་བྱ་བ་ཚིག་ཙམ་ལ་ཡང་ཡིད་ཆེས་པའི་སྐབས་མེད་པ་ཡིན།

ཆོས་ཅན་མཐུན་སྣང་བ་མེད་པའི་ལུགས་ལ་ཆོས་ཅན་ཙམ་ཡང་རང་ལུགས་ཀྱི་ཚད་མས་མ་གྲུབ་ཅིང་། གཞན་ལུགས་ཀྱི་ཚད་མས་གྲུབ་པ་ཚད་མས་གྲུབ་པའི་གོ་མི་ཆོད་མ་ཡིན་པས་རྟགས་ཆོས་དང་བསྒྲུབ་བྱ་སོགས་ཚད་མས་གྲུབ་པ་ནི་དེ་ལས་ཀྱང་ག་ལ་འཐད།

ཕྱི་རབས་ཀྱི་མཁས་པ་རྣམས་ཆོས་ཅན་མཐུན་སྣང་བ་མེད་བྱ་བ་དེ་ཆོས་ཅན་ཟུར་དུ་ཕྱེ་ནས་མཐུན་སྣང་མེད་ལུགས་ཤིག་ཀྱང་གསར་དུ་བཟོ། ལུགས་དེའི་དབང་དུ་བྱས་པའི་རྟགས་དང་བསྒྲུབ་བྱ་སོགས་མཐུན་སྣང་དུ་ཡོད་པ་ཞིག་མཛད་སོད། ཀུན་རྫོབ་བདེན་པ་དོན་དམ་བདེན་པར་ཡིད་ཆེས་པ་དག་ལ་ནི་འཕགས་པའི་སྣང་བ་དང་ཕལ་པའི་སྣང་བ་མཐུན་སྣང་དུ་ཡོད་དགོས་པའི་རྒྱུ་མཚན་གྱིས་ཐམས་ཅད་མཐུན་སྣང་བ་ཡིན་པས་རྟགས་ཆོས་དོན་གསུམ་ལ་མཐུན་སྣང་ཡོད་མེད་ཀྱི་ཁྱད་པར་འབྱེད་མི་དགོས།

དེ་མིན་དབུ་མའི་གཞུང་ལ་འབད་པ་དུ་མས་སྦྱངས་ནས་ཅི་ཡང་མ་སྦྱངས་པའི་བླུན་པོ་རྣམས་དང་ཀུན་བརྟགས་ཀྱི་གྲུབ་མཐའ་ལ་བྱུང་བའི་སོ་སྐྱེས་མཁས་པ་རྣམས་ཀྱི་བསམ་ཚུལ་མཐོང་ཚུལ་དྲན་ཚུལ་ཐམས་ཅད་དང་ཁྱད་པར་ཅི་ཡང་མེད་པའི་གོ་བ་རྣལ་མ་ཞིག་ད་དུང་དོན་དུ་གཉེར་བ་དེ་དག་ལ་ཆོས་ཅན་ཡང་མཐུན་སྣང་བ་ཡོད། བསམ་ཚུལ་ཡང་མཐུན་སྣང་བ་ཡོད། དྲན་ཚུལ་ཡང་མཐུན་སྣང་བ་ཡོད།

སངས་རྒྱས་ཀྱི་སར་བགྲོད་པ་ལ་ཕལ་པའི་སྣང་བ་དང་ཐུན་མོང་མ་ཡིན་པ་ཞིག་གི་ལམ་ནས་འགྲོ་དགོས་པ་ཡིན་ལ། དོན་གྱི་དབང་དུ

གཟིགས་ནས་སློབ་དཔོན་ཟླ་བས། ཐོག་མ་ཁོ་ན་ཉིད་དུ་ཆོས་ཅན་མཐུན་སྣང་བ་བྱ་བ་འདི་དགག་པར་མཛད་དོ། །

བུམ་པ་མེད་པའི་མེད་དགག་དང་། ཆོས་ཐམས་ཅད་དང་། དེའི་སྟེང་དུ་མེད་པ་ཡང་མེད་པའི་མེད་དགག་འདི་གཉིས་མཚུངས་པའི་སྐབས་མེད་དེ། སྔ་མ་ལ་བུམ་པ་མེད་ཀྱང་ས་ཕྱོགས་ཡོད་སྙམ་པ་ལྟ་བུའི་མ་ཡིན་དགག་གི་དྲི་མ་མི་འབྱུང་བའི་སྐབས་མེད་ལ། ཡོད་པ་དང་མེད་པ་གཉིས་ཀ་མེད་པར་འཛིན་པའི་བློ་དེ་ལ་ནི་བློའམ་ཀུན་རྫོབ་ཀྱི་དམིགས་པ་ལ་ཡོད་མེད་གཉིས་ལས་གཞན་ཅི་ཡང་མི་སྲིད་པས་བློ་ངོར་དེ་ཡང་བསྒྲུབ་པའི་རྣམ་པ་གཞན་མ་བྱུང་བས་ཐར་པ་ཞི་བའི་ཕྱོགས་སུ་བློ་ཁ་ཕྱོགས་པའི་སེམས་ཞིག་ཅིས་ཀྱང་ཡིན་པར་ངེས་ཏེ། ཞི་བ་ལྷས། གང་ཚེ་དངོས་དང་དངོས་མེད་དག །བློ་ཡི་མདུན་ན་མི་གནས་པར། །དེ་ཚེ་རྣམ་པ་གཞན་མེད་པས། །དམིགས་པ་མེད་པར་རབ་ཏུ་ཞི། །ཞེས་གསུངས་ཤིང་། སྐབས་འདིར་བཤད་པའི་བློ་ཡང་སློབ་དཔོན་རང་ཉིད་ཀྱིས་གོང་དུ། བློ་ནི་ཀུན་རྫོབ་ཡིན་པར་འདོད། ། ཅེས་ཤིན་ཏུ་གསལ་བར་གསུངས། ཟླ་བས་ཀྱང་། གཏི་མུག་རང་བཞིན་སྒྲིབ་ཕྱིར་ཀུན་རྫོབ་སྟེ། །དེས་གང་བཅོས་མ་བདེན་པར་སྣང་དེ་ནི། །ཀུན་རྫོབ་བདེན་ཞེས་ཐུབ་པ་དེས་གསུངས། ཞེས་བཤད། དོན་དེར་ལེགས་པར་དགོངས་ནས་ཕྱུག་ན་པཎྜི་དགེ་འདུན་རྒྱ་མཚོས་ཀྱང་། མེད་དགག་བྱ་བ་རྣ་ཅན་ཞིག་མེད་པ་མ་ཡིན་གྱི་ཁྱེད་ཅག་གི་འདོད་པའི་སྤྲོས་བྲལ་དེ་ག་རང་ཡིན་ཞེས་དྲང་ངེས་ཀྱི་འགྲེལ་བའི་མཇུག་ཏུ་གསུངས།

དེས་ན་སློབ་དཔོན་ཆེན་པོ་འདི་ལྟ་བུ་དག་གི་གསུངས་ལ་བཅས་བཅོས་མ་བྱས་ན་ཀུན་རྫོབ་བྱ་བ་བློ་ཡི་མིང་དང་། དེའི་ངོར་བདེན་པ་ཀུན་རྫོབ་ཀྱི་བདེན་པ་བྱ་བའི་དོན་ཡིན་པར་འདུག ཚད་མ་རང་རྒྱུད་དུ་ཁས་ལེན་ན་ཕ་རོལ་པོའི་བསམ་པ་དེ་ཡང་རང་ལུགས་སུ་ཁས་ལེན་པ་ལས་ཐབས་གཞན་མེད་ལ། ཐལ་འགྱུར་བྱེད་ཚེ་ཕ་རོལ་པོ་ལ་འགལ་བར་ངོ་འཕྲོད་པ་ཙམ་ཞིག་ལས་གཞན་ཅི་ཡང་མི་དགོས་པས། དེ་ཁོ་ན་ཉིད་གསུངས་པའི་སྐབས་སུ་སངས་རྒྱས་ཀྱི་གསུངས་ལུགས་ཀྱང་འདི་ལས་གཞན་མེད་ཅིང་། ཐལ་འགྱུར་བའི་གཞན་ལུགས་ཀྱང་འདི་ལས་གཞན་ཅི་ཡང་མེད་ལ། རང་ལུགས་བྱ་བའི་ཚིག་གི་སྒོ་ནས་རྟོག་གེའི་རིགས་པ་འཕེན་པ་འདོད་མོད། གཞན་ལུགས་ཐམས་ཅད་སུན་འབྱིན་པར་འདོད་པའི་ལུགས་འདི་ལ་རང་ལུགས་བྱ་བའི་མིང་ཙམ་ཞིག་ཤེས་བྱའི་སྒྲིབ་པའི་ནུས་པས་དབང་མེད་དུ་ཁས་ལེན་དགོས་པ་ལས་ཁྱེད་ཅག་གི་འདོད་པའི་རང་ལུགས་དེ་དང་ག་ལ་འདྲ།

རིགས་པ་འདི་འདྲ་ལ་རྟོག་གེའི་ཕྱོགས་ནས་ཀྱལ་ཀ་བྱས་པ་འོང་སྲིད་པས། བཅོམ་ལྡན་འདས་ཀྱིས་ཀྱང་འཇིག་རྟེན་ང་དང་རྩོད། ང་འཇིག་རྟེན་དང་མི་རྩོད་ཅེས་གསུངས་སོ། །འཇིག་རྟེན་གྱིས་རྩོད་ལུགས་དེ་རྟགས་ཚོས་དོན་གསུམ་བཅོམ་ལྡན་འདས་དང་མཐུན་སྣང་དུ་གྲུབ་པའི་སྒོ་ནས་རྩོད་པ་མ་ཡིན་གྱི། ཁོ་རང་གི་བསམ་ཚུལ་སྣང་ཚུལ་དྲན་ཚུལ་ཀུན་དང་མི་འགལ་བར། ཤེས་བྱའམ་ཤེས་པར་བྱ་བ་དགོས་པའམ་གོང་ནས་གོང་དུ་ཤེས་པར་བྱ་དགོས་པ་ཐམས་ཅད་ཀྱི་རྣམ་གཞག་རྩོལ་མེད་གཏན་ལ་

ཕབ་དགོས་པ་ཡིན་ལ། སྣང་བ་འདི་ཀུན་རྫུན་མེད་ཚད་མའི་ཡུལ་ཡིན་ན་འདི་ལས་གཞན་པའི་ལམ་རྙེད་པའི་དོན་དུ་ཐོས་བསམ་སྒོམ་གསུམ་གྱིས་འབད་པ་བྱེད་པའི་དོན་ཅི་ལ་དགོས།

ལར་ཚད་མ་བྱ་བ་དེ་གྱི་བས་ཐམས་ཅད་བཀྲུ་བྱ་ཡིན་པར་མཐོང་བ་དང་། བྱི་ལས་བྱི་བ་ཐམས་ཅད་གསོད་བྱ་ཡིན་པར་མཐོང་བ་དང་། མིས་གཉིས་ཀའི་བྱ་བ་མི་རིགས་པར་མཐོང་བ་འདི་འདྲ་ལས་གཞན་པའི་ཚད་མ་ཅི་འདྲ་ཞིག་ཡོད། མིག་གི་ཤེས་པས་སྒྲ་མ་རྙེད་པ་ཡིན་གྱི། སྒྲ་མེད་པར་རྙེད་པ་མིན་ཞེས་གསུངས་པ་ལ་བལྟས་ན། དོན་དམ་དཔྱོད་པའི་བློ་མིག་ཤེས་དང་། ཀུན་རྫོབ་དཔྱོད་པའི་བློ་རྣ་ཤེས་དང་དཔེ་སྦྱར་ཏེ་དེ་གཉིས་གཅིག་གི་ཡུལ་གཅིག་གིས་མ་རྙེད་པ་དང་། ཡུལ་དེ་གཉིས་རང་རང་སོ་སོའི་ཡུལ་ཅན་གྱི་ངོར་ཡོད་པས་བདེན་གཉིས་འགལ་མེད་ཟུང་དུ་འཇུག་པའི་རིགས་པ་ལ་ཕན་པའི་ཐབས་མཛད་སྣང་སོད། དོན་དམ་དཔྱོད་པའི་རིགས་པས་དཔྱོད་ལུགས་དེ་མིག་གི་ཤེས་པས་སྒྲ་དཔྱོད་ལུགས་སུ་འདུག་པས་དེས་འཚོལ་ལུགས་དང་པོ་ནས་ནོར་ན་མེད་པ་རྙེད་པའི་གོ་མི་ཆོད་པ་སྲིད་ཀྱང་། འཚོལ་ལུགས་མ་ནོར་ན། དེས་མ་རྙེད་པས་མེད་པར་རྙེད་པ་ཅི་ལ་མིན།

དོན་དམ་དུ་དཔྱོད་པ་ཡང་ཐ་སྙད་ཀྱི་ཤེས་པ་ཡིན་པ་མ་གཏོགས་མི་སྲིད་ལ། དེ་ལྟར་རྗེ་བླ་མ་རང་གིས་ཀྱང་ཞལ་གྱིས་བཞེས་པས། དེས་མ་རྙེད་པས་མེད་པའི་གོ་མི་ཆོད་པའི་ཡོད་པ་ཞིག་དོན་དམ་དཔྱོད་པའི་རིགས་པ་བྱ་བ་ཞིག་གིས་རྙེད་པ་ཡ་ཀ།

མཐའ་བཞི་སྤྲོས་བྲལ་ལ་ཡིད་མི་ཆེས་པའི་ལུགས་ལ་ཁས་ལེན་མེད་པ་དེ་ཁས་ལེན་ཡིན། དོན་དམ་པར་མེད་པ་དེ་ཡོད་པ་ཡིན་སོགས་ཀྱི་དཔྱད་པ་བྱར་ཡོད་ཅིང་། བསྟན་པའི་སྙིང་པོ་སྤྲོས་བྲལ་ལ་ཡིད་ཆེས་པ་དག་གིས་ནི་འཇིག་རྟེན་དཀྱུས་མའི་རིགས་པ་དག་གི་ཕན་གནོད་ཅི་བྱུང་ཡང་མ་དགའ་མ་སྐྲག་པ་ཞིག་འོང་ངེས་པ་ཡིན།

རིགས་པ་དཀྱུས་མ་འདི་དག་ལ་ཆ་འཛོག་བྱས་ཆེ། སངས་རྒྱས་ཀྱི་ཞབས་མཐོང་རྒྱུ་ཡོད་པ་ལ་གཙུག་ཏོར་མི་མཐོང་བ་ཡང་ཤིན་ཏུ་འགལ། ཡོངས་སྐུ་གསར་དུ་འགྲུངས་པ་ལ་ནམ་ཡང་འཆི་བ་མེད་པ་སོགས་ཀྱང་འགལ་བའི་མཐར་ཐུག་ཡིན་པས། མདོར་ན་འཇིག་རྟེན་པའི་བསམ་མནོ་འདིས་ཕ་རོལ་ཏུ་ཙུང་ཟད་ཀྱང་འགྲོ་མི་ནུས་པར། ཚུལ་གསུམ་གྱི་རིགས་པ་སོགས་ཆེན་པོ་རྣམས་ཀྱིས་རྗེས་སུ་མཛད་པའི་རྣམ་རྟོག་གི་གོ་རིམ་འདི་དག་ལ་ཆ་འཛོག་བྱེད་ན། སྟོང་ཕྱོགས་ཀྱི་དོན་མཐར་ཐུག་མི་རྙེད་པ་ལྟ་ཅི། ཀུན་རྫོབ་པའི་བྱང་ཆུབ་ཕྱོགས་ཀྱི་དོན་རྣམས་ཀྱང་རྙེད་པའི་གོ་སྐབས་ག་ལ་ཡོད། དོན་ལ་འཇིག་རྟེན་གྱི་སྣང་བ་འདི་དག་རིགས་པ་སྦྲ་རྟོག་ཀུན་ལ་གཏིང་ནས་ཡི་ཆད་པ་དེ་སྟོང་ཉིད་ཀྱི་ལྟ་བ་ཡིན་པར་སྣང་།

ཡོད་མེད་གཉིས་ལས་འདས་པའི་དབུ་མ་པའི་རིགས་པ་ནི། འཇིག་རྟེན་ཕལ་པའི་རིགས་པ་ལས་འདས་པའི་རིགས་པ་ཡིན་པས་ཡོད་མེད་གཉིས་ལ་རྩ་བ་བརྟེན་པའི་རིགས་པ་གང་གིས་ཀྱང་སུན་འབྱིན་མི་ནུས་པ་ཡིན་ཞེས། འཇུག་འགྲེལ་ལས། གཉིས་སུ་སྨྲ་བ་འདི་མི་རིགས་པ་དེ་ཉིད་ཀྱི་ཕྱིར་གཉིས་ལ་བརྟེན་ནས་སུན་འབྱིན་པ་དང་ལན་སྨྲ་བས་དབུ་མ་པ་ལ་

རྣམ་པ་ཐམས་ཅད་དུ་སླུགས་མི་རྙེད་དོ། །ཞེས་གསུངས་སོ། །

འདི་འདྲའི་རིགས་པ་དག་ལ་བློ་གཏད་བཅོལ་ན་གནས་ལུགས་ཙམ་དུ་མ་ཟད་ཀྱི། སངས་རྒྱས་ཀྱི་སྐུ་ལས་འོད་འཕྲོ་བ་དང་། ཀུན་དགའ་བོས་མཚན་ལ་མར་མེ་སྦར་བའི་མདོ་ཡི་ལོ་རྒྱུས་དང་། སོར་མོའི་ཕྲེང་བ་ཅན་གྱིས་མི་དགུ་བརྒྱ་དང་དགུ་བཅུ་གོ་དགུ་བསད་པའི་མཐར། བཅོམ་ལྡན་འདས་ཀྱི་སློབ་མའི་གཙོ་བོར་གྱུར་ཏེ། རལ་གྲི་ཁྲག་ཅན་དྲུང་དུ་བོར་ནས་སྟན་དེ་ཉིད་ལ་འདུག་བཞིན་དུ་འཇིག་ཚོགས་ལ་ལྟ་བའི་རིའི་རྩེ་མོ་ཉི་ཤུ་ཡེ་ཤེས་ཀྱི་རྡོ་རྗེས་བཅོམ་ནས་འཕགས་པའི་ལམ་མངོན་དུ་བྱས་པ་འདི་དག་ཀྱང་རིགས་པ་ལས་བརྒལ་བའི་རྣམ་གཞག་ཤ་སྟག་ཏུ་འདུག་པས་སུ་ཞིག་གིས་ཡིད་ཆེས་པར་ནུས།

ལུགས་འདི་དག་མདོར་བསྡུས་ན་ཕལ་པའི་བསམ་ཚུལ་གྱིས་འཕགས་པའི་རིགས་པ་ལ་གནོད་པར་འདོད་པའི་ལུགས་ཡིན་འདུག་པས་ཐར་པ་འདོད་པ་རྣམས་ཀྱིས་སྤང་བར་བྱ་བའི་འོས་ཡིན་ནོ། །

ལྷན་གཉེར་ཕོར་གང་ལ་རིགས་དྲུག་གིས་བལྟས་ཆོ་མ་མཐུན་པའི་རྒྱུ་མཚན་གྱིས་ཆ་ཤས་དྲུག་ཏུ་ཕྱེ་བ་སོགས་མཛད་ཀྱང་། སངས་རྒྱས་དང་སེམས་ཅན་གཉིས་ཀྱི་བུམ་པ་མཐོང་ཚུལ་འདྲ་བར་འདོད་པ་འདི་ཤིན་ཏུ་ངོ་མཚར་ཆེ།

ཆོས་ཅན་མཐུན་སྣང་བ་མེད་པའི་གོ་ལུགས་མཐར་ཐུག་ནི། སྟོང་ཉིད་མ་རྟོགས་པས་གཟུགས་བདེན་གྲུབ་ཏུ་མ་དམིགས་ཕྱིན་གཟུགས་དམིགས་པའི་ཐབས་མེད་པས་གཟུགས་དམིགས་པའི་ཚེ་ན་བདེན་གྲུབ་ཏུ

དམིགས་པ་ལས་འོས་མ་མཆིས་པས། གཟུགས་ཆོས་ཅན། བདེན་མེད་ཡིན་ཏེ། རྟེན་འབྲེལ་ཡིན་པའི་ཕྱིར། ཞེས་བསྒྲུབས་ཀྱང་། ཆོས་ཅན་དེ་ཉིད་མ་གྲུབ་པ་ཡིན་ལ། གཟུགས་མ་དམིགས་པའི་ཚེ་ན་སྒྲུབ་པ་འགོད་པའི་གཞི་མེད་ཅིང་། གཞན་གྱིས་ཁས་བླངས་པ་ཙམ་ཞིག་ཐལ་འགྱུར་འཕེན་པའི་གཞི་ཡོད་པ་ཡིན་ནོ། །

དེས་ན་འཕགས་པ་མཁྱེན་རབ་ཀྱི་བདག་ཉིད་ཅན་རྣམས་དང་། འཇིག་རྟེན་པའི་སྨྲོན་པ་རྣམས་བཀའ་མོལ་བྱེད་པ་ན། སྨྲོན་པས་ཡིན་ཟེར་བ་དེ་འཕགས་པར་རང་ལུགས་སུ་ཡིན་གསུངས་པ་མིན་གྱི། ཁྱོད་ཀྱི་དེ་ཡིན་ན་ཁྱོད་ཀྱི་ཡིན་ཟེར་བ་གཞན་པ་དེ་མིན་པར་འགྱུར་རོ་ཞེས་ཐལ་འགྱུར་གྱི་སྒོ་ནས་སྟོན་པ་ཡིན་ཞིང་། དེའི་ཕྱིར་མཐུན་སྣང་མེད་པའི་གཏན་ཚིགས་འདིར་ཚིག་ཙམ་ཞིག་གི་སྒོ་ནས་ཕན་ཚུན་བརྗོད་འཕྲོད་པ་ཡིན་ལ། ཀུན་རྫོབ་ཀྱི་རྣམ་གཞག་ཀྱང་ཚིག་ཙམ་ཞིག་གི་སྒོ་ནས་བཞག་པ་ཡིན་ཞིང་། སྨྲོན་པའི་རྣམ་གཞག་ཀྱང་སྨྲོན་པས་བཞག་པ་ཡིན་པས་རྣམ་གཞག་དེ་ཀུན་རང་སྣ་བདེན་པ་ཡིན་པ་བདེན་མོད་ཀྱང་། སྨྲོན་པའི་གསེར་དེ་རང་ཅག་གི་རྫོ་ཡིན་སྲིད་པས། རང་ཅག་གི་ཡོད་པ་དེ་འཕགས་པས་མེད་པ་ཡིན་སྲིད་ལ། ཤེས་བྱ་མཐུན་སྣང་བ་ཞིག་སེམས་ཀྱི་རྣམ་པ་ཤིན་ཏུ་ཐ་དད་གྱུར་པའི་སྐྱེས་བུ་དག་གི་བར་དུ་ཡོད་པ་མ་ཡིན་ལ། ཇི་སྲིད་འཇིག་རྟེན་གྱི་སྣང་བ་ལ་ངོ་སྤྲུང་བའི་བར་དེ་སྲིད་དུ་མཐོང་ལམ་ཐོབ་ཏུ་ཟིན་ཀྱང་ཕལ་པའི་ལུགས་སུ་སྟོད་པ་ལས་འོས་མེད་ལ། ཡུལ་གྱི་ནུས་པའམ་ཤེས་བྱའི་སྒྲིབ་པ་ཇི་ཙམ་ཆུང་དུ་སོང་བ་དེ་ཙམ་དུ་ཡུལ་གྱི་སྲུབས་ལས་གྲོལ་བའི་

རྣམ་པ་ཤེས་པ་ཕྱི་རོལ་གྱི་ཡུལ་ལ་འཇིགས་སྐྲག་ཇེ་ཆུང་དུ་གྱུར་ནས་མཐར་ཤེས་བྱེད་རང་ཉིད་དང་རོ་གཅིག་པའི་ཤེས་བྱ་དང་འདྲེས་ཏེ་ཟུང་འཇུག་གི་སྐུ་ཐོབ་པ་ཡིན་ནོ། །

གྲངས་མེད་གསུམ་དུ་ཚོགས་བསགས་ནས་ད་དུང་ཡང་སོ་སྐྱེ་དང་མཐུན་པའི་སྣང་བ་ཞིག་ཡོད་ན་གསེར་དངུལ་དང་རིན་པོ་ཆེ་འདི་དག་ལ་སྙིང་པོ་བྱེད་དགོས་པ་ལས་སངས་རྒྱས་ཀྱི་གོ་འཕང་སྒྲུབ་དགོས་པའི་དོན་ཅི་ལ་ཡོད།

ཉོན་མོངས་པའི་སྒྲིབ་པ་སྦྱོང་བའི་དགོས་པ་མཐར་ཐུག་ནི་ཤེས་བྱའི་སྒྲིབ་པ་སྦྱོང་བའི་ཆེད་དུ་ཡིན་ལ། གནས་ལུགས་མཐར་ཐུག་མི་མཐོང་བའི་སྒྲིབ་པའི་ཡོལ་བ་གཉིས་ལས་ཡུལ་ཅན་གྱི་ཡོལ་བ་ཐོར་ཟད་ནས། ཡུལ་གྱི་ཡོལ་བའམ་ཤེས་བྱའི་ཡོལ་བའམ་ཤེས་སྒྲིབ་བྱ་བ་དེ། སྟག་ཚང་པས་བཞེས་པའི་ལུས་སྒྲིབ་ཕྲ་མོ་དེ་མ་སྦྱོང་གི་བར་དུ་ནམ་ཡང་སྦྱོང་བའི་གོ་སྐབས་ཡོད་པ་མ་ཡིན་ནོ། །

དོན་བསྡུས་ན་དབུ་མ་པ་ཡིན་ན་རང་ལུགས་བྱ་བ་མི་རིགས་ཏེ་ཞེས་གསུངས་པ་དེ་དབུ་མ་པ་ཡིན་ན་རང་གི་བསམ་པས་འདོད་ཚུལ་དེ་བྱ་བ་མི་རིགས་བྱ་བའི་དོན་ཡིན། ལར་ཀུན་བརྟགས་ཀྱི་བདེན་འཛིན་དང་གྲུབ་མཐས་བློ་བཏགས་པའི་བདག་འཛིན་བདེན་འཛིན་རྣམས་ཞིབ་ཏུ་བསམ་ཚེ་ཐལ་པའི་དུས་ཀྱི་བདག་གི་བསམ་མནོ་བཏང་ཚུལ་གཞན་ཞིག་ཏུ་ཁྲིད་པའི་སྣོར་སྣང་བས་ཕོ་པོ་ནི་ཀུན་བརྟགས་ཀྱི་བདེན་འཛིན་བྱ་བ་འདི་ཀུན་ཐར་པའི་ལམ་དུ་འཁྲིད་པའི་ཐེམ་སྐས་ཀྱི་རིམ་པ་འོག་མ་ལྟ་བུ་ཞིག་མིན

ནམ་སྙམ།

རྒྱལ་བའི་བསྟན་ལས་ཕྱིར་ཕྱོགས་ནས་ཡུན་རིང་དུ་ངལ་བ་བསྟེན་ཀྱང་སྨྲོན་རྣམས་ཕྱིར་ཞིང་འཕེལ་ཏེ་བདག་ཏུ་ལྟ་བ་ཇེ་བརྟན་དུ་བཏང་བར་གསུངས་པ་ལྟར་ན། རང་ཉིད་རྡོ་རྗེ་སེམས་དཔའི་ང་རྒྱལ་བྱེད་པ་དང་། ཆོས་ཐམས་ཅད་ཀྱི་རྣམ་པ་དག་པའི་རང་བཞིན་ངའོ་སྙམ་དུ་ང་རྒྱལ་བྱེད་པའི་ལམ་འདིས་ཀྱང་བདག་ཏུ་ལྟ་བ་ཇེ་བརྟན་དུ་བཏང་པ་མ་གཏོགས་འོས་ཅི་ཡོད།

དེས་ན་སྔར་གྱི་ཕལ་པའི་བསམ་ཚུལ་དང་མི་མཐུན་པའི་བདག་ཞིག་ལ་བདག་ཏུ་ཞེན་པ། དེ་ནས་བཟུང་ཁྱབ་བདག་གི་རང་ཞལ་མཇལ་བའི་སྣ་མོ་ཕྱེ་བ་ཡིན་ནོ་སྙམ།

ང་རྒྱལ་འཛོག་ལུགས་ཀྱང་རྗེའི་གསུངས་རིགས་ལས་བདག་འཛིན་གྱི་ཡུལ་གང་དུ་ཞེན་པའི་ང་དེ་ཉིད་ལ་བྱེད་པར་གསུངས་སོ།།

འདི་དེ་ཡིན། འདི་ཡིན་ན་དེ་ཡིན་དགོས། དེའི་ཕྱིར་འདི་དེ་ཡིན་ནོ་བྱ་བ་འདི་ཚུལ་གསུམ་གྱི་རིགས་པ་ཡིན། རིགས་པ་འདི་འདྲ་འཇིག་རྟེན་ཕལ་པའི་རྟོན་པ་དག་ལ་གྲུབ་པའི་རིགས་པ་དེ་ཉིད་ཡིན་པར་འདུག་པས་འདི་འདྲ་ལ་ཀུན་རྫོབ་དཔྱོད་པའི་ཚད་མ་ཞེས་རྗེས་སུ་བྱེད་པ་ཡ་ཆ།

གལ་ཏེ་སོ་སྐྱེའི་ཚད་མ་ལ་རྗེས་སུ་བྱེད་ན། དངོས་པོ་བདེན་པར་འཛིན་པ་དང་། བུད་མེད་གཙང་བར་འཛིན་པ་སོགས་ལ་ཚད་མ་བྱེད་དགོས་ཀྱི། གང་དུ་འཇིག་རྟེན་གྱི་བློ་གོམས་ཤུགས་ཆེ་བའི་སྣང་བ་དེ་དག་ལ་ཚད་མ་མི་བྱེད་པར། དེ་དག་གི་སྟེང་དུ་བསྒྲུབས་པའི་རྟོག་གེའི་རིགས་

པ་ལ་ཚད་མ་བྱ་བའི་དོན་ཅི་ལ་ཡོད། སཾ་སྦྲི་ཏི་བྱ་བ་ནི་སློན་གྱི་ལོ་ཙྪ་བ་རྣམས་ཀྱིས་ཀུན་རྫོབ་བྱ་བའི་ཆོས་སྐད་དུ་བསྒྱུར་ལ། དོན་ཡང་དག་པ་སྒྲིབ་པའམ་ཐམས་ཅད་དུ་མགོ་འཁོར་བ་སྟེ་དོན་ལ་འཁྲུལ་པ་བྱ་བ་ཡིན་པས། ཀུན་རྫོབ་ཀྱི་བདེན་པ་བྱ་བ་ཡང་འཁྲུལ་བའི་བདེན་པ་བྱ་བར་གོ་དགོས། །

རྣམ་པ་བདུན་གྱིས་དཔྱད་པས་ཤིང་རྟ་མ་ཁེགས་ན་ལམ་ལྷ་ཡི་གོམས་པས་ཤེས་ཉོན་གྱི་སྒྲིབ་པ་ཡང་ཁེགས་པར་ག་ལ་ནུས། དེས་ན་ལུགས་འདི་ལྟར་བྱས་ཚེ་དོན་དམ་པའི་འདོད་ཆགས་སྤང་བྱ་ཡིན་ཀྱང་འདོད་ཆགས་སྤང་བྱ་མ་ཡིན། དོན་དམ་པའི་གཉྟི་མུག་སྤང་བྱ་ཡིན་ཀྱང་གཉྟི་མུག་སྤང་བྱ་མ་ཡིན་སོགས་རིགས་པ་ཕྲ་མོའི་འཛོག་མཚམས་མང་དུ་དགོས་པར་སྣང་།

བློས་མཐོང་བ་དང་མ་མཐོང་བའི་ཕྱོགས་གཉིས་ཀྱི་རྣམ་གཞག་ཐམས་ཅད་གཅིག་ཏུ་བསྡེབ་འདིའི་དོན་བསྡུས་ན། ཀུན་རྫོབ་ཀྱི་བདེན་པ་བྱ་བའི་ཐ་སྙད་ཙམ་ཡང་མ་གོ་བ་ཡིན་པས། གཏི་མུག་རང་བཞིན་སྒྲིབ་ཕྱིར་ཀུན་རྫོབ་སྟེ། །དེས་གང་བཅོས་མ་བདེན་པར་སྣང་དེ་ནི། ། ཀུན་རྫོབ་བདེན་ཞེས་ཐུབ་པ་དེས་གསུངས་ཏེ། །བཅོས་མར་གྱུར་པའི་དངོས་ནི་ཀུན་རྫོབ་ཏུའོ། །ཞེས་གཏི་མུག་རང་བཞིན་སྒྲིབ་ཕྱིར་བྱ་བ་དང་། དེའི་བཅོས་མ་བྱ་བ་དང་། བཅོས་པ་དེ་ཀུན་རྫོབ་བདེན་པར་ཐུབ་པས་གསུངས་བྱ་བའི་ཚིག་འདི་དག་ལས་ཁུངས་གསལ་བ་གཞན་ཅི་ཞིག་དགོས།

ཚད་མ་དང་རིགས་པ་བྱ་བའི་གྲགས་པ་ཅན་དེ་དོན་ལ་མི་ཤེས་པའི་

བློ་གཉིས་ཀྱི་བར་དུ་ཚུད་པའི་ཤེས་པའི་བློ་ཕྲ་མོ་ཙམ་ལ་ཟེར་བར་སྣང་།

ངོན་དམ་དུ་མེད་པས་མེད་པའི་གོ་མི་ཆོད་ཅིང་། ཀུན་རྫོབ་ཏུ་ཡོད་པས་ཡོད་པའི་གོ་ཆོད་བྱ་བའི་ལུགས་འདི་ལྟར་ན། འཕགས་པའི་རིགས་ཤེས་ཀྱི་ངོར་ཡོད་པས་ཡོད་པའི་གོ་མི་ཆོད་ཀྱང་། འཇིག་རྟེན་འཁྲུལ་སྣང་གི་ངོར་མེད་པས་མེད་པའི་གོ་ཆོད་ཅེས་གོ་ལྡོག་ནས་བཤད་ན་ཡང་འགལ་བ་མེད་པར་སེམས།

དེ་ལྟར་ན་སྒྱུ་མའི་རྟ་གླང་རྟ་གླང་ཡིན་པ་ཡང་མཁས་པས་མ་རྙེད་པས་མེད་པའི་གོ་མ་ཆོད་ཀྱང་བླུན་པོ་དག་གིས་རྙེད་པས་ཡོད་པའི་གོ་ཆོད་པ་ཡིན་ནོ། །

བློས་ཇི་ཙམ་རྙེད་པ་ཀུན་རྫོབ་བདེན་པ་དང་ཇི་སྙེད་པ་ཞེས་ཐ་སྙད་མཛད་ཅིང་། དེས་ན་ཇི་སྙེད་པ་བྱ་བ་ནི་ཤིན་ཏུ་སྤོབས་ཚུང་བའི་སོ་སྐྱེའི་རྣམ་རྟོག་འདིས་ཇི་ཙམ་ཞིག་རྙེད་པ་བྱ་བའི་དོན་དུ་སྣང་ཞིང་། དེས་ཇི་ཙམ་རྙེད་པ་ནི་རགས་བསྡུས་སུ་དཔྱད་ན། སྲིད་པའི་རྩེ་མོ་ནས་ན་རག་དམྱལ་བ་ཡན་ཆད་དང་། ཤར་རིའི་རྩེ་ནས་ནུབ་རིའི་བར་གྱི་ནམ་མཁའ་རྙེད་པ་འདི་ཙམ་ཞིག་ཏུ་འདུས་འདུག་པས་དོན་ལ་སོ་སྐྱེ་ཡིས་གང་རྙེད་པ་ཐམས་ཅད་སངས་རྒྱས་ཀྱིས་རྙེད་པ་ལ་ཇི་སྲིད་པའི་ཡེ་ཤེས་ཞེས་གསུངས་པར་སྣང་།

འོན་ཀྱང་ཇི་སྙེད་པ་དེ་ནི་རྒྱུས་ཡོད་པའི་སྤྲིད་རྗེ་འོག་ནས་གསེར་རྙེད་པ་འདྲ་བར་རྙེད་ཀྱང་རྙེད་པའི་དངོས་པོ་དེ་ཅི་ཡིན་མ་ཤེས་པ་ལ་གཞན་ཞིག་གིས་འདི་གསེར་ཡིན་ནོ་ཞེས་ངོ་སྤྲོད་པ་བཞིན་རང་ཅག་གིས

སྟེང་པའི་འཁོར་བའི་ཆོས་འདི་ཀུན་སྒྲོས་བྲལ་དུ་གཟིགས་པ་དེ་ཇི་ལྟ་བ་གཟིགས་པ་ཡིན།

འདི་ལྟར་བསམ་ཚེ་རྟེང་མ་བ་རྣམས་ཀྱིས་ཡེ་གྲོལ་ཀུན་ཏུ་བཟང་པོའི་རྣམ་གཞག་བཤད་པ་དེ་ལ་ཡང་དད་པ་ཙུང་ཟད་རེ་སྐྱེ་དགོས་པར་སྣང་།

སྟོས་པའི་རིགས་པ་ནི། རང་རྒྱུད་ཀྱི་རྗེས་སུ་དཔག་པའོ། །བྱ་བ་བྱེད་པའི་རིག་པ་ནི། གོ་ཆོད་པའི་རིགས་པ་སྟེ་ཐལ་འགྱུར་གྱི་རིགས་པ་རྣམས་སོ། །འཐད་པར་བསྒྲུབ་པའི་རིགས་པ་ནི་རྟགས་ཆོས་མཐུན་སྣང་བའི་སྒོ་ནས་ཆོལ་བའོ། །ཆོས་ཉིད་ཀྱི་རིགས་པ་ནི། རྟོག་གེ་མ་ཡིན་པའི་རིགས་པས་རྟེད་པའོ། །

ཐམས་ཅད་བྱ་བའི་ཐམས་ཅད་དེ་བློ་ཡི་ཡུལ་དུ་ཤར་ཐུབ་པ་ཐམས་ཅད་ལ་བྱ་སྟེ་དེ་ཐམས་ཅད་མེད་པར་ལྟ་བ་དེ་བློའི་ཡུལ་མེད་པར་ལྟ་བ་ཡིན་པས་སྣང་འདེབས་སུ་འགྱུར་ན་སྣང་འདེབས་ཀྱི་ཡུལ་ཡུལ་ཅན་གཉིས་ཀ་ཡང་མེད་པར་ལྟ་བ་ཡིན་པས་ཡུལ་དང་གནས་མེད་པའི་དམ་ཆོས་ཟབ་མོ་འདི་བསྐལ་བ་བརྒྱ་ཕྲག་གིས་ཚོགས་བསགས་ནས་རྟོགས་པ་ལས། དེ་འདྲ་རྟོགས་ན་ཆད་ལྟར་ལྷུང་བའི་སེམས་ཁྲལ་ཙུང་ཟད་ཀྱང་ག་ལ་དགོས།

བློ་དང་ཡུལ་གཉིས་ཀ་རིམ་བཞིན་དུ་བརྗེས་ནས་སངས་རྒྱས་ཀྱི་སར་སླེབས་པ་ཡིན་གྱི། ཀུན་རྫོབ་ཀྱི་ས་རྡོ་རི་བྲག་ལ་ཅི་ཙམ་རྗེས་སུ་བྱེད་པ་དེ་སྲིད་དུ་ཐུད་མེད་དང་ཤ་ཆང་སོགས་ལའང་རྗེས་སུ་བྱེད་དགོས་པས་རྣམ་གཞག་འདི་ལས་འདའ་ས་མེད་པས། རྣམ་གཞག་འདི་འཁོར་བ་ཐོག་མ་མེད་པ་ནས་ཐམས་ཅད་ཀྱིས་ཤེས་པ་ལས། དེའི་སྟེང་དུ་རིགས་པའི་སྒྲུབ་

བྱེད་སྟོན་པ་དགོས་པའི་རྒྱུ་མཚན་ཅི་ལ་ཡོད།

སྤྲུག་གི་ཆུང་མའི་མཛེས་མ་དེ་རང་ཅག་གིས་མི་ཤེས་པས་རང་ཅག་གིས་སྤྲུག་གི་ཆུང་མ་ལ་ཆགས་པ་མི་སྐྱེ། མིའི་བུ་མོའི་མཛེས་སྡུག་དེ་སྤྲུག་གིས་མི་ཤེས་པས་སྤྲུག་གིས་མི་མོ་ལ་འདོད་པ་མི་སྐྱེ་བ་འདི་རྩ་བ་མཐར་གཏུགས་ན། སྤྲུག་ལ་གྲུབ་པའི་ཚུལ་གསུམ་དེ་རང་རེ་ལ་མ་གྲུབ། རང་ཅག་ལ་གྲུབ་པའི་ཚུལ་གསུམ་དེ་སྤྲུག་ལ་མ་གྲུབ་པ་འདི་ཕོ་ནར་འདུག་པས། ཚུལ་གསུམ་གྱི་རིགས་པ་བྱ་བ་འདི་དུད་འགྲོ་དང་མིའི་བར་ན་ཡང་མེད་པར་སྣང་ན། འོག་མིན་མན་ཆད་དང་མནར་མེད་ཡན་ཆད་དུ་ཡོད་ཡ་ཆ།

ཐོག་མེད་ནས་འབྲངས་ཀྱང་རེས་འགའ་དམྱལ་བའི་མེ། རེས་འགའ་ལྷའི་བདུད་རྩི། རེས་འགའ་མིའི་ཆུ་དང་། ཡི་དྭགས་ཀྱི་རྣག་ཁྲག་ལ་སོགས་པ་སྐྱེ་བ་རེ་རེ་བཞེ་དུས་རྣམ་པ་རེ་རེ་བཞེ་བས་སྣང་བ་འདི་དག་ཀྱང་རང་རང་སོ་སོ་ལ་བརྟ་སྤྲོད་མི་དགོས་པར་ཆུ་དང་རྣག་སོགས་སུ་ངོས་འཛིན་དགོས་ན། ཐོག་མེད་ནས་ནམ་ཡང་བཞེ་ལེན་མེད་པར་སེམས་དང་ལྷན་ཅིག་ཏུ་འབྲང་བའི་མ་རིག་པའི་ཡུལ་དགག་བྱ་བདེན་གྲུབ་བྱ་བ་ཞིག་གསར་དུ་འབད་པས་ངོས་འཛིན་དགོས་པ་འདི་ཡང་ངོ་མཚར།

ཐུམ་པ་མེད། ཀ་བ་མེད་སོགས་འཇིག་རྟེན་ཡོངས་གྲགས་ཀྱི་སྣང་བ་དང་འགལ་བ་ཡིན་པས་ཆད་ལྟ་ཡིན་ནོ་ཞེས་བཤད་ན། རིགས་དྲུག་གི་སེམས་ཅན་ཐམས་ཅད་ལ་མཐུན་སྣང་དུ་གྱུར་བའི་བདེན་གྲུབ་ཡོད་པ་མ་ཡིན་ནོ་ཞེས་བྱ་བ་ཆད་ལྟ་ཀུན་གྱི་མཐར་ཐུག་ཏུ་མི་འགྱུར་རམ།

འཇིག་རྟེན་གྱི་བློ་ལ་འདྲིས་ཆེ་ཤོས་བདེན་འཛིན་ལས་གཞན་མེད་

པས་འཕགས་པ་ལྷས། གང་ཚེ་ཐ་མལ་འདུག་པ་ནའང་། །ཉོན་མོངས་སྒྲུལ་གྱིས་ཟིན་པར་འགྱུར། །ཞེས་གསུངས་ལ། ཡུལ་ཅན་ངོ་ཤེས་ནས་ཡུལ་དཔྱད་འཚོལ་དགོས་པ་སུ་ཡང་མེད་པས་ཐོག་མ་མེད་པ་ནས་འདྲིས་པའི་བདག་འཛིན་གྱི་ཡུལ་གསར་དུ་འཚོལ་དགོས་པའི་དོན་ཅི་ལ་ཡོད།

སྤྱི་གཙོ་བོ་འདོད་པ་དག་གིས་ནི་སྤྱི་གཙོ་བོ་བདེན་གྲུབ་ཏུ་ཁས་ལེན། སྐྱེ་བ་སྔ་ཕྱི་མེད་པར་འདོད་པ་དག་གིས་ནི་མེད་པ་དེ་ཉིད་བདེན་གྲུབ་ཏུ་ཁས་ལེན་པ་ཡིན་ཀྱང་། རི་བོང་རྭ་བདེན་མེད་ལ་སྟོང་གཞི་ཆོས་ཅན་མེད་པའི་སྟོང་ཉིད་མ་ཡིན་ཟེར་བ་འདིའི་ལུགས་ལྟར་ན། ཆོས་ཐམས་ཅད་ཟུར་དུ་ཕྱེ། མེད་པ་ཐམས་ཅད་ཟུར་དུ་ཕྱེ་ནས། བདེན་སྟོང་སྒྲུབ་པ་ལས་འོས་གཞན་མེད་པས་སངས་རྒྱས་མ་ཐོབ་བར་དུ་སྟོང་ཉིད་རྟོགས་མི་ནུས་པ་ཡིན་ནོ། སྟོང་གཞི་ཆོས་ཅན་མེད་པར་དེའི་སྟེང་གི་སྟོང་ཉིད་འཛོག་མི་ཤེས་ཟེར་བ་ནི་ཐུམ་པ་མེད་པར། ཐུམ་པའི་ནང་གི་ཆུ་འཛོག་མི་ཤེས་པའི་གོ་བ་ཙམ་ཡིན།

གལ་སྲིད་ཁྱེད་ཅག་གི་ལུགས་ལ་བདེན་མེད་རིགས་པས་བསྒྲུབས་པ་ལ། སྟོང་གཞི་ཆོས་ཅན་ངེས་པར་དགོས་ན། བདེན་པ་སྟོང་གཞི་དང་། མེད་པ་དེ་སྟོང་ཉིད་དུ་བྱས་ན་ཅི་ལ་མི་འགྲིགས། དེ་བཞིན་རང་བཞིན་མེད་པ་བྱ་བའི་རང་བཞིན་དེ་སྟོང་གཞི་དང་། མེད་པ་བྱ་བ་དེ་སྟོང་ཉིད་དུ་བྱས་ན་ཡང་རུང་། བདེན་པ་དང་རང་བཞིན་ཉིད་སྟོང་པ་བྱས་པའམ། རིགས་པའི་དགག་བྱ་ཡིན་གྱི་དགག་པའི་གཞི་མ་ཡིན་ནོ་སྙམ་པ་ནི། ཐུམ་པའི་སྟེང་དུ་བདེན་གྲུབ་ཀྱི་དྲི་མ་ཞིག་ཡོད་པ་དེ་རིགས་ཚོགས་ཀྱི་ལྟ་བའི་ཆུ་

ཡིས་བཀྲུས་ནས་གཙང་དུ་བཏང་བ་བུད་མེད་མཛེས་མའི་ཁྲུས་བྱེད་པ་དང་འདྲ་བར། བདེན་གྲུབ་ཀྱི་བཞིན་རས་གསལ་དུ་བཏང་བ་ཙམ་ལས་གཞན་ཅི་ཡང་མ་ཡིན་ནོ། །

རི་བོང་རྭ་བདེན་མེད་ལ་སྟོང་གཞི་མེད་པས་སྟོང་ཉིད་ཀྱི་ཁོངས་སུ་མ་ཚུད། བུམ་པ་བདེན་མེད་ལ་སྟོང་གཞི་ཡོད་པས་སྟོང་ཉིད་ཀྱི་ཁོངས་སུ་འདུག་པ་ཟེར་བ་འདིའི་རིགས་ལ། རི་བོང་རྭ་ལ་རྩེ་མོ་མེད་བྱ་བ་འདི་སྟོང་གཞི་རྩ་བ་མེད་པས་མེད་དགག་གི་ཁོངས་སུ་མི་འདུ། གཡག་གི་རྭ་ལ་རྩེ་མོ་མེད་བྱ་བ་འདི་སྟོང་གཞི་རྩ་བ་དང་དགག་བྱ་རྩེ་མོ་དང་། དེས་སྟོང་བའི་ཆ་མེད་དགག་ཡིན་ཅེས་དཔྱད་པ་དང་ཁྱད་ཅི་ཡང་མི་འདུག་པས། དོན་ལ་མེད་པ་ཐམས་ཅད་རྟེན་པའི་གཞི་ལ་ཡོད་པ་ཞིག་འཇོག་དགོས་པ་དང་། ཡོད་པ་ཞིག་མེད་པར་གྱུར་བ་ལ་མེད་པ་ཞེས་འདོགས་པའི་གྲུབ་མཐའི་ལུགས་སུ་སྣང་ཞིང་། འཕགས་པ་ལྷས། སྟོན་བྱུང་ད་ལྟ་མེད་ཅེས་པ། །དེས་ན་ཆད་པར་ལྟ་བར་འགྱུར། །གསུངས་པ་དེ་གའོ། །

བདེན་འཛིན་ཐོག་མ་མེད་པ་ནས་ཡོད་ཅིང་། བདེན་གྲུབ་ཐོག་མ་མེད་པ་ནས་མེད་པ་དེ་གཉིས་ཁ་སྦྱོར་ཟུང་འཇུག་ཏུ་གྱུར་བ་དེ་ཡང་ཅི་ཡིན། ཐེག་ཆེན་ལམ་ཞུགས་དང་། ཐེག་ཆེན་གྲུབ་མཐའ་སྨྲ་བའི་ཁྱད་པར་དང་། དེ་བཞིན་བྱེ་བྲག་སྨྲ་བ་དང་བྱང་ཆུབ་སེམས་བསྐྱེད་གཞི་མཐུན་འདོད་པ་སོགས་ཤིན་ཏུ་ངོ་མཚར་ཆེ་སྟེ། ཁོང་ཚོའི་སེམས་ལ་སེམས་བསྐྱེད་མཚན་ཉིད་པ་ཞིག་སྐྱེ་ཕྱིན་ཐེག་ཆེན་ལམ་ཞུགས་སུ་འགྱུར་ཡང་། གྲུབ་མཐའ་ནི་བཞི་པོ་གང་ཡིན་ཀྱང་ཁྱད་པར་མི་འདུག་སྙམ་པ་བྱུང་འདུག་ལ། ས་བཅུ།

ཡེ་ཤེས་ལྔ། སྐུ་གསུམ་སོགས་ཀྱི་རྣམ་གཞག་ད་དུང་ཁས་མི་ལེན་པར། སེམས་ཅན་ཐམས་ཅད་ཀྱི་དོན་དུ་མཐར་ཐུག་གི་གོ་འཕང་ཐོབ་པར་བྱ་སྙམ་པ་ཙམ་ཞིག་གིས་བྱང་ཆུབ་སེམས་དཔར་ག་ལ་འགྱུར།

གྲངས་ཅན་པ་སོགས་ཀྱང་རང་གཞན་གྱི་དོན་དུ་མཐར་ཐུག་གི་གོ་འཕང་འདོད་པ་ཤ་སྟག་ཡིན་མོད། གཞི་ལམ་འབྲས་བུའི་རྣམ་གཞག་ནོར་བའི་དབང་གིས་ཁོང་ཚོས་བཤད་པའི་ལམ་དེ་ཡོངས་སུ་དག་པ་ཡིན་ཞེས་སྨྲས་པ་མ་ཡིན་ནམ། ཡིན་ན་བྱེ་བྲག་སྨྲ་བའི་བྱང་ཆུབ་སེམས་དཔའ་དེས་ཀྱང་མཐར་ཐུག་ཐེག་གསུམ་དགྲ་བཅོམ་པེམ་རིག་རྒྱུན་ཆད་སོགས་བྱེ་སྨྲའི་གྲུབ་མཐའ་ཐུན་མོང་མ་ཡིན་པ་ཀུན་ལ་ཁ་ཞེ་གཉིས་ཀ་ནས་ཡིད་ཆེས་ཡོད་པའི་ཕོ་རང་གིས་གང་དོན་དུ་གཉེར་བའི་སངས་རྒྱས་དེ་ཡང་ཐེག་ཆེན་པས་གཞལ་ན་སངས་རྒྱས་ངོ་ཐོག་དེ་མིན་པར་འདུག་པས། དེས་གོ་འཕང་གང་འདོད་དོན་དུ་གཉེར་བའི་བློ་དེ་ཡང་ཐེག་ཆེན་སེམས་བསྐྱེད་དུ་ག་ལ་འགྱུར། བྱེ་སྨྲ་རྣམས་ཀྱིས་སངས་རྒྱས་སངས་རྒྱས་ཀྱི་གོ་འཕང་བསྒྲུབ་འདོད། དེ་ཡང་བྱེ་སྨྲ་རང་གི་གྲུབ་མཐའ་བཤད་པའི་གཞི་ལམ་འབྲས་བུའི་རྣམ་གཞག་དེ་ལ་བརྟེན་ནས་བསྒྲུབ་པར་འདོད་པ་ཡིན་ལ། གྲུབ་མཐའ་གོང་མ་དག་གིས་རྣམ་གཞག་དེ་ཀུན་ཕལ་ཆེར་ནོར་བར་མཐོང་བས། དང་པོ་ནས་ལམ་ནོར་བའི་གང་ཟག་ལ་མཐར་ཐུག་གི་འབྲས་བུ་རེ་བ་དེ་ཡང་རྨིན་དུ་མ་སོང་བ་ག་ལ་སྲིད།

ཐག་ཁྲ་སྦྱུལ་དུ་སྣང་ནས་འཇིགས་པ་ན། དེ་སྦྲུལ་མ་ཡིན་ནོ་ཞེས་ངོ་སྤྲོད་པ་ཙམ་གྱིས་ད་དུང་སྣར་མ་རྣམས་ལ་སྦྲུལ་དུ་སྣང་བ་དང་རྗེས་སུ

འབྲེལ་བའི་འཛིགས་སྐྲག་རྩ་བ་ནས་སྤང་བ་མེད་ལ། འདི་ལ་དགོངས་ནས་ཞི་བ་ལྷས། གང་ཚེ་སྒྱུ་མའི་བུ་མོ་ལ། །དེ་བྱེད་ཉིད་ཀྱང་ཆགས་སྐྱེས་འགྱུར། །ཞེས་སྒྱུ་མ་མཁན་རང་གིས་སྤྲུལ་པའི་བུད་མེད་ལ་བུད་མེད་མིན་པར་ངོ་ཤེས་ཀྱང་ཆགས་པ་སྐྱེ་བ་བཞིན་དུ་རང་གིས་སྤྲུལ་བའི་སྟག་ལ་ཡང་སྟག་མིན་པར་རྟོགས་ཀྱང་འཇིགས་པ་སྐྱེ་བར་སྨྲ་མ་དགོས། དེས་ན་སྟར་མ་ལ་ཐག་ཁྲ་སྤྲུལ་མཐོང་གི་འཇིགས་པ་དེ་སེལ་བའི་ཐབས་དམ་པ་ནི་དཔའ་བོ་ཞིག་གིས་ཐག་ཁྲ་དེ་ཉིད་ཁང་པའི་ཕྱི་རོལ་དུ་འདོར་བས། འཁྲུལ་གཞི་ཐག་ཁྲ་དང་། འཁྲུལ་སྣང་སྤྲུལ་གཉིས་རྗེས་མེད་དུ་སོང་བ་དེ་ཡིན་གྱི་འདི་སྤྲུལ་མིན་ནོ་ཞེས་ཐག་ཁྲ་ཕོ་ཡི་མདུན་དུ་བྱེར་ན་སྟར་ལས་ཀྱང་འཇིགས་སྐྲག་སྐྱེ་བ་ནི་ཐེ་ཚོམ་མེད།

འཇའ་ཚོན་དང་གཟུགས་བརྙན་སོགས་ལག་པས་འཛིན་རྒྱུ་ཡོད་པ་ལྟར་མཐོང་ཡང་དོན་ལ་དེ་ལྟར་མ་ཡིན་པར་ཐོགས་རྟུག་དང་འབྲེལ་བར་ཤེས་པའི་འཛིན་ལུགས་འདི་ཟླ་སྒྲོན་གྱི་གཞུང་ནས་བཤད་པའི་སྒྱུ་མ་ལྟ་བུའི་འཛིན་ལུགས་ཀྱི་ཕྱོགས་ཙམ་ཡང་མ་ཡིན་ན་ཐལ་རང་གི་སྒོ་ནས་ཀྱང་དངོས་སྨྲ་བ་རྣམས་ལ་སྒྱུ་མ་ལྟ་བུའི་དོན་སྒྲུབ་པར་མི་ནུས་ཏེ། ག་བ་ཆོས་ཅན། སྒྱུ་མ་ལྟ་བུ་ཡིན་ཏེ། རྟེན་འབྲེལ་ཡིན་པའི་ཕྱིར། དཔེར་ན་འཇའ་ཚོན་བཞིན་ཞེས་འཕངས་ཚེ་ཕ་རོལ་པོའི་བློ་ངོར་འཇའ་ཚོན་སྒྱུ་མ་ལྟ་བུ་ཤར་ལུགས་དེ་དབུ་མ་པས། སྒྱུ་མའི་སྒྲུ་འཆར་ལུགས་སུ་གཏན་ནས་སྒོ་མི་མཐུན་པས་འཇའ་ཚོན་མཐུན་དཔེར་བཟུང་བའི་དགོས་པ་ཅི་ཞིག་ཡོད།

ཐལ་བའི་རྗེ་མོ་ལ་དགའ་བ་ཆུང་དུ་སོང་ན་བྱིས་པའི་གནས་སྐབས

གྱི་བློ་ཤུགས་ཆུང་དུ་སོང་བས་དེ་བསྐྱེད་པ་ལ་འབད་རྩོལ་བསྐྱེད། བུད་མེད་ལ་མ་དགའ་ན། དར་མའི་གནས་སྐབས་ཀྱི་བློ་ཤུགས་ཆུང་དུ་སོང་བས། དེ་བསྐྱེད་པ་ལ་འབད་རྩོལ་བསྐྱེད། ཚོང་དང་ཁང་ཞིང་དངུལ་སོགས་ལ་མ་དགའ་ན་རྒན་པོའི་གནས་སྐབས་ཀྱི་བློ་ཤུགས་ཆུང་དུ་སོང་བས། དེ་བསྐྱེད་པ་ལ་འབད་རྩོལ་བསྐྱེད། དེ་ལྟར་མི་ཚེ་གཅིག་གིས་བསྟན་པ་ཡོངས་རྫོགས་སྟན་ཐོག་གཅིག་ཏུ་ཉམས་ལེན་དུ་འཁྱེར་བ་འདི་དཔལ་ལྡན་ཨ་ཏི་ཤས་ཉམས་ལེན་གྱི་གནད་ཡིན་པར་བཤད་པར་སྣང་སྟེ། ལམ་ལྷ་དང་ས་བཅུའི་རིམ་པར་འབྱེད་པའི་ལུགས་ཡིན་ན། སྦྱོར་ལམ་ཐོབ་པའི་ཚེ། ཚོགས་ལམ་ལ་འབད། ས་བརྒྱད་པ་ཐོབ་པའི་ཚེ་ས་དང་པོ་ལ་འབད། སངས་རྒྱས་ཀྱི་ས་ཐོབ་པའི་ཚེ་ཚོགས་ལམ་ལ་འབད་ནས་སྡུག་པོ་བཀོད་པའི་པཎྜའི་གདན་གཅིག་གི་སྟེང་དུ་བསྟན་པ་ཡོངས་རྫོགས་ཉམས་སུ་ལེན་དགོས་པར་སྣང་ངོ་། །

སྨྲས་པ།

ཡོད་མེད་གཉིས་ལས་འདས་པའི་ཡེ་ཤེས་ནི། །

ཀླུ་སྒྲུབ་ཡབ་སྲས་དགོངས་པ་ཟབ་མོའི་གནད། །

གངས་ཅན་གསར་རྙིང་དམ་པ་གོང་མ་ཡིས། །

བཞེད་སྲོལ་གཅིག་ཏུ་དྲིལ་བའི་ལེགས་བཤད་འདི། །

ཁོ་བོའི་བླ་མའི་ཐུགས་རྗེའི་དགོངས་སློང་ནས། །

མཁྱེན་པའི་ཉི་མ་ཕྱོགས་སུ་འཆར་བའི་ཚེ། །

དཔྱུས་ལོང་ལོག་རྟོག་སྙིང་ལ་གཟན་ན་ཡང་། །

མིག་ལྡན་བློ་ཡི་གེ་སར་འཛུམ་པར་གྱུར། །
ཕྱོགས་དུས་རྒྱལ་བ་ཡོངས་ཀྱི་དགོངས་པའི་བཅུད། །
ལུང་རིགས་མན་ངག་བསྡེབ་བཅད་བརྗར་བའི་དབྱིག།
ཆོས་དབྱིངས་བསམ་མི་ཁྱབ་པའི་ས་ལེ་སྦྲམ། །
བདག་གི་སྙིང་ལ་འཆང་བ་སྨོན་གྱི་ལས། །
འོན་ཀྱང་འཇམ་མགོན་བླ་མའི་ཞལ་ཆབ་ཀུན། །
ཆོས་ཀྱི་འཁོར་ལོར་འཁྱིལ་བའི་ལེགས་བཤད་མཚོར། །
མ་རིག་འདམ་གྱིས་རྙོག་པའི་ཆ་མཆིས་ན། །
གཟུར་གནས་བློ་ལྡན་ཚོགས་ལ་སྙིང་ནས་བཤགས། །
འདིར་འབད་ལེགས་བཤད་ཉི་མའི་འོད་ཟེར་ནི། །
ཐྲན་དབང་བློ་ཡི་པདྨོར་འཆར་བའི་མོད། །
རང་བྱུང་ཡེ་ཤེས་སྦྲང་རྩིའི་ཟིལ་མངར་བཅུད། །
རྣམ་ཀུན་ཞི་བའི་ངོ་བོར་སྨིན་གྱུར་ཅིག །
ཚེ་རབས་ཀུན་ཏུ་བླ་མས་རྗེས་འཛིན་ཞིང་། །
ཆོས་ཉིད་ཟབ་མོ་སྦྱོར་པ་བྲལ་བའི་དབྱིངས། །
མ་ནོར་རང་གིས་ཚུལ་བཞིན་རྟོགས་ནས་ནི། །
རྣམ་དག་ལམ་གྱི་བགྲོད་པ་མཐར་ཕྱིན་ཤོག །
རྣམ་དཀར་སྦྱོར་བ་སྟོང་གི་རླུང་ཤུགས་ཀྱིས། །
མེད་སྣང་འཕྲུལ་བའི་རྒྱལ་ཁབ་སྟོན་ཀའི་སྤྲིན། །
ཆོས་དབྱིངས་ནམ་མཁའི་གནས་སུ་རོ་མཉམ་སྟེ། །

སྐུ་གསུམ་རྒྱལ་བའི་ཉི་མ་འཆར་བར་ཤོག།

ཅེས་པའང་ཨ་མདོ་ཡུལ་གྱི་སྟག་རིགས་སུ་སྐུ་འཁྲུངས་པ། ཕྱི་ནང་གསར་རྙིང་གི་ཆོས་གང་ལའང་ཐགས་ཐོགས་མེད་པ། མཁས་ཤིང་གྲུབ་པ་བརྙེས་པ། དོན་གྱི་སླད་དུ་མཚན་ནས་སྨོས་ན། མ་ཧཱ་པཎྜི་ཏ་དགེ་འདུན་ཆོས་འཕེལ་གྱི་ཞལ་སྔ་ནས་དབུ་མའི་ཞལ་ཁྲིད་བཀའ་དྲིན་ཐོབ་སྐབས་ཟིན་བྲིས་ཐར་ཐོར་དུ་ཡོད་པ་ཀུན་རྗེས་སུ་སྦྲུན་བསྟར་ཞུས་པར། འཕགས་པ་ཀླུ་སྒྲུབ་ཀྱི་སྐུའི་སྣང་བརྙན་སྔོན་ཆོག་དང་བཅས་གནང་ནས་ཟིན་བྲིས་ཀུན་ཕྱོགས་གཅིག་ཏུ་བསྡོམ་དགོས་ཞེས་རྗེ་རང་ཉིད་ཀྱིས་འདའ་ཁ་ཞལ་ཆེམས་སྙིང་དུ་བཅང་མུར། བདུད་འཇོམས་རིན་པོ་ཆེ་ནས་ཀྱང་འབྲི་གཞིའི་ཤོག་གུ་བཅས་གནང་ནས། དེ་ལྟར་འབྲི་དགོས་ཞེས་བཀས་བསྐུལ་བ་ལྡོག་ཏུ་མ་བཟོད་པར། རྗེ་དེའི་སློབ་འབངས་རྫོངས་བརྒྱལ་ཤར་ཉག་པ་ཟླ་བ་བཟང་པོར་འབོད་པས། རབ་བྱུང་བཅུ་དྲུག་པའི་ལྕགས་ཡོས་རྒྱལ་ཟླའི་ཡར་ཚེས་བཟང་པོར་སུག་ལས་སུ་བགྱིས་པ་འདིས། རང་གཞན་གྱི་སྣང་བ་རིས་སུ་ཆད་པ་འདི་ཀུན་རིས་མེད་ཁྱབ་བདག་རྡོ་རྗེ་འཆང་གི་ཐུགས་ཀློང་དུ་གྲོལ་བའི་རྒྱུར་གྱུར་ཅིག།

སྭསྟི།

ལྟ་ངན་དུས་ཀྱི་མུན་རུམ་སྟུག་པོའི་ཁྲོད། །
ངེས་དོན་བདུད་རྩིའི་འོད་དཀར་སྤྲོ་བའི་གཉེན། །
ངོ་མཚར་ཀླུ་དབང་གཉིས་པའི་ཟླ་གཞོན་ཞིག །

དྲི་མེད་ཐུབ་བསྟན་མཁའ་ལ་དེང་འདིར་ཤར། །
ཆོས་མིག་རྟུལ་དང་བྲལ་བའི་རྣམ་དཔྱོད་ཀྱིས། །
ཆོས་ཉིད་གཏན་ལ་འབེབས་པ་རྡོ་རྗེའི་ཚིག །
སྔོན་མེད་ལེགས་པར་བཤད་པའི་ཆ་ཤས་རེས། །
སྔོན་དུས་གྲུབ་མཐའི་སྲོག་ཤིང་སློང་བར་བྱས། །
དེ་ཚུལ་མཚོན་བྱེད་ཆོས་ཀྱི་རིང་བསྲེལ་དུ། །
བསྒྲུབ་པའི་བསོད་ནམས་འདི་ལས་ཡིད་ཅན་ཀུན། །
སྲིད་ཞི་སྒྱུ་མའི་གྲོང་ཁྱེར་ལས་འདས་པའི། །
གནས་ལུགས་དབུ་མའི་བདེན་དོན་མངོན་བྱེད་ཤོག །

ཅེས་པའང་རྒྱལ་ཁམས་པ་འཇིགས་བྲལ་ཡེ་ཤེས་རྡོ་རྗེས་དང་བའི་བློས་ཆེད་དུ་བརྗོད་པ་ཛ་ཡནྟུ།། །། སརྦ་མངྒ་ལཾ་བྷ་བནྟུ།། །།

根敦群培小传

白玛旺杰

二十世纪，藏族群贤辈出，人才济济。然而，根敦群培（dge-'dun-chos-phel）大师，以他卓越非凡的天才与精深广博的学识，成为藏族近代史上出类拔萃的学者。他直接受了传统经院的完整教育，又不拘泥于传统的束缚；他浏览现代各种学科，掌握数种外国语言，成为藏族历史上的第一位“现代学者”。他是一位饱学佛教五大部的班智达、天赋很高的艺术家、才华横溢的诗人、辩才无碍的逻辑学家、博古通今的历史学家、杰出的翻译家……然而，其放荡不羁的个性与离经叛道的思想，又使他成为现代藏族历史上最具争议的人物。

1903 年 4 月 20 日，根敦群培大师出生在今青海省黄南藏族自治州同仁县双朋西乡双朋西村。父亲阿拉杰布，是一位旧译密派（宁玛派）的瑜伽行者，主修宁玛派的“龙钦心髓”，是根敦群培幼年时代的启蒙老师。母亲白玛吉，是一位吃苦耐劳的普通妇女。小时候，家里人叫他仁增南杰（rig-'dzin-rnam-rgyal）。

七岁时，父亲突然病逝，留下孤儿寡母，相依为命。不久，著名伏藏大师索甲仁波切（Gter-ston-bsod-rgyal）应邀来到安多地区，在西宁府讲授密法。根敦群培母子二人也跟着众人去参加法会。在聆听佛法的数千人当中，索甲仁波且一眼认出这位灵异的小儿童是宁玛派高僧多札（rdo-brag）活佛的转世灵童。于是，索甲仁波且唤这位幼童到自己的法座前，像一位久别重逢的老朋友，紧紧握住了他的小手，与他长久亲切寒暄。次日，特地为他举行“长寿佛”灌顶，并赠送一条哈达。之后不久，这位年仅七岁的小幼童便进入底察寺削发为僧，得法名为根敦群培。

底察寺（sdi-tsha-dgon-pa）是安多地区的一处古刹名寺，虽然是一处格鲁派的道场，但其自由开放的学风，吸引了很多不同派别的学者。这里，教戒严谨、学风浓厚，尤其以因明辩经著称。安多地区的很多名僧都曾在这里学习过。根敦群培自幼天资聪颖，初入底察寺，就已经显露出其非凡的才智。九岁时，他完成的一首古体藏文诗，成为人们争相传诵的杰作。三年后，他转学到安多地区最大的佛教学府——拉卜楞寺（bla-brang-dgon-pa），主修因明逻辑、般若中观等。他智慧具足、通达经典，常常在因明辩论中显示过人的才智。在一次佛理大辩论中，他甚至对作为拉卜楞寺教材的最高经典提出质疑，驳得维护最高经典的佛教权威们个个哑口无言。从此，“善辩智者根敦群培”的美名，在拉卜楞寺各学院的喇嘛僧侣当中不胫而走。

二十四岁时，根敦群培远离家乡，来到西藏拉萨，进入哲蚌寺学习，师从喜饶嘉措（shes-rab-rgya-mtsho，1884～1968）大师（喜饶嘉措大师，当时西藏佛教界的最高权威，十三世达赖喇嘛的至交。新中国成立后，他曾出任过中国佛教协会主席、青海省副省长等职务）。根敦群培与喜饶嘉措大师，都是极富鲜明个性的人物。根敦群培不是喜饶的崇拜者，而是喜饶大师的畏友，他经常在课堂上向喜饶嘉措大师嘲讽、发难；而作为全藏第一流学者的喜饶嘉措大师，性格刚烈，潇洒不羁，能言善辩，也不会轻易屈服根敦群培的挑战。于是，安静的课堂常常成为他们师徒两人进行激烈论战的辩论场。根敦群培后来追述说：“尽管喜饶嘉措大师装着在给我教书，但他教不了我什么，我反驳他提出的任何观点，我们之间常常发生辩论。为此，他后来不叫我的名字，而直呼我为‘疯子’。”

像所有的天才人物一样，根敦群培生性不喜欢在课堂上苦读死书。在哲蚌寺的七年期间，他没有花费很多心思在佛教经典的研习上，但他喜好辩论，常常向权威提出挑战与诘难，进行辩论。有一次，他来到辩经场上，直接向闻思学院的大堪布提出挑战。经过一阵激烈的辩论，大堪布无言以答，只得低下头认服了。另外，根敦群培还擅长绘画，特别对素描具有独到的修养与深厚的功底。他所画的佛像庄严逼真；他所描的人物肖像惟妙惟肖。在哲蚌寺求学期间，以及后来在尼泊尔、印度等地游旅考察的日子里，他曾以给人画素描像维持生计。但是，他后来没有卖过一幅自己所画的佛像给别人。可见，根敦群培人格之高尚，以及他对佛菩萨发自内心的崇敬。

根敦群培好学执著，但从来不追求“虚名头衔”。他认为一个真正的学者，不需要用“学位”等头衔来粉饰装点。他曾说：“如果精通显密经典的内容，就应该把佛教的义理实践到日常生活的善恶取舍之上，追求‘格西’的虚名，有何利益?”就在临近拉萨“祈愿大法会”的时候，根敦群培放弃参加考“格西”学位的机会，毅然离开哲蚌寺，开始游学四方。

1934年，根敦群培离开哲蚌寺，陪同印度梵文学者罗睺罗（Rahula Sankrityayana，1893～1963），到藏北热振寺、澎波等佛教名胜古迹旅游考察，寻找古代遗留的梵文经典著作。之后，他们途经萨迦等地一同前往尼泊尔、印度。在这段共同旅行的日子里，根敦群培开始向罗睺罗学习梵文，并和他成为生死至交。抵达印度之后，根敦群培开始撰写《智游佛国漫记》，详细介绍游历途中的见闻，以及印度、尼泊尔、斯里兰卡等国的人文历史。次年，根敦群培再次陪同班智达罗睺罗与另外一名印度学者返回西藏，在萨迦、夏鲁等寺院进行了为期六个月的考察。

后来，根敦群培从一位来自锡金国的天主教老年修女那里开始学习英文。在那位修女的指导下，他在短短六个月的时间里便通过了英语大学入学所要求的考试。之后，在俄国藏学家、佛教学家乔治·罗列赫（Gerge Roerich，1902～1961）的请求下，根敦群培与修女一同前往印度库鲁（Kulu）地方，共同把法称论师的《释量论》译成英文。另外，根敦群培还协助乔治完成了藏族历史名著《青史》（deb-thar-sngon-po）的英文翻译。

根敦群培在外生活了十二年，除印度外，其中一年多时间是在斯里兰卡度过的。在那儿，他学习了古老的巴利文，并把著名的《法句经》（Dharmapada），直接从巴利文翻译成藏文。在印度期间，根敦群培还从库诺喇嘛丹增坚参（bstan-'dzin-rgyal-mtshan）处学习梵文。库诺喇嘛对根敦群培敏锐的才思惊叹不已。他说："我用一个星期方能记住的梵文经典，他用一天的时间便能滚瓜烂熟。"

这时期，也是他创作与翻译的高峰时期。他把《沙恭达罗》（Shakuntala）、《罗摩衍那》（Ramayan）、《信仰瑜伽——黑大自在天之歌》、《事业瑜伽》、《度母的圣言》等九部古印度文学名著从梵文译成了藏文，把公元七八世纪寂天（Shantideva）论师的《入菩萨行论》中的智慧章由梵文翻译成了英文。应西藏地方政府的要求，他还把英国的军事口令翻译成藏文。他著有《唯识概论》、《古印度非佛教哲学思想论》、《简论外道内部之分歧》、《中观精要》、《世界广论》、《天竺游记》、《白史》、《欲论》、《三十颂与自性论》、《藏文古体诗疑难》、《致卓玛央宗》、《度母礼赞》、《思无常之歌》等四十多部著作与文章，内容包括宗教哲学、语言文字、历史掌故、地理风貌、医学药术、情欲性爱、花草树木和诗歌艺术等。

1945 年，根敦群培回到阔别多年的西藏。在拉萨，他帮助蒙古学者格西曲札（dge-bshes-chos-grags）编著一部兼收百科的当代《藏文大词典》；在贵族少爷霍康·索朗班巴（Hor-kang-bsod-nams-dpal-'bar）的赞助下，他的历史名著《白史》（deb-ther-dkar-po）在拉萨问世。许多慕名而来的求学者，经常到他的住所，向他求教哲学、历史、语言、宗教、诗歌、外语等各种各样的问题。这些求知者当中，有身披袈裟的喇嘛格西，也有俗装打扮的文人学者，其中不乏社会名流。达瓦桑波（zla-ba-bzang-po），是一位来自康区的宁玛派高僧，他拜根敦群培为师，从根敦群培处学习中观法。后来，达瓦桑波把《中观》的讲稿内容，整理成册，刊印为《中观精深奥义之善说——龙树心庄严》（Dbu-ma'i-zab-gnad-snying-por-dril-ba'i-legs-bshad-klu-sgrub-dgongs-rgyan），简称《中观精要》，在拉萨与印度噶伦堡两个地方先后刊印。该书一出版，在整个藏区引起轩然大波，成为近代藏族佛教史上最具争议的一部佛教哲学著作。

在根敦群培返回西藏的第二年，即公元 1947 年，他突然遭到噶厦的囚禁。当时的实权人物索尔康（zur-khang dbang-chen-dge-legs），控告根敦群培是一位“共产主义分子”。但是，根敦群培被捕的真正原因，可能与他在印度噶伦堡期间，结识一批具有现代改革意识的藏族青年有关。在那儿，他经常参与这批青年人的活动，翻译、宣传孙中山先生的“三民主义”思想，起草“西藏议会宪法”草案，试图以民主方式改革当时的西藏政体。这些活动，无疑地激怒了当时代表贵族利益的政权。另外，根敦群培充满叛逆的个性与放荡自由的思想，也与传统经院学派哲学中的保守思想格格不入，使他成为保守思想派眼中的异类。然而，谈到自己为何遭拘捕时，根敦群培认为完全是英国人的阴谋。因为他所研究的西藏历史，涉及一些敏感的边界问题，所以，英国人以“共产主义分子”的罪名，把他囚禁起来。

当局把根敦群培关押之后，就开始在他的住处翻箱倒柜，搜索所有的手稿文件，以期获得所谓的“罪证”。但是，除了一箱子的书籍之外（这一箱子书是一生轻财的根敦群培所拥有的全部家当），他们没有找到任何罪证。于是，就采用拷打来进行逼供。虽然根敦群培否认所有强加在他头上的莫须有的罪状，但那是一个预谋已久的陷阱，不管他多么无辜、多么清白，也不可避免地被卷入那场阴谋之中。在漫长的牢狱生活中，他开始成为一个嗜酒如命的酒徒与瘾君子，整天以酒精和烟草来刺激、麻醉自己所遭受的屈辱与不公。在监狱里，他还与一位来自藏北的牧羊女住在一起。酒过耳热，兴致所致之际，偶然还写一两首诗，来抒发内心厌世的情绪。就这样，他在监狱里生活了整整两年多。

到了1950年，十六岁的十四世达赖喇嘛亲政，宣布大赦，释放所有在押的犯人，使根敦群培也同其他犯人一样重新获得了自由。但是，此时走出监狱之门的根敦群培，已不是昔日那个放荡潇洒的他了。他被摧残得衣衫褴褛、蓬头垢面、步履蹒跚，消瘦的身体像一根柴棍，活像在山洞中苦修的“米拉日巴”。两个多月，他拒绝梳洗，满头凌乱的头发长到腰间，一副颓丧、潦倒的形象，使人见了心中颤栗。他形容自己像一个“琉璃宝石”，被石头砸碎了，永远也回复不到原来的样子。

然而，不幸与悲惨的遭遇，不会剥夺他善辩的天性。他依然是一个反叛者，思维敏捷、辩才无碍，时时嘲弄庸人坏政。有一次，哲蚌寺的五位格西到他简陋的房间造访他。他从窗户远远看到他们进来，心想这次要好好戏弄他们一番，便立刻叼起一支烟抽起来。在五位格西刚刚踏进他的房门时，他故意到佛龛前把烟灰抖在一尊佛像上。五位格西见状，大惊失色，惊呼道：“你疯了！敢如此造孽！”而根敦群培却反问道：“佛，跟你我一样，难道也有苦乐的感受吗？”五位格西联合起来与他进行辩论，最后还是被他驳得理屈词穷，一个个哑口无言。其中一位格西还在事后承认道：“我学了一辈子佛学理论，自以为是满腹经纶，但自从碰到根敦群培之后，便觉得自己连佛教入门皈依也不懂，真是虚度一生，惭愧呀！”

无节制的烟酒，使他的健康状况日益恶化，病入膏肓，任何高明的医术均无回天之力了。两年之后的一天，也就是他弥留人世的最后一天，他把自己最亲近的一位学生叫到病床前，让学生给他念诵宗喀巴（tsong-kha-pa）大师的《缘起赞》（brten-'brel-bstod-pa）与米庞仁波且（mi-pham-rin-po-che）的《大圆满祈祷文》（rdzogs-chen-gyi-gzhi-lam-'bras-bu'i-smon-lam）。听完之后，他欣慰地说：“太精彩了！我这个疯疯癫癫的人，算是没有虚度此生，我已经领略到了世上最精彩的东西。现在，听说在这个世界的下面，有一个非常有名的地方，不知去那儿看看会是什么样子？”……天黑之后，学生回家去了，当这位学生在次日早晨返回时，发现自己的老师已经过世了。一颗伟大的心脏就这样永远地停止了跳动。这年，即公元1951年，这位英杰年仅四十八岁！！！

图书在版编目(CIP)数据

中观精要:龙树心庄严:汉、藏/根敦群培讲述;达瓦桑波整理;白玛旺杰翻译.
—北京:中国藏学出版社,2012.7(2024.2重印)

ISBN 978-7-80253-537-4

Ⅰ. ①中… Ⅱ.①根… ②白… Ⅲ.①中观派-研究-汉语、藏语
Ⅳ.①B946.9

中国版本图书馆CIP数据核字(2012)第159240号

中观精要:龙树心庄严(汉、藏)

根敦群培 讲述　达瓦桑波 整理　白玛旺杰 翻译

出版发行 中国藏学出版社
印　　刷 中国电影出版社印刷厂
开　　本 787×1092毫米 1/16
印　　张 14.75
印　　数 15001—18000册
印　　次 2012年7月第1版第1次印刷
　　　　 2024年2月第1版第8次印刷
书　　号 ISBN 978-7-80253-537-4/B·143
定　　价 27.00元

图书若有质量问题,请与本社联系
E-mail:dfhw64892902@126.com **电话:**010-64892902